总主编◎向 阳　　总主审◎李 忠

职场通用文书写作

主 编◎陈倩倩　罗 莹

副主编◎黄泽漫

重庆大学出版社

图书在版编目(CIP)数据

职场通用文书写作 / 陈倩倩,罗莹主编 . -- 重庆:
重庆大学出版社, 2025.6. -- ISBN 978-7-5689-5084-8

Ⅰ. H152.3

中国国家版本馆 CIP 数据核字第 2025XL7021 号

职场通用文书写作

ZHICHANG TONGYONG WENSHU XIEZUO

主　编　陈倩倩　罗　莹
策划编辑:唐启秀

责任编辑:姜来富　　　版式设计:唐启秀
责任校对:关德强　　　责任印制:张　策

*

重庆大学出版社出版发行
出版人:陈晓阳
社址:重庆市沙坪坝区大学城西路 21 号
邮编:401331
电话:(023)88617190　88617185(中小学)
传真:(023)88617186　88617166
网址:http://www.cqup.com.cn
邮箱:fxk@cqup.com.cn(营销中心)
全国新华书店经销
重庆华林天美印务有限公司印刷

*

开本:787mm×1092mm　1/16　印张:15.5　字数:368 千
2025 年 6 月第 1 版　　2025 年 6 月第 1 次印刷
ISBN 978-7-5689-5084-8　定价:48.00 元

丛书编委会

总主审　李　忠

总主编　向　阳

编委会　肖云林　　向　阳　　王锦坤
　　　　韩开绯　　孔雪燕　　赵雪莲
　　　　金常德　　吴良勤　　王　曦

以成果导向为核心,专注于职场通用文书写作思维的培养与内化,因为良好的写作思维是创作高质量文书的关键。同时,基于人才培养的目标和学生的思想动态,有机融入党的二十大精神等课程思政元素,内化学生的社会主义核心价值观。另外,基于生成式人工智能的发展现状,有机融入 AI 写作的要点,辅助写作质量的提升。

一、注重写作思维训练,培养学生可持续学习的能力

本教材强调写作思维的训练和运用。通过正误案例对比、写作疑难解答、课后写作拓展等途径,反复强化学生的写作思维,提升学生信息处理、问题解决和可持续学习的能力。

二、融入课程思政元素,提升学生社会责任感

写作案例和写作实训项目都有机融入社会主义核心价值观元素,内化学生的社会责任感。同时,强化写作训练过程。基于同一写作任务,持续修改、完善不同版本,累积看得见的写作成果,内化学生"写作是再写"的精益求精精神。

三、开展 AI 赋能写作训练,紧密对接写作新技术

基于生成式人工智能的发展现状和高职学生的写作学情,增加 AI 赋能职场写作模块,开展 AI 赋能写作的通用提示词训练和 AI 赋能写作的专用提示词训练,助力学生写作效率的提升。

四、嵌入线上教学资源,满足学生的个性化学习需求

学银在线平台上有配套教学资源且全面开放,助力教师提升教学效率的同时,满足学生的个性化学习需求。教学资源包括职场通用文书写作重难点微课、职场写作实训分析、职场写作题库、课堂互动素材、课程标准、教学PPT等。任课教师申请加入主编教师的教学团队,就能畅享上述素材以提高教学效率;学生也可以根据自己的学习特点和学习进度,在上述平台进行个性化学习。线上教学资源的获取方法:登录学银在线,搜索教材主编姓名,就能发现《应用写作》《新媒体写作与编辑》《新闻采访与写作》等线上课程。

点击对应课程,选择"加入课程"就能参与学习和互动。

衷心感谢所有关注和支持本书编写和出版的朋友;感谢接受本教材编写团队深度采访的珠海免税集团、珠海格力电器股份有限公司、华为技术有限公司、深圳小铁科技有限公司、海目星激光科技集团股份有限公司等30多家企业;感谢为本教材编写团队填写线上调研问卷的478名文秘专业毕业生;感谢为本教材设计思路提出意见和建议的李双芹博士、王光华教授和石耿立教授等。期盼同行专家、教师、学生和各界读者对本教材提出宝贵意见。

编 者

2024年10月

目 录

模块一　职场通用文书写作基础

职场通用文书写作是培养学生信息处理能力、书面表达能力和问题解决能力的重要载体，也是企事业单位、社会团体工作人员的必备技能。职场通用文书写作的学习目标，不单是要提升书面表达能力，更重要的是运用写作思维来高效地处理工作事务，即，能够选择合适的立场组织素材，将事务准确清晰地表达出来，进而顺利、高效地完成工作。

项目一
职场通用文书写作概念辨识

职场通用文书与文学作品的区别是什么？职场通用文书的显著特点是什么？职场通用文书的类型有哪些？这些都是学习职场通用文书写作的基础。

知识目标：
- 熟悉职场通用文书的内涵。
- 掌握职场通用文书的类别。
- 熟记职场通用文书的特点。

能力目标：
- 能够辨识职场通用文书的概念。
- 具备职场通用文书的写作技能。

素养目标：
- 培养学生精准、客观和真实表达的习惯。
- 养成"文章要写了再写、改了又改"的意识，培养学生的敬业精神。

案例导入

请阅读下面两则案例,并思考如下问题:哪个案例是应用文？应用文的典型特征是什么？

1.莫听穿林打叶声,何妨吟啸且徐行。竹杖芒鞋轻胜马,谁怕？一蓑烟雨任平生。料峭春风吹酒醒,微冷,山头斜照却相迎。回首向来萧瑟处,归去,也无风雨也无晴。

2.我哥哥留学三年,我们一直没有见面。这次他回国举办婚礼,我想请假去当场送上祝福。请假时间:6月6日(周三)。恳请老师批准！

一、职场通用文书的内涵

职场通用文书是指国家党政机关、企事业单位、社会团体或个人在工作中常用的,用以处理公私事务、传播信息、表达意愿而撰写的具有一定惯用格式和语言特征的实用性文章。

二、职场通用文书的分类

根据文书的使用场景,职场通用文书有以下几种类型。

(一)求职文书

常用的求职文书包括求职简历、推荐信等。

(二)事务文书

工作中要撰写电子邮件、邀请函、申请书、公开发言稿、工作计划、工作周报、复盘报告以及年终总结等事务文书。

(三)公文

根据中共中央办公厅、国务院办公厅联合印发的"中办发〔2012〕14号"文《党政机关公文处理工作条例》规定,公文包括决议、决定、命令(令)、公报、公告、通告、意见、通知、通报、报告、请示、批复、议案、函、纪要共15个文种。企事业单位文职人员要具备通知、请示、函、纪要和决定这5种常用公文的写作能力。

(四)会务文书

会务文书是在会议或者活动的组织、策划与执行过程中产生的文书,主要包括活动方案、会议记录、会议议程、会议日程等相关文书。

(五)宣传文书

职场通用宣传文书主要包括简报、消息和微信推文等。

(六)条据类文书

人们在工作中,办理涉及钱财或物品等各类手续时留下的存根,或者为说明某种情况和理由而留下的字据,都是条据。条据类文书主要包括请假条、证明、介绍信等。一般情况下,条据都有固定的格式和申请流程,以填写形式完成。因内容填写简单,本教材不作阐述。

三、职场通用文书的特点

(一)实用性

实用性是职场通用文书的本质特点。职场通用文书是为解决实际问题或达到实际目的而写的。例如,写会议通知的目的是告诉参会人员会议的时间、地点与主题;写请假条的目的是说明请假的时间和原因。

(二)真实性

职场通用文书是为解决实际问题而写,强调的是方针政策的正确性和客观事实的准确性。一切从实际出发、事实确凿可信、数据准确无误,是文书写作对真实性的基本要求。

(三)逻辑性

职场通用文书要思维严密、逻辑清晰,金字塔结构是常用的写作思路。

(四)稳定性

职场通用文书的格式具有稳定性。公文排版要严格按照《党政机关公文格式》(GB/T 9704—2012)进行。

❓ 答疑解惑　文笔好与写好职场文书的关系

文笔好的同学,学习职场通用文书写作会相对容易。但是只有文笔好,不一定就能写好职场通用文书。因为,写好职场通用文书的底层逻辑是工作思维,要基于工作的高效完成去整合资源并构思成文,同时还要具备精准的语言表达能力、深层的换位思考意识,这样才能让用户明白作者的表达意图。

【案例1】

今年是我在中国的第16年,我们曾经鲜衣怒马,一日看尽长安花;也曾春衫薄,倚斜楼,笑看满楼红袖招。彼时,你眼里满是光,我是你的知己。而2020年,一场突如其来的疫情,让我们的纵情驰骋戛然而止。回首过往,在这16年的纵情狂奔之中,我们实在错过了太多。

【分析】　这封公开信文采飞扬,但是读者看后不知道作者要表达的意图、达到的目的,所以这不是一封合格的公开信。

【案例2】

版本1

通知

请财务部拍摄新年视频,2024年2月10日14:00在三楼大会议室拍摄。

版本2

关于为财务处拍摄拜年视频的通知

根据××精神,为配合整体宣传要求,公司将为财务处拍摄拜年视频。具体事项通知如下:

一、拍摄时间

2024年2月10日(周×)14:00—14:30。

二、拍摄地点

××楼305。

三、拍摄人员

财务部所有员工。

四、拍摄服务

(一)已打印好拜年贺词

宣传组已打印好拜年贺词5版,大家无需另行准备,人到即可拍摄。

(二)已布置好拍摄环境

拍摄组已准备好摄像机和可入镜的周边,能快速完成拍摄任务。

五、拍摄要求

(一)服装

请大家统一着公司正装拍摄。男:××;女:××。

(二)时间

请大家在规定时间内拍摄。如果此段时间未能前来,请自行拍摄。于××(时间)之前,自行剪辑视频提交到××邮箱。视频拍摄与剪辑要求:×××。

【分析】　这是一则通知的两个版本。语言表达都符合通知要求。版本1只关注发通知本身,没有进行工作统筹和资源整合,也没有站在受众视角考虑他们的执行难度,有可能会激发受众的抵触情绪,完不成拍摄任务;版本2则弥补了版本1的缺陷,同时分条列款地进行表述,增强了阅读体验感,是一份规范的能促进工作高效完成的通知。

技能训练

1.问答题

(1)请完成课前的案例思考。

(2)请讨论文学写作与职场通用文书写作的区别。

(3)请同学们对职场人士进行深度访谈,根据访谈总结出企业不同级别人员写作的侧重点。

2.写作题

根据所给材料和温馨提示,尝试站在受众的角度发微信。

(1)材料

备受瞩目的××奥运会开幕式将于北京时间凌晨3:00开始,单位很多同事都打算熬夜看开幕式,但是第二天早上还要正常上班。领导怕同事们熬夜太晚,影响第二天上班,所以请公司秘书发微信@全体员工,提醒大家第二天准时上班。如果你是公司秘书,这条信息应该怎么发?

（2）温馨提示

①明确领导意图:第二天照常上班,不能迟到。

②明确自己的定位:公司秘书,做好领导与同事沟通的桥梁。

③考虑同事感受:不能引起同事的反感,令同事心寒。

④发信息的平台:公司微信群。

项目二
职场通用文书写作原则及运用

　　掌握职场通用文书写作原则对于职场人士来说非常重要。职场通用文书写作原则包括：准确传递信息，避免因误解而产生麻烦；展现作者的思维和表达能力，赋能工作高效完成。

知识目标：
- 熟记职场通用文书写作的3条基本原则。
- 掌握导向行动的3个要点。
- 掌握用户意识的3个要点。

能力目标：
- 能综合运用职场写作基本原则提出文章优化策略。

素养目标：
- 强化用户思维，增强换位思考意识。
- 强化"文章是写了再写，改了又改"的意识，培养学生的敬业精神。

案例导入

请阅读下面这则文案的版本1和版本2，指出版本2的优势。

版本1

公司春节安排如下：

春节假期安排是202×年2月10日至18日。2月19日正式上班。

版本2

根据国家《××放假通知》要求，结合工作实际，我司作出春节放假安排。具体事项通知如下：

一、放假时间

202×年2月10日至18日，共9天。考虑到大家往返订票困难，公司特地在法定节假日前后各增加1天假期，方便大家订票。

二、上班时间

2月19日（周×）8:00准时上班。如无特殊情况，不允许请假。

三、温馨提示

公司为大家准备了开工红包和新年礼物。这些红包和礼物仅限2月19日当天发放。

我们接到一项职场写作任务，第一反应是找模板、寻借鉴。可是参照模板，很多人还是写不出让领导满意的作品。其关键问题在于不清楚职场通用文书写作的原则。根据调研，一篇好的职场通用文书要符合三个原则：导向行动、用户意识和默认公开。

一、导向行动

导向行动是有意识地引导受众做出行动。需要在文本中写清起止时间、执行动作和赏罚结果三个要素。

（一）起止时间

在职场通用文书写作中，要记住"凡是行动，必有起止"。如会议时间：2024年6月19日（周三）14:30—15:30。

（二）执行动作

"凡是起止，必有执行"。如，给领导复盘报告的执行动作可以是："建议复盘会上请领导表扬以下5位同事"。

【案例1】

某公司的一位高管离职，在公司微信群里发了一则离职声明：

版本1

今天是我在××公司工作的最后一天，衷心感谢公司的信任，感谢同事、朋友和工作伙伴的支持和帮助。这八年是我生命中很重要的时光，忘不了那些跟兄弟并肩战斗、通宵加班的日子。江湖再见，后会有期。

版本2

在版本1基础上加如下信息：原单位工作交接给了谁及对方的工作邮箱。

【分析】 版本1的离职声明体现了感恩和离职两个目的，没有导向行动。版本2的离职声明则站在受众角度导向行动，加入工作交接方式，为后续工作顺利对接提供便利。

（三）赏罚结果

凡是执行，必有结果，凡有结果，必有赏罚。赏罚的目的是激励。如，"请所有部门在2024年1月31日（星期三）24点前提交年度预算。部门一季度的绩效奖金以提交日期为准，三个工作日后发放"。

二、用户意识

职场写作的目的不只是表达清楚，更重要的是促进执行。文书就是活动执行说明书，要围绕三个维度进行写作：确定用户群体，明确用户诉求；列明执行要求，消除理解障碍；扫除执行障碍，促进用户行动。

（一）确定用户群体，明确用户诉求

用户是看文书的人。比如，会议纪要的用户群体是参会人员，因为他们要根据会议纪要的内容推进工作；部门工作计划的用户群体是本部门职员，因为职员要依据工作计划开展各项工作。写作之前，我们要确定用户群体，明确用户诉求。

【案例2】

关于这次事件，公司管理层仔细阅读了大家的留言及建议，感谢广大消费者的批评和指正！

经过公司调查，这次事件确实是公司内部的工作失误，让违背企业价值观的广告上线传播，辜负了大家的信任，对此，我们郑重地说声"对不起"！

接下来，我们会优化内部流程，防止此类事情再次发生。

这次事件，也让我们再次回溯起8年前创立"××"品牌的初衷：

2013年，"××"品牌创立，我们用水果礼盒设计，打开了市场，获得了第一批用户的支持；

2014年，越来越多的用户知道了"××"，在各种各样的商品上，都能看到"××制造"礼盒的身影；

……

8年来，我们拿到了多个国际设计大奖，率先推出了10款风靡市场的礼盒，"品质优于利润，为生活增添惊喜"的企业价值观深入人心。

……

感谢8年来消费者的一路支持，我们会以此次事件为警戒，认真反思，吸取教训，继续为大家提供更好的产品和服务。

（来源：得到App职场写作训练营）

【分析】　这是一则公开道歉信，用户群体是消费者。用户的诉求是商家诚恳道歉、提出解决方案并快速执行。文章前两段是在道歉，后面就开始列举公司业绩，进行大肆宣传。这与用户的诉求背道而驰，容易激发受众的负面情绪。

(二)列明执行要求,消除理解障碍

1.简明表述,前置重点

【案例3】

版本1

尊敬的各位领导:

近年来,中国电商行业蓬勃发展,线上零售交易额及增速均位列全球前茅。

2018年以来,直播电商如雨后春笋,撑起线上零售市场的半边天。相关数据显示,2020年电商直播用户规模超2.5亿,占直播用户数量近50%。电商直播领域将是下一片蓝海,利用线上直播引流,带动相关业务发展,对我司战略布局具有重大意义。

为顺应电商直播趋势的发展,进一步提升我司的互联网营销能力,电商部计划成立直播业务中心,旨在增强品牌黏性,为集团目标的实现作出贡献。在此,特别诚挚地邀请各位领导来参加直播业务中心的筹备会,讨论直播业务的定位和目标。本次筹备会将于202×年×月30日上午9:00召开,地点为××大楼会议室×××。

希望各位领导拨冗参加。

版本2

尊敬的领导:

我们诚挚邀请您来参加直播业务中心的筹备会,讨论直播业务的定位和阶段目标,进一步提升我司的互联网营销能力。

时间:202×年×月30日(周×)上午9:00—11:00

地点:××大楼会议室×××

会议材料见附件。

恳请您拨冗出席。

【分析】 这是同一则邀请函的两种写法。相比之下,版本2的邀请函更加清晰、明确,能够让用户快速获取关键信息。这是因为作者在写作前,能够站在受众角度对信息按重要次序进行罗列,将重点信息放在最前面。同时,在文章排版方面,分条列款地进行写作,便于读者阅读,是一篇规范的邀请函。

2.消除歧义

职场写作中,导向行动的描述要客观、精准。如表述"本周末行政部会清理办公区杂物,请各位同事在本周五下班前把自己工位附近清理干净。"不够准确。其中的"工位附近"界限不清晰,"干净"标准也不明确。

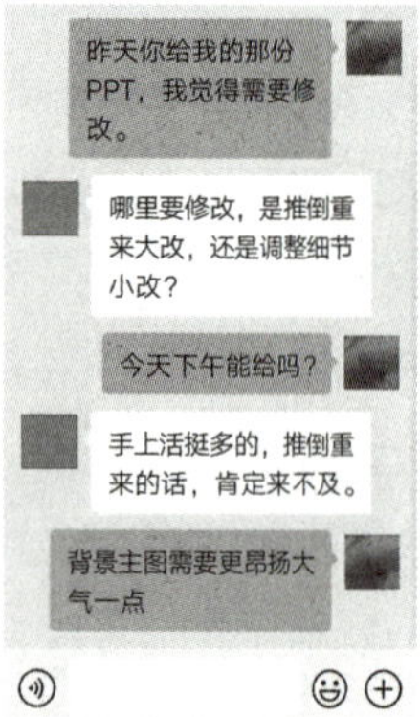

图 1.2.1

【案例4】

【分析】 图1.2.1所示的微信聊天中,PPT的修改要求是背景主图要"昂扬大气"。用形容词作为标准,很容易造成表述不清晰,产生歧义。最好的办法是给模板和做示范。

(三)扫除执行障碍,引导用户行动

在职场写作中,扫除用户执行障碍的常用方法就是给模板和做示范。如,人力资源部要收集全公司的竞聘材料,如果不给模板,大家会写得五花八门,整理起来也很费劲。这时候,就需要在文书中加

一个模板作为附件,以提高材料收集和整理的效率。同时,根据所收集材料的性质和实际人数,也可以运用WPS共享表格、微信在线收集小程序等搜集信息。有些重要的材料,即使给了模板,受众还是不会写。这个时候就需要在模板上标注填写方法,给出具体的指引。

在微信、钉钉等即时沟通工具中,还要注意沟通的语气和语调,防止情绪变形。需要做到以下两点:一是入乡随俗。了解公司同事和领导的即时沟通习惯,选用恰当的沟通方式。二是书写规范。保证文通字顺,无错别字和错误标点符号,慎用感叹号和连续问号。

【案例5】

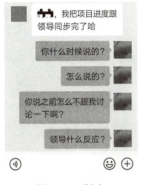

图 1.2.2　版本 1

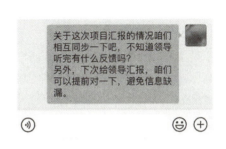

图 1.2.3　版本 2

【分析】　版本1连续质问,明显让受众感觉被冒犯,容易引发他们的愤怒情绪,甚至阻碍后续工作的顺利完成。版本2改成陈述句表达,让语气由"剑拔弩张"转为"谦卑温和",给受众带来不一样的阅读体验,促进后续工作的顺利执行。

三、默认公开

默认公开是指发出的文章经得起空间的扩散和时间的考验。

【案例6】

××公司旧办公区的卫生间容量不够,行政部要规划新办公区。在规划之前,要测试公司卫生间的实际使用情况。他们在卫生间上方安置了一个智能计时器,并在计时器下方贴了一行大字"计时器测试中",大字下面另附一行小字"如果您有任何建议,欢迎反馈给行政部同事"(图1.2.4)。

这张图被传到网上,网友炸了锅。"上个厕所还要计时,太压榨员工了吧。"这给××公司带来了一场公关危机。后来无论公关部怎样解释也无法弥补此事造成的负面影响。

图 1.2.4

【分析】　应该如何写作,才能避免上述危机发生呢?建议从以下三个角度考虑:一是介绍背景。公司卫生间容量不够,给大家带来不便;二是说明理由。为了合理规划新办公区,行政部安装了计时器,测试厕所实际使用时长;三是打消顾虑。测试不会影响大家的个人隐私和卫生间的正常使用。如有建议,可随时反馈到行政部×××。

？ 答疑解惑　如何学会快速、清晰表述?

金字塔原理是做到快速、清晰表达的有效工具,其四项原则分别是结论先行、以上统下、归类分组和逻辑递进(图1.2.5)。

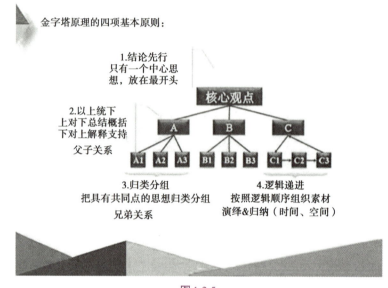

图1.2.5

【案例7】

版本1

> A来电话说他不能参加下午3点的会议了。
>
> B说,他不介意晚一点开会。明天开也可以,但明天上午10:30以前不行。
>
> C的秘书说,C明天晚些时候才能从D处赶回来。
>
> 但会议室明天已经有人预订了,星期四可以预订。
>
> 会议时间定在星期四上午11点似乎比较适合。
>
> 您看行吗?

版本2

> 原定××的会议可以改在星期四上午11点吗?
>
> 因为这个时间段A和B都有时间,C也能参加。
>
> 而且,本周会议室只有这一天有空闲。

【分析】　版本2将结论放在前面(结论先行),让受众瞬间抓住重点;同时,将四条原因归类分组,并按照重要到次重要进行排序,从而达到共同佐证结论的目的。

【案例8】

下属给张总发的两个微信,版本截图如下。

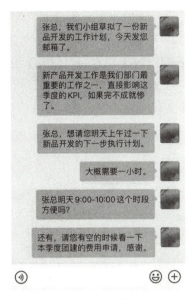

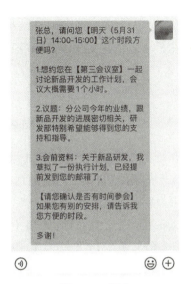

图 1.2.6　版本 1　　　　　　　　图 1.2.7　版本 2

【分析】　与版本 1 相比，版本 2 更符合职场通用文书写作原则。一是要事优先，把最重要的放在前面；二是条理清晰；三是一条微信只说一件事情。在版本 1 微信留言中，申请团建是另外一件事情，可以单独编辑一条微信，另外发送。在版本 2 微信留言中，组成事情的每个项目前面，都冠以小标题，增强表达条理性，方便用户快速抓取关键词。同时，版本 2 的微信留言，还有意识地运用了空行、【】等排版技巧，增强了阅读体验感。

温馨提示：建议一条微信不要超过 200 字。微信是情报，不是万言书，在信息准确无遗漏的前提下，字数越少越好。如果 200 字说不清楚，那就发邮件、打电话或当面沟通。

技能训练

1.单项选择题

（1）为精准地设计企业文化培训课程，××公司计划深入调研员工对企业文化的了解程度。人力部特此向各部门负责人发出通知，以推动调研工作的顺利进行。通知如下：

根据部门例会指示，人力资源部咨询了专业的第三方机构。他们有国内目前最权威的企业文化研究团队，研发了一套员工对企业文化了解程度的调研问卷，链接是×××。请督促各部门员工，在本周二（202×年 3 月 15 日 24:00）之前完成。本次调研采取匿名形式。

王××是运营部的负责人，他收到人力资源部发来的通知。哪种转发方式合适？
（　　）

A.直接把人力资源部的通知转发到部门群里。

B.发送："为了提供更合适的企业文化培训课程，人力资源部现下发企业文化调研问卷。问卷链接是×××。请在本周二（202×年 3 月 15 日 24:00）之前填写完成。本次调研采取匿名形式,不对个人考评产生影响。"

C.发送:"人力资源部咨询了专业的第三方机构YRV(国内最权威的企业文化研究团队),研发了一套企业文化调研问卷,链接×××。请各部门员工在本周二(15日)之前完成填写。"

(2)××公司在工作群内发布了一则通知,内容如下:

关于为全体员工换新桌椅的通知

为×××,我司为各部门购买了新桌椅。

桌椅于下周二(11月23日)到达我司一楼大厅东侧。请各部门按照时间和流程要求进行更换。具体事项通知如下:

行政部的同事于11月23日16:00—18:00进行更换。

财务部的同事于11月23日18:00—19:00进行更换。

联系方式:×××。

下面四句话,哪句不符合导向行动要求?(　　　)

A.若有同事这个时间无法前来,请通过邮件联系×××,约定工作日时间另行领取。

B.后续如果有任何使用上的异常情况,请在退货期限前联系×××。

C.每套桌椅上都有二维码,领取之后请扫码登记您的姓名和工号。

D.搬新桌椅前,到一楼大厅西侧找×××排队登记,取号后,再根据叫号领取新桌椅。

2.案例分析题

(1)请用职场通用文书写作原则分析这则招聘启事。

一间银行,一打啤酒,一栋房子,一通电话——这可能不是您的生活,但可能是您将要做的广告,如果您打算来我们这儿上班的话。

我们是某某公司,两周前刚刚搬了新家。

如您所见,这里最多的除了树还是树。数十株百年以上的细叶榕,参天蔽日,颇多阴凉。

六榕寺就在旁边,门票5元,听钟声免费。

总之,这地儿基本上很适合顿悟。悟创意,悟人生,悟事悟人,悟情悟爱,悟什么都行,想怎么悟就怎么悟,别误了上班就行。

您最好是一个文案,好的那种。毕竟,文案只是角色,而好文案是主角。

×××@ccc.com,是我们一位CD的邮箱。

××市银河路××号××大厦××号,请注意,这就是我们出没的地方。我们在这里等待您的到来。

(来源:得到App职场写作训练营)

(2)请比较以下版本1与版本2的通知,分析版本2的优势。

版本1　　@财务部所有人:从今天开始,上午9点,下午3点,分两次,发自己定位到群里。必要时,可定闹铃提醒。

@财务部所有人：最近财务部有同事在收款中遇到了危险。 版本 2

为了确保大家的安全，及时了解大家所处的位置，从今天开始，请财务部所有人在群里发自己的定位。

一天两次，分别为上午9点、下午3点。

希望大家准时准点发，必要时定闹铃提醒。

（3）下列状况时常出现。应如何从写作方面进行规范？

领导在微信里问："为什么还没做好？"当面听的时候，领导可能只是好奇地问一句，"为什么还没做好呀？"但隔着屏幕，你脑补的画面就是"为什么还没做好！"

再比如领导说："你得先问问我。"当面听的时候，可能你听到的是领导正常地指导你的工作："你得先问问我。"但隔着屏幕，你脑补的可能是"你得先问问我呀！"这种带批评的责备。

（4）请用职场通用文书写作原则，分析下面两则通知并提出修改建议。

2024年3月5日（下周三）14:00，全校老师来学校东区教研室开会。 案例1

由于天气原因，宇宙社区原定于今天下午的"趣味运动会"，活动时间顺延到下周二 案例2下午，地点不变。请大家知悉，相互转告。我们下周二下午见。

（5）公司推出一款新产品，领导请大家发朋友圈帮公司宣传。请说明哪一种写法好，并分析原因。

第一种写法：直接就把公司的产品介绍复制到朋友圈。

第二种写法：复制领导的朋友圈。"我司新品上线，希望各位同仁支持和指正。"

第三种写法：我参加过同事研发产品的调研，调研设计很新奇。产品研发出来之后，我还参与了第一批试用，发现数据分析效率快了好几倍，总是熬夜做数据分析的小伙伴可以试一试。

模块二　求职文书写作

　　求职文书包括求职简历、推荐信、自荐信等。写好求职文书可以帮助申请者更好地阐述自己的求职目的和求职动机，展现自己的经历和能力，从而提高被录用的概率。

项目三
求职简历制作

　　通过访谈人力资源专员,发现大学毕业生的求职简历普遍存在内容空洞、思路模糊、主题不聚焦等问题。本项目为解决上述问题而设计。

知识目标:
- 掌握求职简历的写作要素。
- 掌握求职简历的写作要点和写作思路。

能力目标:
- 内化问题分析能力和信息筛选能力。
- 制作出契合自身优势和求职岗位要求的求职简历。

素养目标:
- 培养诚信品质。
- 培养"文章是写了再写、改了又改"的习惯,内化精益求精、追求卓越的精神。

案例导入

请分析下列招聘信息和对应的求职简历,找出可借鉴之处。

【招聘信息】某公司招聘信息如下:

岗位:人事助理

岗位职责:负责社保人员名单整理,员工工资结算,入职离职手续办理,员工档案管理,员工关系维护。

求职要求:

1.大专以上学历,有一定行业经验者优先;

2.责任心强,团队意识强,性格活泼开朗;

3.具有良好的沟通能力,英语四级,熟悉办公软件。

【求职简历】根据招聘信息,写成的求职简历如下:

求职简历				
姓名	×××	性别	女	照片
出生年月	2000年7月	民族	汉	
毕业院校	×××职业学院			
学历	大专	专业	商务文秘	
求职意向	人事助理	现住址		广东揭阳
联系电话	××××	邮箱		××××
教育背景	1.2018年9月—2021年6月于×××职业学院商务文秘专业学习。主修课程:人力资源管理、档案管理、办公设备与办公软件、劳动法、应用文写作、速录、人际沟通、商务英语、会计基础等。 2.2018年—2021年,参加人力资源管理专业专升本自学考试,获得自考本科学历。 3.2015—2018年于××高中学习。			
实践经历	1.2018—2020年,学校人事处勤工助学,主要负责入职、离职教师资料整理,社保人员名单整理,提升了分类整理与信息上传下达的能力。 2.2018—2021年,学院秘书事务所秘书部干事,主要负责所内员工招聘工作,能有效整理简历,根据招聘要求从中挑选合适的人选,并筹备与组织接下来的面试工作。 3.2020—2021年,学院秘书事务所副所长,主要负责事务所大型活动的组织策划、跟踪检查,带领团队承办了事务所年终总结大会、换届大会、迎新招聘、秘书能力培训等大型活动,提升了组织策划与团队协作能力。			
技能证书	1.2020年获得人力资源××证书。 2.2021年通过大学英语六级考试,分数为××。 3.2020年通过国家计算机二级考试。 4.2020年获得速录证书。			
奖励情况	1.2019年学校人力资源大赛一等奖。 2.2019年国家励志奖学金。			
自我评价	本人性格开朗活泼,以正能量的态度对待工作、学习以及周围的同事。能吃苦、会做时间管理,在校三年,除学好专业知识外,还取得了本科文凭;除做好勤工助学外,还高效完成了学生社团工作。			

【分析】　上述求职简历以招聘岗位要求为中心组织素材,用事实与数据展示了自己的社会实践经历,证明了自己符合招聘岗位的要求,是一篇能打动用人单位的求职简历。

一、求职简历的定义

求职简历是求职者根据招聘岗位要求,客观介绍自己的教育背景、实践经历、工作能力、业绩情况等相关信息,以达到求职目的的文书。

二、求职简历的特点

(一)针对性

求职简历要针对招聘岗位的要求进行制作。所以,在制作求职简历之前,要认真分析求职岗位的能力要求;然后根据自身情况,提供相关信息来证明自身符合招聘岗位要求,并将信息由重点到次重点分条列款地罗列出来。

(二)真实性

求职简历要用事实说话,客观阐述与应聘岗位要求相关的学习及实践经历,不可夸大事实和编造数据。

(三)条理性

求职简历制作要清晰明确,能够让招聘者在最短时间内准确获取有用信息。

三、求职简历写作要点

求职简历一般提倡用表格形式写作,写作思路核心:分析招聘岗位要求,提炼工作能力关键词,由重点到次重点排列顺序。在求职简历中,要罗列相关事实证明自己具备了岗位要求的能力,包括教育背景、相关证书和实践经历等。相关证书包括职业资格证书、技能证书以及获奖证书等;实践经历包括社团活动、兼职经历、班级管理等大学生第二课堂活动以及"三下乡"等大学生第三课堂活动。同时,为顺利通过机器审核和人工审核环节,要把从招聘启事中挖掘到的关键词放到求职简历中,并不断强调。

【案例1】

这是某互联网公司新媒体运营岗位的岗位职责,请总结其岗位需求关键词。

岗位职责:

(1)负责公司官方微信公众号、头条号内容更新,定期撰写文案,提升用户数和阅读量。

(2)策划用户运营活动。结合公司产品卖点,分析用户痛点,创造热点话题并形成传播。

(3)负责广告、海报、易拉宝等媒介的创意策划和内容文案。

(4)负责定期对用户进行访谈。

任职资格:

(1)统招本科及以上学历。

(2)有1年以上公众号运营经验。

(3)能适应高强度工作。

【分析】 岗位能力有三类:一是筛选型能力。即入职硬件要求,如学历、专业、工作经验等;二是关键能力。即岗位所需的专业能力。如设计师需要会用某些画图软件;三是通用能力。如管理能力、抗压能力等。由此,总结出上述案例中新媒体运营岗位的三类能力关键词。筛选型能力关键词:本科学历,1年公众号运营经验;关键能力关键词:公众号运营,文案撰写,策划活动;通用能力关键词:沟通能力,抗压能力,共情能力。

(一)标题写作

求职简历的标题一般居中,命名为"求职简历"。不建议用"个人简历"进行命名。

(二)正文写作

1.基本信息

按照招聘启事要求罗列基本信息。求职简历基本信息包括姓名、性别、出生年月、民族、学历、学位、政治面貌、户口所在地、联系方式等。

有的同学是全日制专科,但同时辅修了自学本科,并且拿到了本科学历,学历部分填写本科(自学考试)。如果有对应学位,就设置"学位"栏,如果没有则无须设置。

2.教育背景

分条列款地由最高学历写到高中学历。

写作思路:就读时间段+就读学校+所学专业+主修课程(主修课程与求职岗位要求相对应)+成绩排名(历次考试名列前茅的同学,可以列出成绩排名)。

【案例2】

20××年9月—20××年7月,就读于华南师范大学汉语言文学专业,本科,学士。主修课程××××、××××,成绩排名:××。

3.社会实践

社会实践包括第一课堂以外的其他活动,比如社团工作实践、班级管理实践、"三下乡"活动、社会兼职等。

在大学毕业生求职过程中,社会实践是用人单位看重的部分。在面试阶段,社会实践也会被重点问到。

写作思路:首先,分析招聘岗位要求具备的能力,并按照重点到次重点顺序进行排列。其次,用社会实践信息,由重点到次重点,证明自己具备了招聘岗位所要求的能力。最后,用文字进行呈现。时间+部门职务+具体工作内容+提升的能力(所提升能力必须与求职简历要求的能力相对应)。

【案例3】

2017—2020年，担任慧文秘书事务所礼仪部经理职位，主要负责学院及学校大型会议以及常规会议的会场接待工作，具体包括接待人员前期的组织与培训，中期的引领和茶水服务及后期的总结复盘工作。由此，提升了会场接待、语言表达和统筹协调能力。

××时间，参与和新浪合作的项目，策划临时停车牌推广活动，活动人次达到单日4 000人。从中学习到如何策划从0到1 000人量级的活动。

4.职业技能

此部分主要罗列与求职岗位有关的职业技能证书。根据招聘启事要求，由重点到次重点依次排列即可。

写作思路：时间+证书名称+发证单位。

5.获奖情况

获奖情况写作思路与职业技能证书写作思路一致，此处不再赘述。

6.自我评价

自我评价是对求职简历的补充，对个人能力的总结与强调。一般情况下3~4句即可。

写作思路：提炼招聘启事的要求，排查未在求职简历中体现而自己恰好又具备的能力，展示出来，并用1~2句事实论证。比如，我具备较强的奉献精神。在校志愿服务时长达××小时，位居××级别水平，适合××工作要求。自我评价写作建议：放弃使用形容词，改成一句话小故事。如将"我是一个细心的人"改成"我是猫头鹰人格，曾经在某个项目中排查了一整晚，降低了一半的错误率"；将"我是一个爱操心、有责任心的人"改成"我是××平台攻略达人，因所做攻略详细、实用，××篇文章获得精选推荐"。

有的同学在个人评价部分写"望贵公司给我一个发展机会，我将让您无悔这个选择"或者"请贵公司给我一个机会，我将回馈您一片蓝天"，这些都属于口号式的评价。对用人单位来说，属于无用信息，建议删除。

四、面试准备

在面试环节，求职者可以运用STAR模型来梳理自己的工作经历和实践经历。STAR模型是职场写作和沟通中特别重要的信息整理模型。它包含四个基本组成部分：情境、任务、行动和结果。这种模型非常适合分析和描述行为性问题。

【案例4】

求职简历描述：曾在某公司负责某某微信公众号和微博账号运营、活动策划和H5页面制作，任职期间有效提高了公众号的用户量和阅读量。

STAR模型应对面试

情境（Situation）：加入××公司时，有3 000粉丝存量。

任务（Task）：公司要求3个月内将粉丝量提升至6 000以上。

行动（Action）：我通过3轮问卷调研和50多例访谈调研，收集用户反馈，重新制定推送策略，并结合后台数据分析，不断地调整和优化。

结果（Result）：通过3个月的运营，微信公众号粉丝量从3 000多涨到10 000多，超过公司预期。

（一）求职简历写作中存在的普遍问题及其解决办法

1.制作"万能"简历

不少同学制作了一份"万能简历"，不管求职任何职位，只用这一份求职简历。这种做法是不可取的。求职简历与求职岗位是一一对应的关系。相同的职位，不同公司有不同的要求。这需要同学们在写作求职简历之前，仔细分析意向职位的招聘启事，提炼出招聘岗位的具体要求。

如果参加大型招聘会，来不及制作多份简历，建议同学们明确自己想从事岗位的类别，如秘书类工作、教师类工作、销售类工作等，找到岗位类别的共性要求，根据共性要求制作求职简历。

2.直接套用模板

网上的求职简历模板较多，大家在制作求职简历的时候，可以适当参考网上的模板。但为了精准对接企业岗位的要求，也为了避免简历雷同，建议大家在制作求职简历的时候，对模板进行修改。

另外，求职简历模板中有一个普遍的模块是自我评价展示图（图2.3.1）。

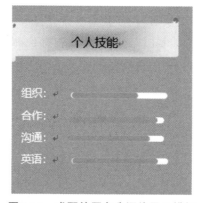

图2.3.1　求职简历自我评价展示模板

这种自我评价方式的主观性较强，没有可量化标准，不建议用在求职简历中。

3.表述口语化

在求职简历的社会实践部分，经常会出现口语化表达。比如"2019—2020年我在文传学院秘书事务所礼仪部工作，主要做培训通知的上传下达以及培训地点的预定工作，使得我的沟通协调能力得到了提升。"这句话中的"主要做什么工作""使得我的……"都存在口语化特点。改为"2019—2020年，承担文传学院秘书事务所礼仪部工作，主要负责培训通知的上传下达、培训地点的预定等工作，提升了沟通协调能力。"这样表述更加规范和正式。

(二)请提供优秀学生的求职简历范文

【案例5】

求职目标：文员

出生年月：2003.09
电话：▊▊▊▊
学历：专科
邮箱：▊▊▊▊▊

 教育背景

2021.9.15~至今　　广东科学技术职业学院　　现代文秘专业（3+2学制对接肇庆学院）专科
主修课程：新媒体写作、应用写作、文书档案管理、会议策划与组织、企业行政管理

 实践经历

2021.9~至今　　　　　　　　　　　　　　　　　　　　　　　　　**班长**
协调管理:配合班主任做好班级35名同学管理工作，上传下达通知，与老师和同学们进行沟通协调，认真负责完成老师以及学院交办的任务，每月汇报班级情况，完成率100%。在2022年被评为"优秀学生干部"，在此期间提升了我的沟通协调能力。

2021.9~至今　　　　　　　校辩论队 队员/文化与传媒学院辩论队 副队长
组织比赛：组织策划开展过10场大型比赛。在办比赛期间会遇到：场地使用时间冲突、选手退赛等突发状况，通过与老师和相关部门的沟通协调，使问题得以解决。在此期间提高了我的组织策划和执行能力。

2021.9~2022.9　　　　　　　　　文化与传媒学院学生党支部 干事
档案整理：负责学院200多位入党积极分子及预备党员的档案整理工作，跟进各项资料使用需求，准确率100%。在此期间我熟练掌握了档案整理的基本工作事项，能够在规定时间内完成档案整理工作，保证工作效率和质量；
会议协助：协助完成会议的策划以及组织，在部门期间成功地开展10余场会议，负责会场布置、参会通知编发、参会人会议信息确认以及会议纪要撰写。在此期间我熟悉了办会流程，提升了我的办会能力。

2021.6~2021.9　　　　　　　　　　　　　中国特步有限公司 导购/收银
负责销售区域的策划和执行，完成销售任务
销售额达目标销售额95%以上，每月销售额大于1万元，日销售额最高3 500元。面对不同的客户，应用不同的话术，真诚地进行沟通交流。满足客户的需求，解决客户的问题，引出客户的深层需要。在此期间提高了我的对外沟通能力以及客户接待能力。
提供售后服务，处理客户的投诉
在职期间独立处理10余个客户的投诉，面对客户的刁难能够保持稳定的情绪，以良好的服务精神依照售后条例帮助客户解决问题。

 获奖情况

1. 2021年被评为学生党支部"优秀干事"
2. 2022年被评为"优秀学生干部"
3. 2021年文化与传媒学院专业辩论赛亚军

【分析】　上述求职简历的作者是一位学业优秀、实践经验丰富的毕业生。按照常规的求职简历写作格式,她的优势不足以凸显,而且容易造成材料堆砌。遇到这种情况,不妨提炼出招聘启事要求的能力,以能力为主线,用丰富的学习和实践素材来佐证。

技能训练

1.探究题

请与任一公司人事部门沟通,请教他们如何快速筛选求职简历,从中总结出求职简历的写作要点和写作应注意的问题。

2.病文修改

请根据写作素材修改求职简历。

(1)写作素材

总经理秘书需要具备如下条件:

良好的公文写作能力、有效的沟通与协调能力、熟悉Office基本操作、能筹备中大型会议、能用简单英语进行日常对话、文秘类专业、专科及以上学历。

(2)求职简历

简历

姓名	××	毕业院校	××	
联系电话	××	电子邮箱	××	
专业	商务文秘	求职意向	总经理秘书	
自我鉴赏	在生活中,我尊敬他人,能够和他人友好相处,擅长快速学习新知识,希望贵公司可以给我这个机会,我有充足的信心在短时间内胜任工作,十分感谢。 我性格活泼开朗,思维灵敏活跃;拥有年轻人的蓬勃朝气,但也有成熟睿智的一面;做事有责任心,条理性强;对工作充满热情,勤奋好学;具有很强的团队精神和协调能力。			
工作经历	2022.3—2022.5 国际会展中心带领人员进入会展现场,维护现场秩序。			
教育层次	2020—2023年 广东××学院,大专,主修课程:大学英语、计算机基础、应用写作、人际口才与沟通、秘书导论、会议策划等; 2017—2020年 ××附属××中学,高中,担任职务:舍长、英语科代表。			

3.写作题

请到求职平台搜集招聘信息,找到岗位要求与自身能力相契合的岗位,写一份求职简历。

项目四
推荐信写作

　　推荐信在很多场合都扮演着重要角色。它能够从第三方视角对被推荐人的能力和品格进行客观评价,帮助收信者更好地了解被推荐人的优点和价值。同时,为被推荐者的成果和作品提供背书,增强被推荐者的竞争力。对推荐者来说,撰写推荐信要深入了解被推荐人的特点和优势,并用得体的语言准确地进行表述。

知识目标:

• 了解推荐信的类型。
• 掌握推荐信的写作思路。

能力目标:

• 能够有效地搜集素材,并做逻辑性分析。
• 灵活运用推荐信的写作理论,写出规范的推荐信。

素养目标:

• 培养实事求是、客观表达的写作作风。
• 培养"文章是写了再写、改了又改"的写作习惯,内化学生的敬业精神。

案例导入

请阅读下列案例的两个版本，提炼出版本2的优势。

版本1

推荐信

尊敬的汉办负责人：

我很愿意为谢××老师出具这封正式的推荐信。我是××大学人文学院教学院长×××，副教授。谢××老师受聘于人文学院，在本校国际学院给留学生讲授中国文化及汉语听力等课程。她乐教爱生，有丰富的教学经验，很敬业，有亲和力，工作认真有耐心，能因材施教，教书育人，授课深受学生欢迎。作为她的上司，我很欣赏她"匠人"般的工作精神，选择她，不会错！特此推荐。

推荐人：×××

20××年2月9日

版本2

推荐信

尊敬的汉办负责人：

我很愿意为谢××老师出具这封正式的推荐信。我现任××大学人文学院副院长，副教授，主管教学工作。因为师资紧张，从20××年起外聘谢××老师承担教学任务，为我校石油工程专业本科留学生用英语讲授"中国文化"及"汉语听力"等课程。三年来，她乐教爱生，工作敬业，因材施教，深受学生欢迎。我们的合作非常愉快，她具备了一名优秀教师的素质和能力。

特此推荐。

推荐人：×××

20××年2月9日

【分析】

1. 选取合适的推荐人

申请人谢××是一个从事翻译的自由职业者，同时兼职代课老师。申请孔子学院外派教师时，需要向国家汉办提交推荐信。根据简章要求，无单位人员须提供2名公立教学机构具有副教授及以上职称推荐人的推荐信。就通常情况而言，推荐信撰写者一般应有一定的知名度或行政职务，认识并熟悉申请人，了解其工作或学习情况。这封推荐信的撰写者从资格上能满足要求，他主管教学工作，非常了解申请人相关工作的表现和能力，虽然不是正院长，但可能会比找正院长的效果更好，可信度更高。所以，推荐信一定要找合适的人来写。

2. 结构要素要完整

推荐信的类别主要有求学和求职两种。不同类别的推荐信适用于不同的情况和环境，但其功能有相似之处：以推荐人个人的名义，评估申请人具备求学或求职所需的资格和品质。以这封推荐信为例，首先开门见山表明推荐人的态度。然后进入正题，介绍推荐人的身份，说明推荐人与申请人之间的聘用关系，重点落在评估申请人的工作表现和工作能力上。最后以"特此推荐"结尾。这封推荐信的结构要素完整，既表明了推荐人的态度和个人身份，又对申请人的教师素养进行了明确的评估。

3.语言要清晰准确

不论何种推荐信,都需要仔细书写,其目的都是展示被推荐人的能力或特点。修改后的推荐信增加推荐人"主管教学工作"的身份认定,提升其后续评估内容的可信度。修改后的推荐信"因为师资紧张,从20××年起外聘谢××老师承担教学任务,为我校石油工程专业本科留学生用英语讲授'中国文化'及'汉语听力'等课程"一句,对申请人的工作进行了准确描述,说明了聘用的原因,课程名称使用引号重点突出,精准地指明教学任务的要求,信息量饱满。语言表述既要准确,又要符合推荐人的身份。申请人是自由职业者,与推荐人并无上下级关系,"作为她的上司"一句欠妥,改为"我们的合作"更合适。推荐信是正规的应用文写作,初稿"选择她,不会错!"太过于主观和口语化,像广告用语,反而会降低可信度,应删除。

4.评价内容要有的放矢

申请人可能在多方面都有良好的表现和能力,而推荐信评价的内容一定是与申请工作相关度最高的那部分。初稿"匠人般的工作精神"用来评价对外汉语教师的能力不太合适,如果是推荐申请人承担翻译某长篇论著的工作任务时则可以使用。修改后增加"她具备了一名优秀教师的素质和能力"一句总结陈词,使推荐信的主题明确,有的放矢。

(来源:黄庆丰.评析一封推荐信 [J].应用写作,2017(5):55-56.)

一、推荐信的定义

推荐信是以个人名义推荐申请人求学、求职或参与某项工作而写的信件。其目的是向特定机构或个人推荐申请人,展现出申请人的优秀品质和能力,从而增加其成功的机会。

二、推荐信的类型

根据撰写目的和内容的不同,推荐信可以分为以下几种常见类型。

(一)就业推荐信

用于支持某个人寻找工作的推荐信,通常由上级、老师或原雇主撰写。

(二)学术推荐信

学术推荐信主要用于申请学位课程、奖学金、研究生项目、博士后职位或学术职位等,通常由教授级学者撰写。

(三)专业推荐信

专业推荐信适用于个人在某个专业领域内寻求进一步发展或参与专业组织。例如,申请成为某个行业协会的成员、参与专业研讨会或申请专业认证等。这类推荐信通常由同行、业内专家或上级领导撰写,突出申请者在专业领域内的知识、技能和经验,以及其对行业的贡献和影响力。

（四）个人推荐信

个人推荐信适用于需要证明个人品质、能力或特长的场合。例如，申请志愿服务岗位、参与社区活动、申请某些特定奖项或荣誉等。这类推荐信通常由朋友、同事或熟人撰写，他们能够提供关于个人性格、才能和技能方面的具体信息，从而帮助申请者展示自己的优势和特点。

三、推荐信的写作思路和参考格式

（一）推荐信的写作思路

1. 写作思路

一封好的推荐信应准确地阐述被推荐人的优点和能力，从而增加他/她被录用或聘用的机会。写作要点如下：

（1）介绍推荐人，说明与被推荐人的关系。

（2）引出推荐目的，包括被推荐人要申请的职位或学校等。

（3）描述被推荐人的优点、实力和经验，包括个人素质、专业技能等。

（4）举例说明被推荐人的具体成就和贡献。

（5）概述对被推荐人的推荐建议，并提出未来发展建议。

（6）结束信函，表达诚挚祝愿。

在构思推荐信时，要根据被推荐人的具体情况进行个性化的调整，使推荐信更加贴合实际情况并更有说服力。同时，语言要简洁明了，便于收信人阅读。

2. 写作参考

推荐信

尊敬的［收信人姓名］：

我很高兴地向您推荐［被推荐人姓名］担任［职位/学习计划/奖学金申请等］。

在我所了解的时间，［被推荐人姓名］在［工作场所/学校等］展现出了出色的工作能力和杰出的学术表现。他/她表现出的职业素养和团队精神是非常值得认可的。在我们共事的时间里，他/她始终高标准要求自己，取得卓越的成绩，并为我们的团队作出了巨大的贡献。

在我与［被推荐人姓名］的相处中，我注意到他/她有以下几个突出的品质：

［举例说明被推荐人的专业技能、领导能力或团队合作精神等］

［举例说明被推荐人的其他突出品质］

因此，我毫不犹豫地向您强烈推荐［被推荐人姓名］，他/她的能力和素质，让我对他/她未来的发展非常有信心。我认为他/她是一个优秀的人才，值得您的信任和支持。

如果您对［被推荐人姓名］有任何进一步的问题，请随时联系我。

祝您身体健康、工作顺利！

推荐人姓名
日   期

（二）自荐信的写作思路

1.写作思路

（1）明确求职意愿。开头明确表达对职位的兴趣和求职意愿。

（2）强调价值。简明地介绍自己的经历、能力和技能，突出个性特点，表明自身特点和优势。尤其要强调与该职位相关的经验和技能，展示自己与所求岗位的契合度以及自己能为企业创造的价值。

（3）展示成就。列举并描述工作或学业中所取得的与求职岗位能力要求相关的成就，突出自己的能力和成果。

（4）表达期待。表达对求职公司的关注、对被录取的期待，并提供自己的联系方式。

2.写作参考

自荐信

尊敬的×××先生/女士：

您好！感谢您在百忙之中抽出时间来阅读我的自荐信。我是×××，年龄××岁，毕业于××大学××系，拥有××年的工作经验。

我从事过×××行业，×××职位，负责×××工作内容，具备扎实的专业知识和过硬的工作能力。在过去的工作经历中，我担任过×××、×××工作岗位，曾经带领团队完成过×××项目，在职期间取得了良好的业绩和口碑。

如果我的个人资质符合贵公司的需求，我非常期待有机会加入贵公司，为贵公司的发展和进步做出自己的努力和贡献。感谢您的关注！

此致

敬礼！

自荐人姓名、电话和电子邮件

姓名

日期

▤ 写作训练

1.病文修改

请修改这则推荐信。

写作背景：××申报了澳门××大学公共管理专业硕士研究生。请其大学教师（广东××教师××）为其写推荐信。

推荐信

我是广东××教师××，本人认识申请人10年，曾在20××—20××学年担任过×××同学《秘书实务》《行政管理》课程的教学和指导，与我在课堂内外常有往来，对×××同学的人品、学业、做事态度等有着比较深入的了解，以下推荐信是基于我对×××同学的了解以及×××自荐材料和相关老师、同学的口碑整合而成的。

×××同学性格自然，做事有规划，实践能力强，组织领导能力强，是一个可靠、踏实、努力的年轻人，在校期间发展成为中国共产党党员（发展比例为3∶100）。竞选成为学院20××级学生会副主席，连续3年担任班级班长和团支部书记，参加了7场社会义教，策划开展了20××级毕业生晚会，参加学院硬笔书法比赛获得第三名，获得20××届校级优秀毕业生、优秀学生干部等荣誉称号，成绩平均分86.76/100。她在大学入学时没有计算机学习基础，但以突出的自主学习和探究能力，在大二考取了全国计算机信息高新技术证书。

×××同学毕业后在××团市委工作3年，获评了3年优秀干事，她负责了4项与预防青少年违法犯罪相关的重要工作，包括青少年普法教育、青少年社区矫正和在押青少年帮扶项目、低收入群体帮扶。由她负责的20××年度综治暨平安创建工作的考核更是获得了××市非政务类第一名的佳绩（由中共××市委政法委员会评审）。她的工作经历与公共行政管理紧密相关，为她提供了理解社会运行机制和组织管理方法的视角。近5年她担任职业院校辅导员和团委书记，负责学生的指导和组织工作。指导学生获得校级合唱和舞蹈比赛一等奖。她还积极参加了暑期"三下乡"活动并获得省级优秀的荣誉，对学生和社会都产生了积极的影响。

×××不仅在工作中表现出色，在志愿活动中也展现出了高度的热忱和责任感。她曾负责20××年第四届留学生节的志愿者招募和交通服务工作，并在20××和20××年负责"一带一路　民心相通"七国学生中国行手拉手活动行程安排和志愿者管理工作。她参与了丰富的志愿服务活动，累计1 213小时的志愿服务时长，是广东"i"志愿四星志愿者（最高为五星）。

综上所述，她是对社会公共管理发展有极大热情的青年，我衷心希望您能给予她这次宝贵的机会，让她在更高的学术殿堂中继续深造、发光发热。

顺祝商祺！

2.给材料写作

请根据本项目三中的个人求职简历信息，写自荐信。

项目五
述职报告撰写

　　述职报告是上级主管部门考核、评估、任免和使用干部的依据。通过述职，可总结经验、改进工作，搭建领导干部与所属单位员工之间沟通的桥梁。述职报告的文档格式可以是Word，也可以是PPT。目前PPT格式的更多。因为述职报告不仅要写出来，通常还要在现场汇报。

知识目标：
- 理解述职报告的内涵。
- 掌握述职报告的写作思路。

能力目标：
- 具备素材整理、分析与提炼的能力。
- 能够写出符合岗位要求和实际能力的述职报告。

素养目标：
- 养成实事求是、精准表达的写作习惯。
- 养成"文章是写了再写，改了又改"的习惯，内化敬业精神。

案例导入

扫码阅读《办公室主任述职报告》，提炼其写作思路和写作要点。

【分析】 本篇述职报告主题突出、条理清晰、语言流畅。结合自己实际工作内容，提炼出了规律性认识。最后剖析了不足，指明了努力方向。

一、述职报告的定义

述职报告是各级机关、企事业单位、社会团体的领导干部及管理人员向组织人事部门、上级主管机关或本单位的员工陈述自己在任职期间履行岗位职责情况的书面报告，是考察干部履行职责情况和效果的一种手段。

二、述职报告的特点

(一)自我述评性

述职报告是用第一人称，以自述的方式，从德、勤、能、绩、廉方面陈述并评价自己履行职责的情况。

(二)内容的客观性

述职报告中所涉及的思想、工作、能力、成效等方面的情况，是抱着对自己负责、对组织负责、对团队负责的态度，实事求是地进行汇报，客观地评价自己的成绩，恰当地分析工作中的失误和教训。

三、述职报告的写作要点

述职报告的内容一般由标题、称谓、正文、结尾、落款五部分组成。

(一)标题

述职报告的标题写作比较自由，主要有三种写法：一是由任职起止时间、所任职务和文种三个要素组成，如：××××至××××年任××职务的述职报告；也可以用双行新闻式标题，如：精勤耕耘一整载，乐享成就每一日——销售经理年度述职。二是在述职报告前加限定词"我的"组成，如：我的述职报告。三是仅写出文种"述职报告"。

(二)称谓

述职报告是报送给主管部门或主管领导审查并演示给所属单位员工的工作总结。应在标题之下，空一行顶格写"组织部""人事处""党委"或"××同志""××(单位名称)的同志们"。

(三)正文

述职报告的写法依据报告的场合和对象而定，一般来说采用总结式写法。

1.引言部分

这一部分概述任职基本情况，包括任职时间、任职职务、工作职责以及概述性工作内容和工作效果。引言到主体部分,往往需要用过渡性的语句:"现在我就履行职责的情况,报告如下:"

2.主体部分

这是述职报告最重要的内容。要对引言中概述的内容进行展开叙述,包括以下几方面:一是岗位职责。介绍岗位职责、工作计划、工作实施和工作目标。二是发挥的作用。进行定量定性分析,用事实、数据佐证。三是开拓性的工作。包括工作中的新情况、工作中的创新点、工作中的难点及其解决方案。四是存在的问题及努力方向。

(四)结尾

表明愿望、态度和工作设想等,并请与会同志严格审查、评议、批评和帮助。态度诚恳,语言精练。

(五)落款

落款处须写明述职者的单位、姓名和时间。姓名也可写于标题之下。

❓ 答疑解惑　述职报告与个人工作总结的区别是什么?

1.写作依据不同

述职报告是各类公职人员向所在单位的组织、人事部门、上级机关和职工群众,如实陈述本人在一定时期内履行岗位职责情况的一种事务文书。即报告职责范围内的工作,而不涉及与本职无关的事项。而个人工作总结则是个人对其某一阶段做过的工作进行系统性回顾、分析,从中找出收获、经验教训及带有规律性认识的一种事务文书。

2.写作目标不同

述职报告的目的是汇报履行职责的情况,包括如何履行职责,是否称职等。既要表述履行职责的结果,展示履行职责的过程,又要介绍履行职责的出发点和思路,还要陈述处理问题的依据和理由。个人工作总结是对一项工作或一段时间内的工作进行归纳,目的是弄清做了哪些工作,有哪些成绩,取得了哪些经验,存在哪些不足,要吸取什么教训,今后有何打算等。

3.写作思路不同

个人述职报告围绕岗位职责这个基点,以"岗位职责(目标)—工作情况—效果"这一线索安排写作内容,主要运用叙述陈说的方式。个人总结遵循"工作情况—成绩经验—理性认识"这一线索安排写作内容,要从工作实践中悟出一定的道理,提炼观点,总结规律;文章夹叙夹议,讲究材料与观点统一。

📋 写作训练

1.案例分析。请分析下列哪些条目不能出现在班长的述职报告中。

(1)参加秘书技能大赛,获得一等奖。

(2)学习认真,获得国家奖学金。

(3)担任学院学生会主席,组织了迎新晚会。

(4)组织班游,增强班级凝聚力。

(5)在纪律委员请假期间,主动承担起班级考勤工作。

2.病文分析。请指出病文中存在的问题。

尊敬的领导:

早上好!

回顾过去一年来,作为部门的一名员工,我认真地履行了自己的工作职责,取得了一定的成绩。在此,我向您提交我的述职报告,以作为我工作的总结和对下阶段工作的规划。

首先,我要反思一下我自己的工作。在过去的一年中,由于我的疏忽和粗心大意,导致了几次错误的决策。在此,我诚恳地向领导和同事们道歉。同时,我也在吸取教训,不断学习和提升自己的能力,以提高工作质量和效率。

在工作方面,我认真履行了自己的工作职责,按时按量完成了各项工作任务,并且取得了以下几项成绩:

在部门的年度计划中,我负责的项目以及任务都完成得很好,并且超额达成部门目标。

我在过去的一年中,不断提高自己的专业能力,多次参加工作培训和学习课程,不断磨炼自己的技能,提高了自己的工作能力。

我积极与同事们合作,共同完成了部门的各项工作任务,并且取得了一定的效益。

但是,我也要认真反思自己的不足之处。我认为我的沟通和协作能力还有待提高,需要更加积极地与同事们交流和合作。同时,在工作中也需要更加注重细节,避免疏忽和失误。

下一阶段,我将继续努力,进一步提高自己的工作能力和综合素质,更加积极地与同事们合作,争取在工作中取得更加显著的成绩。

谢谢领导对我的关注和支持,谢谢!

模块三　日常事务文书写作

日常事务文书包括电子邮件、邀请函、申请书、公开发言稿、工作计划、工作周报、复盘报告、总结等。

项目六
电子邮件写作

　　一旦获悉某人的电子邮箱，便能够将电子邮件发送至该邮箱。正因如此，我们每个人的邮箱均充斥着不少的垃圾邮件。那么，如何确保一封至关重要的工作邮件能够脱颖而出，不被庞杂的垃圾邮件所淹没呢？接下来，我们将从邮件主题、正文内容、结尾敬语以及附件添加四个维度来阐述。

知识目标：
- 掌握主题、正文、结尾和附件的写作思路。

能力目标：
- 能够有效提炼信息，并清晰地罗列和表达。
- 能够综合运用邮件写作思路，发出规范的、吸引收件人快速查看和执行的邮件。

素养目标：
- 培养素材整理、分析与提炼能力。
- 培养换位思考意识。

案例导入

请阅读这则案例,从发邮件的角度,分析行政部被"围攻"的原因。

××公司行政部同事前段时间被"围攻"。起因是他们给全员发了一封邮件,通知公司班车改路线的问题,于3月1日施行。结果3月1日当天,很多同事投诉行政部。原因是"没有收到通知",行政部同事辩驳称"已发邮件,正文标注得很清晰"。有同事对行政部不依不饶,"我不知道什么时候发的邮件";有的同事支持行政部,"同事们要认真看行政部发的邮件"。

【分析】　行政部发的邮件主题:行政部关于优化班车路线的通知。如果改成"5号班车3月1日起调整路线,在×××站点上车的同事必看"。这样就能精准定位和吸引相关同事查阅,避免案例开头那一幕。

邮件写作包括主题、正文、结尾和附件四个部分。

一、邮件主题的写作思路

因功能原因,邮件主题会按照附件标题名称自动命名。如果发邮件之前不作调整,将会导致邮件沟通障碍。写邮件主题一定要有用户意识,让收信方明确领会到发邮件的要义,吸引他们点击查看,顺利达成发邮件的目标。要吸引收件方点开邮件,最重要的一点就是明确主题与用户的关系。相比"提案资料0338","请确认××公司××月活动的提案资料",这个主题就更有用户意识,指明了主题与用户的关系,能够吸引用户点击查看。

邮件主题要凝练,基本思路是:行为动词+具体的人/事。如"邀请您参加本周五(2月10日)××商场的剪彩仪式""请查阅与××公司的谈判结果汇报"。特别需要提醒的关键词,可以用"【】"凸显。如"【请××日前回复】邀请您参加2月10日(本周五)××商场的剪彩仪式"。

邮件撰写的重要原则:一事一议,明确导向。在撰写邮件时,务必遵循一项核心原则:每封邮件应专注于单一主题,即围绕一件事情展开,并明确引导至一个具体的行动。若一封邮件涉及议题过多,将会导致两大弊端:其一,发件人难以精确把握和界定邮件的主旨,导致信息传递模糊不清;其二,收件人在面对内容复杂的邮件时,会感到难以下手,可能会造成回复延误。因此,为提高沟通效率,确保邮件的有效性,请务必坚持"一事一议,明确行动导向"的邮件撰写原则。

二、邮件正文的写作思路

邮件正文写作最容易犯的错误之一是缺乏条理性。最好的写作方法是分条列款,每条冠以小标题,按照"行动—观点—事实—视野"的顺序逐条罗列。

【案例】

为了共同精进,我司与北区政府达成了战略合作,下周二将举办战略合作签约会,我司CEO吴恒星和区长李云将出席。会后,两位领导还会接受记者采访。为了更好地宣传此次战略合作,彰显我司在大数据业务方面的行业领先地位,公关部拟写了一篇新闻稿。请确认稿件内容。　版本1

版本2

【行动—待办】请您确认与北区政府签约会的新闻通稿。稿件在附件中附上。(行动部分)

【观点—目标】新闻稿的目的是借助下周二我司与北区政府的战略合作签约会,宣传我司在大数据业务方面的行业领先地位。

【事实—补充信息】我司CEO和区长将在出席后接受记者采访。现场采访的内容,会在当天再及时补充到新闻通稿后面。

【分析】 版本2更加条理清晰。一是因为每条前面都冠以小标题,并用重点符号来凸显;二是因为每条排列都有逻辑性。基于用户角度,由重点到次重点,按照"行动—观点—事实"进行排列。

三、邮件结尾写作

邮件结尾处可以重申行动。比如,"本周四,我们是否可以和目前的供应商续签?"在告知执行动作的时候,要明确回复要求。比如,"请于××日回复我""这封邮件不需要回复""这次项目的线下活动方案的风险管控部分,特别想请您把关。如果您时间方便,恳请本周五(××日)项目会之前回复,特别感谢。"

四、邮件附件命名

为避免附件遗漏,可先上传附件,再写邮件正文。为方便收件人在电脑中识别和查找,运用职场写作的用户意识和默认公开原则,对附件进行命名。命名建议:附件主题+作者+时间+版本号。

如,××产品20××年2月份销售额—王××—20××0302—最终版。

附件较多,需要在正文中对附件逐一说明。如,附件1是整体的进度表;附件2是到目前为止,所有已经完成项目的信息汇总表;附件3是……

❓ 答疑解惑 回复邮件应注意的问题

(1)尽早回复。接收到邮件后,应尽快给予回复,最好是在24小时内回复。及时回复能够体现专业素养和对工作的尊重。然而,在某些特殊情况下,如正在与合作伙伴进行关键谈判时,可能需要特意推迟几天回复,以便有更多的时间进行权衡和决策。若回复时间超过24小时,建议在邮件开头简洁地表达歉意,并简要解释延迟回复的原因,以维护良好的职业形象。

(2)闭环回复。在撰写回信的过程中,务必确保全面回应了发件人的所有要求。完成回信后,请再次仔细检查,以免遗漏重要信息。对于发件人反复强调或认为至关重要的事项,应在邮件正文的开头部分给予明确回应。如果在回复邮件时还需要提及其他相关事宜,建议另起一封邮件进行阐述,以保持回复的清晰。

(3)事前确认。在阅读邮件时若有疑问,建议先与发件人私下沟通,确保充分理解后再正式回复。需要强调的是,邮件是留存证据的平台,不适合讨论复杂工作细节。若事项紧急,可以先通过电话沟通迅速解决问题,随后再通过邮件详细回复,以确保沟通的准确性和高效性。

技能训练

1.单项选择题

(1)现提供××公司四位员工拟写的邮件主题,请结合课程内容,甄选出最能吸引用户关注并有效传递核心信息的一项。( )

A.行政部小王通知公司全员,下个月抽出时间参加消防演练。为引起重视,他的邮件主题为"【紧急】下月请预留时间参加消防演练。"

B.销售部小李要给领导发送5月洗发水类产品的业绩,供领导在业绩会议前了解情况。邮件主题写的是"5月份业务分析报告。"

C.产品经理小吴要向全公司发通知,他给运营部的邮件主题是"【运营部】请注意××功能已上线。相应运营方案可启动。"

D.运营部小张要发邮件请财务审批预算,邮件主题是"卖萌打滚求看邮件,听说标题越长越有人看。"

(2)下面是四封邮件的结尾,请选出最能导向行动的选项。( )

A."以上是展会摊位报名说明,请您拨冗阅读,并给我们明确答复。"

B."客户中秋礼品已开放申请,请各位销售同事完成客户名单登记。"

C."附件为设计终稿,请您确认后在11月25日24:00前回复,我们会在节前优先推进贵公司项目,避免项目延误。"

D."下一季度设备采购单已发送,恳请王总尽快完成批阅。"

2.材料分析题

请分析下列两种说法,哪种更加清晰,体现了职场写作的哪些原则。

(1)关于上周(2月10日)开会讨论的活动方案,虽然开会的时候说是2月底启动,但因为甲方的调整,想在3月中旬的时候再启动,所以需要重新调整日程,可否下周再开一次碰头会。

(2)关于上周(2月10日)开会讨论的活动方案,甲方想从2月底调整到3月中旬,所以需要重新碰头调整日程。请问下周二或者下周四,您有时间吗?

3.给材料写作题

××集团将于本年度举办养老与环境保护双主题峰会。作为公司品牌公关负责人王××,根据上级领导指示,需邀请一位在该领域具有深厚影响力的专家参会。鉴于刘进步教授在老年人居住设计方面拥有丰富的研究经验,领导层期望能够诚邀刘教授莅临峰会,并就其专业领域发表一场主题为"如何进行适老化居家设计"的演讲,分享其宝贵见解与实践经验。

请根据下面3份材料,完成作业。假设你是王××,请发邮件给刘教授,成功邀请他来参会。

材料1:××集团介绍

××集团于1995年成立,目前在全国建立养老中心59所,具备养老功能的度假中心9家。这些养老机构当前总服务5.2万名中老年人,累计服务用户超过50万名。

材料2:峰会议程

峰会简介:为助力我国环保事业和老龄化事业的发展,××集团整合产业资源,聚合全国养老和环境保护研究力量,举办首届"'宜居·健康'养老地产峰会"。此次峰会拟定于2024年11月23日,在太阳市会议中心举办。这次峰会突出绿色与养老的主题。除了相关企业代表,这次峰会还首次邀请了环保和住房等主管部门、科研院所、绿色环保产业协会与会。

材料3:峰会筹备讨论会会议纪要(节选)

【刘进步教授背景信息】刘进步教授的基本情况:××大学建筑系教授,博士生导师,苍穹建筑研究所领头人。刘教授长期致力于老年人、残疾人建筑精细化设计研究。参与完成多项国家住宅及老年建筑规范标准的编制和评审工作,承担多项国家及政府相关科研课题研究工作,主持设计、咨询、研发养老类、住宅类地产项目数十项,出版相关书籍十余本。参会企业主都表示刘进步教授的著作对业界有重大影响,为行业建立了产品规范,期待刘教授亲临峰会做现场指导。

【刘进步教授近况】1.刘教授曾经深入一线研究,积劳成疾。他的腿脚长期疼痛,不能久站,常坐着授课。2.最好在11月初确认刘进步教授的意向。刘教授和李刚强教授都很适合发言。如果刘教授答应,就不请李刚强教授了。他们学术观点有冲突,一般不会同场发言。3.从介绍人那里了解到,刘教授近期非常忙,日程安排得很满,经常需要出差。他正在研究"老年人住宅偏好"这个课题。他提出了一个新的理论模型,下一步的论证,需要更多老年用户的使用数据。

【其他会议重磅嘉宾】本次峰会还有一位研究老年人住宅偏好的全球顶级专家,他是美国银河大学的Alex教授。Alex教授的研究领域与刘教授有一些交叉,可以安排他们参与讨论环节。

(来源:得到App职场写作训练营)

项目七
邀请函写作与线上制作

　　邀请函是一种常见的商务函件,用于邀请客户、合作伙伴、供应商等前来参加会议、展览、庆典、招标等商务活动。除此之外,邀请函还被用于办理签证、参加外事活动等场合。在写邀请函时,需要注重礼节性和规范性,因为邀请函不同于其他商务函件,需要包含特定的要素和格式。

 **学习目标**

知识目标:
- 掌握线下邀请函的写作思路。
- 掌握线上邀请函的策划思路。
- 掌握线上邀请函的制作流程。

能力目标:
- 能够写出规范的线下邀请函。
- 能够制作出图文并茂、阅读体验感好和传播力强的线上邀请函。

素养目标:
- 培养可持续学习的能力。
- 培养"文章是写了再写、改了又改"的习惯。

案例导入

请赏析这则简单的邀请函,提炼可借鉴之处。

邀请函

尊敬的王××老师:

感谢您在大学三年的耐心陪伴和谆谆教导,一眨眼我们就要走出校门,踏入社会。在此,诚挚邀请老师与我们一起拍摄毕业照,为我们留下美好的大学记忆。

时间:20××年4月16日(周二)上午9:00—9:15

地点:学校大门口

联系人:×××

联系电话:×××

此致

敬礼!

××文秘1班

20××年12月15日

【分析】 这是一篇规范的线下邀请函。①用语庄重,体现尊敬。"尊敬的××""诚挚邀请""此致敬礼"等词语尽显对王老师的尊敬,让受邀方有被尊重的感觉。②要素清晰,方便理解。时间、地点、主题以及邀请方的联系方式等都明确标注,一目了然。

一、邀请函的定义

邀请函是单位、团体或个人邀请有关单位或者人员出席重要会议、典礼或者重要活动的邀请性书信。使用场合主要有:庆祝会、座谈会、纪念会、典礼仪式、活动宴请等。根据呈现形式,邀请函分为两种类型:一种是线下纸质版形式呈现的邀请函,另一种是线上H5形式呈现的邀请函。H5邀请函不仅包括传统四要素,即时间、地点、邀请人和主题,而且具备传播、展示功效,常用制作平台是易企秀。

二、线下纸质版邀请函的写作思路

(一)标题

标题直接用"邀请函"字样。

(二)称谓

顶格写被邀请对象的姓名。被邀请对象姓名后面要加职务、职称或者"先生""女士"等后缀。必要时,邀请函要根据被邀请人所处的行业、背景、身份等情况,进行个性化定制,以体现邀请人和企业对被邀请人的尊重和重视。

(三)正文

正文要明确核心内容,包括参与活动的时间、地点、目的、主题、活动内容、议程安排、注意事项、联系方式等,以便被邀请人准确把握活动信息。同时,邀请函发出方要根据活动性质选择邀请函正文信息。如果是礼节性活动,注明时间、地点、主题、内容、联系方式等基本信息即可;如果是重内容、强专业的活动,还要写明与此相关的其他信息。比如活动议程安排、活动具体内容、活动注意事项、活动嘉宾类别等。所有邀请函末尾均写有"敬请光临""恭候光临""拨冗参加"等礼貌用语。

(四)结语

邀请函结尾处加"此致、敬礼"("敬礼"提行、顶格书写)。

(五)落款

注明发文单位或者个人签名,下方写日期。

三、线上 H5 邀请函的写作思路

(一)制作思路:围绕用户思维进行策划

用户思维的本质是深度的换位思考。具体到包括线上 H5 邀请函在内的新媒体文案策划中,用户思维的表现是提供给用户如下几种类型的信息:与用户有关、对用户有用、替用户说话、引起用户共鸣。

(二)呈现形式:图文并茂地进行宣传

在线 H5 邀请函的背景选择要符合邀请主题,一般都带有与主题相关的背景音乐和背景图片。除此之外,邀请函中时间、地点和主题的呈现方式要多样化。时间可以用文字形式、日历形式等;地点可以用文字形式和地图导航形式;主题要用文字形式、图文结合形式以及图文与视频结合形式等。根据邀请需要,可以设置评论、留言、特效功能以及一键拨打电话功能等实现互动;根据宣传需要,可以在 H5 邀请函中插入短视频、产品链接等。

(三)内容展示:体现创意性、丰富性和互动性

1.标题制作要别出心裁

在线 H5 邀请函的标题制作要符合新媒体文案标题的制作要求,突出有用性和有趣性,吸引受邀方点击查看。一般不建议直接用"邀请函"作为标题,而应该采用更加灵活和有吸引力的标题。比如,"给文秘人送福利啦!全国文秘骨干教师培训班即将开始!"

2.正文内容要翔实丰富

企业活动类邀请函除包括传统邀请函中的时间、地点、主题外,还包括具体议题、主讲嘉宾介绍、活动亮点剖析、往期活动回顾、相关网站超链接、留言问答等要素。

还有一类邀请函,其受邀人没有明确的对象,或者干脆是所有大众。比如腾讯互娱《致另一个"无用"的我》、e 家洁《"断舍离"收纳艺术展邀请函》,这类性质的邀请函除发出活动邀请外,更主要的是传达一种理念,在文案信息呈现形式、文案信息策划等方面,要比企业常规活动邀请函更具有创意性。

同时,在线 H5 邀请函具备留言评论、点赞、投票、一键拨打电话、在线报名、超链接、特效等功能,能有效实现与受众的实时互动。

四、线上H5邀请函的制作步骤

（一）注册易企秀

打开易企秀主页，在主页右上角找到"注册"按钮，单击"注册"通过微信扫码进行注册。

（二）选择场景模板

点击工具栏上方"免费模板"进入作品模板界面。在免费模板界面，找到"查看更多"选项，如图3.7.1所示。点击"查看更多"，选择"免费"，可查到免费的H5海报模板。根据主题风格，选择对应的邀请函模板即可。

图3.7.1　作品模板界面

（三）编辑邀请函

单击选中的模板，点击"立即使用"进入编辑界面。邀请函上方菜单中有"文本""图片""音乐""组件""智能组件""特效"6个要素。左侧区域有"图文""单页""装饰""艺术字"4个要素。文职人员在基础编辑中，经常用到的是下图方框标识出来的要素（图3.7.2）。

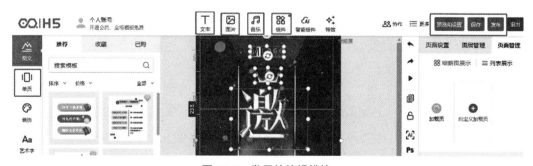

图3.7.2　常用的编辑模块

常用要素的具体作用及使用步骤如下。

1.文本

文本的作用是添加、编辑文字内容。其操作步骤如下：

编辑文字：双击需要编辑的文字，则会在文字上方出现文字编辑对话条。该对话条中各元素功能与 Word 相同，包括字号调整、字体颜色调整、背景颜色、加粗、倾斜、删除线、文本对齐方式、行高、字间距、超链接等多项功能。

在"图文"要素中，有更具创意的文本模板，选中与材料主题和编辑背景一致的文本模板，点击"立即使用"，如图3.7.3所示。

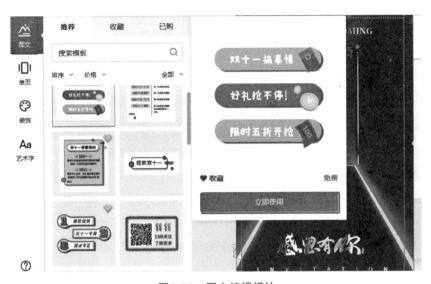

图3.7.3　图文编辑模块

根据右侧"模板设置"提示，即可实现目标作品的编辑，如图3.7.4所示。

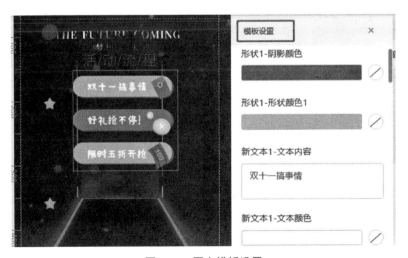

图3.7.4　图文模板设置

在"单页"要素中也能搜到有创意的图文模板，其编辑思路与"图文"要素一致，如图3.7.5所示。

图3.7.5　单页模板设置

2.图片

图片的作用:选择系统自带或者电脑中的图片,完成添加图片或者替换模板中的图片。其操作步骤如下:

单击需要添加图片的页面,选择"图片"按钮,即可完成图片的添加和编辑工作。单击需要更换的图片,在出现的对话框中点击"更换图片"按钮,进入到"图片库"。从"正版图片"中选择符合文案要求的图片,点击图片就可以完成图片更换。更换图片之后,还可以实现图片的移动、裁切。点击"动画"可以设置所插入图片的动画效果。如果图片库中找不到与文案主题相吻合的图片,可以将需要的图片保存到"我的图片"中进行编辑使用。

3.音乐

音乐的下拉菜单中有"更换音乐""删除音乐""更换字幕""删除字幕"4个功能。其编辑思路与图片添加一致,此处不再赘述。

4.组件

组件有视觉、功能、表单、微信和活动5大功能。如图3.7.6所示,方框标识为H5作品常用功能。具体操作思路与图文编辑思路一致。

在"单页"要素中也有表单功能,具体操作思路与图文编辑思路一致。

作品完成后,单击"预览和设置",在"基础设置"中添加"标题"和"描述",进行"更换封面";单击"保存",对作品进行保存。单击"发布",通过微信扫码或者微博超链接的方式进行分享,也可以选择生成海报或者长页进行分享。

易企秀作品的运行数据,可在"我的数据"中查看。

图 3.7.6 组件常用功能

? 答疑解惑

1.线下邀请函写作的常见问题

(1)邀请时间不具体。

如:"现确定于××××年6月10日在凤凰饭店××房间开庆功会。"里面没有具体的时间段描述,造成被邀请人时间安排的被动。写作邀请函的时候,时间描述一定要具体,能用具体时段最好。比如,活动时间:2024年6月10日11:00—13:00。

(2)缺少邀请方的联系方式。

在邀请函的正文中要加入邀请方的联系方式,方便双方联系。

(3)称呼不恰当。

一些模板式的邀请函称呼为:"先生、女士"。在填写的时候,如果对方是女性,就把"先生"两个字用斜杠划去。这是一种极不尊重对方的行为。所以,在批量选购"邀请函"的时候,要注意其开头的称呼。选择开头直接是"_____"的样式。

2.邀请函与请柬的区别

请柬信息简要,一般只标注时间、地点、主题、联系人等基本信息。对传统媒体而言,结婚、开业剪彩、乔迁新居等喜庆的场合,用请柬;而对于邀请评委点评、专家讲座等更加注重内容的活动,用邀请函则更加合适。因为邀请函的正文信息更加丰富,可以有活动内容、活动流程等方面的描述。

从写作风格来讲,请柬比邀请函更庄重、典雅,表达的礼仪、情感色彩更加浓厚。比如结婚请柬常用语:"略备茶点恭候""荷蒙厚贶""谨订于×月×日×时喜酌候教""××暨××鞠躬""××谨订"等。

在新媒体平台,无论是结婚、开业剪彩、乔迁新居还是邀请专家做讲座、邀请别人来培训等,都倾向使用H5邀请函。在邀请函中除了时间、地点等基本信息外,还可以向受众宣传与活动相关的其他信息。

技能训练

1.修改病文

邀请函

××班长：

我们于20××年5月9日上午去医院看望我班生病的班主任：××老师,邀请你一起参加。

×××

20××年5月6日

2.给材料写作

（1）请根据下列材料描述,写请柬。

张先生与颜女士将于2025年1月19日（周日）下午六点在德胜路海外酒店举行结婚典礼,请以颜女士父亲身份给颜女士伯父发请柬。

（2）请根据二维码里面的材料制作H5版本邀请函。

项目八
申请书写作

写申请书要注重说服力和可信度，展示优势和特色，并根据不同的申请情况突出不同的重点，以提高申请成功率。

知识目标：

• 掌握申请书的写作思路。

能力目标：

• 能够整理、提炼信息，并进行有序排列和逻辑表述。
• 能够站在用户角度，写出规范的申请书。

素养目标：

• 培养全局观念和用户意识。
• 培养诚实守信的品质。

📋 **案例导入**

请阅读下列这则《转岗申请书》。站在受众角度思考其合理性。

转岗申请书

我进入公司两年半以来，一直从事行政工作，表现良好。近期，我了解到公司要开拓三线城市的零售加盟业务。我希望走出舒适区，往新的方向发展。因此，向领导申请，从行政部门转至销售部。如果申请获得批准，我一定会全力以赴地投入新的工作。希望领导批准！

　　此致
敬礼！

落款
时间

【分析】　这份转岗申请虽然目标清晰明确，然而实用性却不尽如人意。究其原因，主要在于它未能从用户——即领导的视角出发，进行构思与撰写。作为审批此类申请的关键人物——领导在审阅时，必然会寻找能够支撑其决策的有力依据。从领导的角度出发，他们首要关注的是申请人的转岗能力是否满足新岗位的要求，原工作岗位是否有合适的人选接替，以及申请人转岗后是否能为公司创造更大的价值。遗憾的是，此份申请在行文中并未针对这些核心问题给予充分的解答和说明，因此，难以被视为一份具有实际效用的转岗申请。

一、申请书的概念

申请是个人、单位、集体向组织、领导提出请求，请求批准或帮助解决问题的专用书信。根据申请事项，可以分为入团、入党、困难补助、调换工作、建房、领证、承包、贷款申请等。

二、申请书的写作要点

(一)简单申请书的写作要点

简单申请书是指休假申请、场地申请等写法简单、领导批示快速的申请书。在写作过程中，要注意如下三点：一是申请事项清楚、具体，涉及的数据要准确无误；二是理由要充分、合理；三是语言准确、简洁，态度诚恳、朴实。

【案例1】

版本1

申请书

尊敬的多媒体管理主任：

　　您好！我是×××班的班长×××，我们班准备在下星期三晚上举行一次辩论赛，需要借用教学楼多功能厅。我代表我们班同学保证，爱护多功能厅设施，保持多功能厅卫生与整洁，离开前断开相关设备电源。在此特向您提出申请，恳请您能批准。

　　此致
敬礼！

申请人：×××
202×年10月12日

多功能厅使用申请书　版本2

尊敬的多媒体管理办公室王主任：

　　您好！我是2021级商学院市场营销B5班班长×××，我们班拟定于202×年10月20日下周三晚上7：00—9：00举行一场以"大学生上课带手机的利与弊"为主题的辩论赛。因参赛人数达120人，为提高辩论赛的赛事质量，需借用教学楼多功能厅417室。我代表我们班同学保证，严格遵守教学楼多功能厅相关管理规定，保持课室清洁卫生，不随意乱丢纸张、不乱放水瓶等，使用完及时关掉设备电源。为了避免与其他部门使用时段冲突，特提出申请，恳请领导予以批准。

　　此致

敬礼！

申请人：×××

202×年10月12日

（来源：葛东辉."申请书"与"请示"应用写作异同之辨[J].办公室业务，2022（5）：4—6.）

【分析】

（1）标题写作。版本2更加具体。能够让受众快速抓住申请主题。所以，申请书标题的写作思路：申请事由+"申请"字样。

（2）主送对象。版本2更加具体。申请书的主送对象一定要明确，需要是申请事由的直接审批者。

（3）理由陈述。版本2的申请事由更加具体。版本1在正文里只说要举行一次辩论赛，需借用教学楼多功能厅，并未写出令人信服的理由。

（4）语言表达。版本2用书面语言表达，体现申请的规范性和正式性。而版本1语言表达存在口语化、时间和场地表述不明确、用词不谦卑等问题。

（二）复杂申请书的写作要点

复杂申请书不是简单地提请求，而是要通过文字描述给领导审批建立翔实的决策依据。在正文写作中，要时刻站在领导批示的角度，告知对方申请事由及相关的资源回报和潜在风险。

1.资源回报

书面申请不是简单地提需求，而是要立足对方立场，把申请者的目标与公司目标相结合。这样，获批的可能性更大。

【案例2】

　　近年来技术发展迅速，相关政策规定也有所变化。此变化对我司的影响是，需要投入专家资源，抓紧提高生产线员工持证上岗的比例。根据现有证照数量，如果不赶紧行动，预计明年就会影响生产线的正常运作。　版本1

　　近年来技术发展迅速，相关政府规定也有所变化。为响应政府规定，我司需迭代课程。此次课程如投入专家资源，则课程专业度、员工学习效果都会有所提升。　版本2

【分析】　版本2更优。原因在于提到了资源回报。而版本1只制造了焦虑。两个版本的案例，虽然指向同一个事实，但是用户的感受是完全不一样的。

2.风险提示

资源投放后,可能会带来衍生问题。即风险提示。这是复杂申请写作的第二个要素,需简单罗列1~2条。同时,提供风险的解决思路。

如"为确保每位参与培训人员每年能投入20个课时学习,需请各部门根据工作实情进行协调,防止员工因负荷过重而对培训产生抵触情绪。""我在渠道运营方面的实战经验尚显不足。但近半年来,我已积极参加了两次与渠道运营紧密相关的专业培训,并成功掌握了该领域的专业知识。我深知自身存在的短板,并已付诸实际行动加以提升,力求弥补实战经验的匮乏。"

? 答疑解惑　申请与请示的联系

1.相同之处

(1)属于职场文书写作的范畴,有固定的写作格式。

(2)事前行文、事项单一。但凡有请求批准、指示的事项,都要求一事一书,内容单一。

(3)理由充分合理。申请或者请示的理由要合法合规、合理合据、富有说服力。

(4)语言朴实、语气诚恳,体现对上级领导或单位的尊重。

2.相异之处

(1)适用范围和行文对象有差别。"申请书"是日常事务文书,对应的是个人或集体,而"请示"是党政公文,是下级单位向所属的上级单位的呈请。机关单位在行政管理或在社团管理活动开展中,遇到自己无权、无力解决的情况,都可用"请示"向上级单位行文以期得到指示。

(2)行文要求不同。"申请书"是专用书信,凸显表情达意的功能。"请示"需在上下级部门间流转,更显客观理性。

(3)结束语不同。"申请书"结语:"特此申请,请批准""恳请领导帮助解决""恳请领导研究批准""此致敬礼"等;"请示"结语:"特此请示,恳请批复""妥否,恳请批复"等。

✎ 技能训练

1.单项选择题

(1)×××在运营部已工作3年,最近她想转岗到产品部。下面是她转岗申请书的部分内容,请问下面四种写法哪种最合适?(　　　)

A.随着我司的发展,我的个人能力也在不断提升。我在运营岗位已经3年了,这段时间,我发现自己对产品的整体设计逐渐产生兴趣和想法。我想发挥创意,因此申请转岗到产品部。

B.大学四年,我一直在做平面设计,能够制作基本的产品页面设计稿件。具备制图能力是产品部同事的基本门槛,而我在这方面能达到和产品部同事相当的水平。附件是我的草稿。

C.我在运营部门的工作主要是内容运营,熟悉产品需求文档,擅长撰写策划书,每日也会定期查阅、收集产品资料,而且我最近感觉遇到瓶颈期,希望在新的领域里开辟天地。

D. 我有3年运营工作经验,可以从用户服务、产品营销的角度给产品设计提供思路。附件是我根据本季度新产品收集到的用户反馈,写下的产品迭代思路。

(2)财务部的×××写了一篇申请,想竞聘财务项目组的岗位。下面是申请中"风险提示"部分,请选出写得最合适的选项。(　　　)

A. 我是家中独女,上有七十多岁的双亲在家退休养老,在家庭方面需要多花时间照顾。在此我向领导表决心:除必要情况外,我一定会妥善安排时间,争取全身心投入工作、不耽误工作进度。

B. 这个项目会经常到国外出差,需要有母语程度的英语沟通能力。这方面我的确存在劣势,为此我做了学习计划,打算一步步把英语能力练起来。目标是一年内达到英语四级的水平。

C. 这个项目已经立项3年,但我最近才接触。我了解项目背景少,需要比较长的时间融入团队,熟悉和学习。为此,希望团队前辈多带我。

D. 我虽然不是财务科班出身,但一直在从事财务工作×年,其间也报了Excel课程专门学习,目前已经能熟练使用Excel来满足日常财务工作需求。

2.案例分析题

请分析这则申请,提出优化思路。

申请书

尊敬的×××:

你好!我是×××,现任旗舰店副店长,今天提出这份申请,是希望能够获得升职店长的机会。

加入我司已经三年半,公司开放透明的工作氛围、积极上进的企业文化,使得我不只从这个团体中学会工作,也从身边人身上学习了人生经验。在公司的领导下,我会更加严格要求自己。做好本职工作的同时,我也要不断学习与积累,不断提出问题、解决问题,不断完善自我,使自己能更加快速、完美地完成上级交办的工作。

我希望我付出的努力可以被领导看到,我的能力可以得到领导的认可,也希望自己能够有机会承担更多的责任与工作。

因此,今天我郑重地向公司申请"晋升旗舰店店长"。理由如下:

我在入职一年后,就成为了店里的业务骨干,能够独立承担工作板块,多次获得店长与经理的认可,对业务细节非常熟悉且掌握全面。

我在店内长期主管人力资源相关工作,有较丰富的管理经验。

我已年满三十二岁,在平级同事中年纪稍长,若今年再不升职,担心日后机会越来越渺茫。

此致

敬礼

落款

3.给材料写作题

××是××消费电子产品公司无锡分公司的销售总监。她带领的销售团队,一直在江浙沪地区同级城市中业绩突出。最近南京分公司的销售总监提出离职,华东大区负责人赵××决定在内部挑选新的南京销售总监。××一直希望从无锡调到市场体量更大的城市。看到这个机会,她发现自己符合任职资格,但需要证明自己能够胜任岗位。她开始收集材料,准备向赵××发出申请邮件,竞聘南京分公司销售总监。

阅读二维码里面的3份材料,帮助××(消费电子产品公司无锡分公司的销售总监)写转岗申请,其余信息可酌情添加。

项目九
公开发言稿写作

　　公开发言可提升个人或者组织的影响力。切记,公开发言不是即兴讲话,而是有准备的聚光灯。要提前把稿子写好,并反复背诵和演练。

 **学习目标**

知识目标:
• 掌握公开发言稿的写作思路。

能力目标:
• 具备具体素材的提炼与整理能力。
• 能够写出思路清晰、符合发言者身份和听众定位的发言稿。

素养目标:
• 培养正确的价值观,能够在发言稿中准确反映党和国家的政策主张,传播正能量。
• 培养学生的社会责任感,能够关注社会热点问题,积极为社会发声。
• 培养创新精神,能够融入创新思维,提出新颖独到的见解。

📝 **案例导入**

【案例1】 请阅读这则文稿,分析其写作思路。

【背景】同事上台演讲前,你鼓励他。

【文稿】我非常想听到你的演讲。现在是我们与这位客户建立关系的绝佳机会。我知道他们要选一个新的供货商,而他们想要的产品正是我们所能提供的。我相信你一定能抓住这次机会。

【分析】 上述鼓励的话,就是一个简短的公开演讲。包括了抓手、观点、论证和呼吁行动四部分组成,是一则规范有效的公开发言文稿。第一句话是抓手,引起受众注意力。抓手要与受众有关、或对受众有用、或替用户说话、或激发用户情绪。第二句话是观点。用一句话清晰表达"与用户建立关系的绝佳机会"。第三句话是事实论证,为观点提供佐证材料。第四句话是呼吁行动。

【案例2】 请阅读下列这则故事,提炼演讲稿写作需注意的问题。

一知名公司做公司成立十周年演讲。细数了公司十年中发生的重要故事。去到现场的朋友回来反馈,讲得不错。但不知道为什么要听。

【分析】 这则演讲忽略了一个非常重要的问题,就是为用户提供价值。故事再精彩、表达再生动,跟用户没有关系,他们也不会在意。

一、公开发言稿的写作思路

(一)标题写作

标题是吸引受众注意的第一步,要简洁明了。同时,要考虑受众的诉求,吸引受众的注意力和好奇心。

(二)称谓

根据现场受众类别,按照既定的逻辑顺序进行称呼。同时,重要的、尊贵的领导要单独提出。如尊敬的××区长、各位同事和亲爱的同学们:大家下午好!

(三)正文

1.抓手

抓手是吸引受众的关键,是建立与受众联系的桥梁。要捕获用户的心,需深入运用用户思维:确保内容与受众息息相关、具有实用价值、能代表他们发声并激发共鸣。在选择抓手时,应积极正面,避免消极。例如:"我有个好消息想和大家分享,或许对你们大有裨益。在对比了我们两个平台的产品后,我发现了众多的合作契机。""我与新郎是二十多年的故交,共同成长,接下来让我分享一些他的趣事。"

请注意,不同的受众有不同的需求。因此,公开演讲前需明确受众群体及其内心期盼,以便精准施策。譬如,在介绍公司时,若面向客户,应聚焦于产品及与客户的合作理念;面向政府,则强调企业带来的社会价值;而对于求职大学生,应突出员工成长与公司文化。

2.要点

要点是谈话的观点。尽量一句话提炼要点,使其有吸引力,并承载自己的信念。常用方式是设置挑战。开头设置挑战,能够快速吸引受众的注意力。如,针对餐饮行业,设置挑战的题目可以是:疫情背景下餐饮行业如何实现两倍突围。

【案例1】

> 我们有些不太正常的状况。是这样的,在钻井过程中很不幸,我们的人将钻杆卡在了井眼里,井深不得不废弃了。其实也没必要废弃,我们想重新钻那口井,毕竟我们投入了1 100余万美元,不能花了钱却没有采储量。令人惊喜的是我们安置的最后一个套管已经做好定位了,可以解决问题。 版本1

> 我有紧急的事想跟您谈谈。我们损失了240号井,但已经找到了解决办法。由于疏忽大意,我们不小心把太多水泥倒入了洞中,结果钻杆被卡在里面了。两天来大家想尽办法来解决这个问题,终于得出了一个解决方案。里头那段好的套管仍然可以用,从套管底部钻一个新洞,经过水泥卡住的钻管,这样就能解决问题。一切准备就绪,就等您点头同意了。 版本2

【分析】 上述两个版本都有抓手,吸引受众注意力。不同的是,版本2要点前置,能够让受众瞬间抓住主题。而版本1只按照时间发展线索罗列事情,很难让受众瞬间抓准讲话主题,容易导致他们焦躁不安。

3.佐证

在公开演讲的场合,为确保信息能够清晰、高效地传递给受众,所使用的佐证材料应当力求简明扼要且逻辑严密。建议将支撑材料精练为至多三个核心论点,以便于受众能够轻松理解和记忆深刻。若材料内容过于繁杂,可尝试整合近似内容,或者剔除那些非核心的信息。需强调的是,演讲应聚焦于主要观点,避免冗赘陈述。如遇关键信息无法在现场详尽说明,可事先准备详尽的书面材料,并在演讲前分发给受众。在演讲中可简要提及:"鉴于时间所限,部分重要内容无法在此一一细述,但已为大家准备了详尽的书面资料,现在分发给各位。请在会后查阅,以便更全面、深入地了解相关信息。"此外,所列举的佐证材料必须遵循一定的内在逻辑,如按时间顺序、因果关系、方法论、情境与对策等逻辑框架进行组织。

【案例2】

> 第一,申请人得有家人支持。
> 第二,考察时得去做实地家访。
> 第三,申请人需通过价值观考核。 版本1

> 第一,申请人得有家人支持。为什么工作要求都提到家人那儿去了呢? 因为咱们物流行业特别辛苦,无论刮风下雨,还是跌打损伤,都得保证网点的正常运作,一个人肯定是干不过来的。所以,如果申请人背后有一个家庭愿意支持他,那在我看来就大大提升了这个申请人的靠谱程度。所以,他不是一个人在战斗,而是有一个能够互相依靠的团队。 版本2

但这就有个问题了,申请人说家里人都愿意支持,那我就能相信他们全家都会全力投入吗?不行,为了保证绝对靠谱,我还得去做一次实地家访。

好,那做了实地家访,全家人也都特别靠谱,说要一块儿干,那我就能相信这家人能成为特别可靠的加盟商了吗?不行,还有最后一个环节,就是价值观的考核。如果只是为了赚钱,价值观跟我们总部不合拍,那长期来看,这种合作关系是不会不长久的。所以,价值观考核是最重要的那道门槛。

【分析】 这三个筛选标准层层递进,难度逐渐加大。全家人共同参与快递工作,这一要求已相当严苛。然而,通过这一关后,还有更为严格的实地家访考察等待着他们。即便家访顺利过关,他们还必须面临第三重挑战——价值观的考核。这样的叙述方式,相较于直接列出三条标准,更易于受众理解与记忆。若演讲内容存在逻辑上的反常之处,我会在发言稿中明确指出。例如,在我接下来的发言中,首要部分将是最为重要的内容,请大家予以特别关注。

佐证材料的写作思路:抽象概念和道理+感性素材。感性素材能够增强故事感,吸引受众的注意力。

【案例3】

版本1 推恩令是汉朝汉武帝时期推行的一项重要法令,用来减少诸侯的封地,削减诸侯王的势力范围。

版本2 推恩令是什么呢?比方说,汉武帝的兄弟死了,留下三个儿子。以前一直是长子继承制,老大全包。这时候汉武帝不干了。他说,我可怜的侄子,手心手背都是肉,两个小侄子啥都没分到,我这个当叔叔的实在是看不下去了。叔叔给你们做主,你们爸爸留下来的封国,分成三块,大侄子继承王位,二侄子、三侄子多少也能分点地,当一个列侯。

你看,这么一分,各个诸侯国的封国自然就越来越小、越来越弱,几代人这么一传,那就啥也不是了。这个推恩令这么一搞,诸侯也不傻,知道这么搞下去,过不了几代,一块大牛排就被剁成饺子馅了。所以呀,有的诸侯王就不干了,就造反了。

(来源:顾衡好书榜)

【分析】 版本2中的"我可怜的三个侄子,手心手背都是肉",在发言里增加情绪,让受众很快就能进入汉武帝的角色。"一块大牛排就被剁成了饺子馅"形容诸侯国被推恩令削弱的政治效果,让受众一下子就有了画面感。这些都是我们在描述的时候加入了感性的素材。

【案例4】

版本1 20××年,安踏关停了近600家低效的门店后,在中国市场的门店还有8 000多家。

版本2 20××年,安踏关停了近600家低效的门店后,在中国市场的门店还有8 000多家。安踏当时的门店数量,比今天的肯德基在中国的门店数量还要多。

【分析】 8 000家门店对于一般人来说,就是一个抽象的数字。如果加了版本2的最后一句,立刻就让整个描述有了画面感。

【案例5】

版本1 高盛是一家国际领先的投资银行,金融专业能力不容置疑。但是他们对信息技术的重视,对高科技的大笔投入,也是高盛能够在数字时代保持活力的重要原因。

版本2
高盛是一家国际领先的投资银行,金融专业能力不容置疑。让我特别惊讶的是,它竟然有1/3的员工都是计算机工程师。难怪高盛这个金融老字号,在数字时代还能持续地保持活力。

【分析】　版本2的"让我特别惊讶"起到了吸引注意力的作用;"1/3"的数据表达,能够让受众精准、快速把握演讲内容。

(四)结尾

演讲的结尾,可以用与受众有关的故事、发起与主题相关的行动等来结束。比如,"说了那么多写作方法,在最后我想强调一下写作的心态。你只要记住作家加缪说过,写作就像是分娩,过程又疼又累,孩子还很丑。大作家都这样说了,你还有啥好担心的? 谢谢大家!""今天听完这个分享,我推荐你回去马上就做这件事:把你的微信头像换成职业形象照。如果你想把微信打造成个人IP,一定要善用头像打造第一印象。"

技能训练

1.单项选择题

(1)人力资源部王××要向全公司推广新的面试方法。请选出最能够吸引听众注意力的表达。(　　)

A. 大家好,我是人力资源部王××。今天我要分享的题目是"行为面试法的五大好处"。

B. 各位领导、各位同仁,大家上午好。感谢主办方给我这次机会,让我们今天用一小时带大家学习行为面试法。

C. 今天我们来解决这样一个问题:到底怎么样才能在面试中快速筛选出真正有能力的候选人?

D. 又到了秋高气爽、金九银十的季节。各位业务部门主管,准备好迎接部门新力量了吗?

(2)下面四种思路,哪一种做到了环环递进,给受众留下深刻印象?(　　)

A. 一位销售要怎么让客户乐意为你介绍新客户呢? 第一是正式请求。但是可别停在这。人家帮你介绍后,还要做到第二点:积极反馈、表达感谢。当然,不能只是一次感谢,还要做到第三点:维系关系。

B. 要怎么让客户感受到买保险有价值? 我有三个方法分享给大家:首先,保险是一种科学的制度安排;其次,保险是一种可兑现的家庭责任;再次,保险是一种可双赢的商业慈善。

C. 连锁餐饮品牌的最大难题就是怎么做到全国口味一致? 我有四个方法:第一,材料标准化;第二,设备标准化;第三,服务标准化;第四,价格标准化。

D. 接下来我要给大家介绍增长战略的五大要点、四大心法、三点技巧。下面我就给大家一一展开说明,相信今天课程结束后,大家就能掌握增长战略的要点了。

2.给材料写作

（1）北方某高职院校文秘专业老师来广东某职业院校文秘专业考察。主要了解学校的实训室建设情况。作为实训室建设负责人，请写出自己这一部分的发言稿。

（2）珠海文艺评论家协会承办的第三届珠海文艺评论奖颁奖典礼在广东科学技术职业学院文传学院举行。参会者是珠海市文艺评论家协会的会员，他们主要是来自非本校的文艺评论家、文艺爱好者、珠海市文艺评论家协会的领导及其上级部门领导。协办方是广东科学技术职业学院文传学院。请为协办方领导（文传学院院长）写公开发言稿。

项目十
工作计划写作

制订工作计划能有效提高工作效率。通过合理安排时间和任务,让人更专注于关键工作。同时,能明确工作目标和实施步骤,为新人提供清晰的方向指引。此外,执行工作计划可锻炼自我管理和团队管理能力,提高工作效率。

知识目标:
- 了解工作计划的类型。
- 掌握工作计划的写作思路。

能力目标:
- 能够提炼素材,撰写思路清晰、对标对表的工作计划。

素养目标:
- 具备统筹全局的能力,提升学生的法治意识和规则意识。
- 发挥创新精神,不断探索新的方法和思路。

案例导入

请阅读××公司销售部××提交的2月份工作计划的主体部分,站在受众角度,思考其存在的问题。

1.为确保持续稳定的客户关系并巩固已有的合作成果,我们将在新年假期结束后,有计划地陆续回访那些曾经有过成功交易记录的老客户。拜访时,为客户准备小礼物。这次重点是A客户、B客户、C客户,准备分别到单位拜访。

2.拓展新客户。把接触点延伸到新公司和行业论坛。目前有两个安排:

(1)3—5日计划去长沙和分公司一起拓展新用户,宣讲产品方案;

(2)12—13日计划去上海参加论坛,挖掘新用户。

3.寻找行业内合作伙伴。通过参加本月2场行业内的前沿展会,寻找合作伙伴。

4.市场动向。多关注市场信息和客户的新关注点,争取跟客户保持同频。

5.加强业务和专业知识的学习。在和客户沟通时,让客户多说,从客户的描述里找到用户的需求。

【分析】 计划主体分条列款地写作。但是缺乏内部逻辑,不清楚分项目标确定的依据以及分项措施要达到的具体目标。如,拜访老客户,是为了维护客户关系、保障项目的验收还是获取新项目的机会。写计划一定要强调目标,并且要将工作计划目标对标部门目标,将部门目标对标单位目标。

一、工作计划的内涵

工作计划是指一个组织对其管理活动做出决策并为执行决策而做出的具体安排。更具体地说,计划是分析计算如何达成总目标,并将总目标分解成子目标的过程。

工作计划的核心在于制订明确的目标和行动方案。一个好的工作计划应该具有明确性、可衡量性、可实现性、相关性和时效性等特征。工作计划通过将目标分解为具体的任务和行动步骤,帮助组织集中资源和精力,实现更高效和更有序的管理。

二、工作计划的写作思路

(一)标题

工作计划的标题可以分为完整性标题和非完整性标题。完整性标题由单位、时限和计划内容加上计划的种类组成,如"××公司20××年财务工作计划"。非完整性标题可省略单位或者时限或者两者都省略,如"20××年党务知识学习计划""美丽乡村建设计划"等。

(二)正文

工作计划的正文包括前言(导语)、主体、结尾三部分内容。简要说明前言和主体。

1.前言(导语)

前言(导语)阐述制订计划的依据、指导思想或意义。可交代制订计划的背景材料(如面临的基本形势、前段工作经验教训等),也可分析前阶段的工作、生产基本情况和存在的问题,为制订计划提供可靠的依据。

【案例1】

××公司五年规划(××××—××××年)

根据《〈××工作要点〉的通知》文件要求,结合本公司实际,制定新一轮五年发展规划。

【案例2】

驻村干部20××年工作计划

为认真贯彻落实上级文件精神,服务农村发展,更好完成驻村工作任务,本人结合驻村实际,特制订20××年驻村工作计划。

2.主体

(1)目标

具体工作目标一定要对标直接上级目标。要写清楚做什么(任务),做多少(数量),做到什么时候(时限),达到什么程度(质量)。如果计划完成的任务含量大或属于综合性计划,这部分应分条列项地写,使之纲目清晰。

【案例3】

本季度工作目标:"提升服务质量,增加客户满意度。"	版本1
本季度工作目标是使客户的投诉率下降到10%以下。在第四季度用户满意度整体提升10%。	版本2

【分析】　版本2计划目标可评可测,是规范写法。

【案例4】

部门大目标:在第四季度用户满意度整体提升10%。

小刘的个人工作目标

优化C端用户的产品体验,提升用户满意度。	版本1
修改产品使用体验上的5个bug。在下一轮用户问卷调研中,提升用户使用满意度5%。	版本2

【分析】　版本2能够拆分部门大目标为小目标,落实到具体的工作中,并量化表达,是规范写法。

工作计划要对标、关联直属上级部门大目标。因此,计划制订者需要将大目标拆解为小目标,结合岗位角色明确自己的小目标,以支撑大目标的实现。明确小目标后,还要给出量化考核标准。

【案例5】

××公司运营部第三季度目标有3个:

一是策划店铺及重点产品,推广活动不少于15场,新增流水相较第二季度上浮30%。

二是开展不少于3次用户调研,找到至少5个用户体验提升点。

三是用3个月的时间,搭建起有战斗力的运营团队。

运营部,负责社群运营的小王第三季度工作目标:

版本1　至少策划10场社群活动,用户活跃度较第二季度提升30%。

配合用户运营组完成第二季度重点用户回访,输出回访报告,找到不少于2个用户体验提升点。

版本2　策划10场社群付费活动,提升用户活跃度,新增流水20万,较第二季度提升15%。

对社群内的活跃用户开展一轮用户调研,输出调研报告,找到不少于5个社群服务提升点。

总结社群运营经验,在9月底前输出一套社群运营SOP,帮助新人快速上手。

【分析】　版本1没有响应组织目标。具体如下:部门目标之一是,通过策划活动增加流水。这是小王的主线任务,但是小王没有写相关小目标,只写了要策划活动增加用户活跃度。但提高了用户活跃度不一定能增加流水。另外,小王计划中,提到了要输出回访报告。找到不少于2个用户体验提升点。这个响应了部门要提升用户体验的目标。但输出回访报告是用户运营部的职责,与小王岗位要求不吻合,不适合放在小王的计划目标里。相比之下,版本2能够分析社群运营岗位本身,对标和关联运营部的大目标,符合工作计划目标写作要求。

(2)步骤和进度

目标的具体实现要通过步骤和进度来体现。针对每个目标,应详细列出支撑其实现的标志性成果、完成思路、预计完成时间及效果等。例如,在"完成10场付费活动"这一目标下,标志性成果应涵盖活动嘉宾的成功邀请、策划方案的精心制订、活动渠道的有效选取以及各时间节点的严格把控等。步骤和进度的设定旨在解决"进程安排"和"任务落实"等关键问题,确保总目标能够分解为各阶段的明确任务,并详细记录每个任务的负责人及参与人员,以保障任务的顺利执行和完成。

【案例6】

××公司人力资源部的×××负责招聘工作。她有一项季度工作计划是这么写的。

一、季度目标

扩充人才库,新增不少于200位候选人。

二、具体措施和进度安排

(一)在Linkedin上完成公司主页的搭建,维护脉脉、猎聘等渠道的公司主页。

(二)每周完成与5个候选人的联系。

(三)加入1个专业论坛,尝试与相关专业大咖建立联系。

(四)3月底前完成春招直播宣讲,主要面向技术院校实习生及文科院校应届生。

【分析】　措施和进度不能支撑"200位候选人"目标的实现。建立公司主页,可能会带来新增的候选人,但是,没明确带来的数量;每周主动联系5个以上的候选人,一个季度大概联系60人。措施和进度这样写,估计不会让领导放心。

（三）落款

落款是制订计划的单位或个人的署名及制订的时间。上报或下达的计划,还应在日期上加盖单位印章。

？ 答疑解惑

一、做工作安排表的思路及应注意的问题

安排表属于计划的一种类型,工作中常用。比如日程安排表、行程安排表、值班安排表、经费预算表、活动安排表等。

1.工作安排表的制作思路

（1）标题

安排表标题的写作公式为:事由+安排表。如:接待××日程安排表,××活动日程安排表。也有前面加时间或者发文单位的写法。比如××公司5月份值班安排表。

（2）表头

根据制表目的,设置表头要素。不同表格,表头要素不一致。具体如下:

日程安排表:序号、日期、时间、事项、责任人、参与人、联系电话、备注。其中责任人、参与人、联系电话等信息可根据实际情况增删。

值班表:序号、日期、时间、值班人、负责人、备注。

经费预算表:序号、项目、单价、数量、总价、备注等。

（3）结尾

表格制作完成,要在表格下方,居左空两个字写"制表人"或者"制表单位",居右写"制表时间"。

2.工作安排表制作时需注意的问题

①内容要求:表格中的内容要简练,用关键词、短语等简明表达主要思想。

②格式要求:建议用Excel制作表格。Excel表格制作完成后要进行编辑。包括加边框、调整行高、标题与表头要素加粗、自动回行设置、合并单元格设置、打印预览等。

③每页都呈现表头的设置方式。Excel表格超过一页,选择自动打印,除第一页外,表格其他页面正上方没有表头要素,影响阅读效率。如何设置其他页的表头呢? 具体操作如下:

步骤1:点击功能选项中的"页面布局",找到"打印标题"按钮(图3.10.1)。

步骤2:在弹出的功能选项窗口中点击"工作表"(图3.10.2)。

步骤3:找到下方的功能选项"顶端标题行",并点击右侧选项(图3.10.3)。

步骤4:点击之后出现选择固定打印标题的选择框,在其中选择相应行即可(图3.10.4)。

图 3.10.1　打印标题

图 3.10.2　工作表

图 3.10.3　顶端标题行

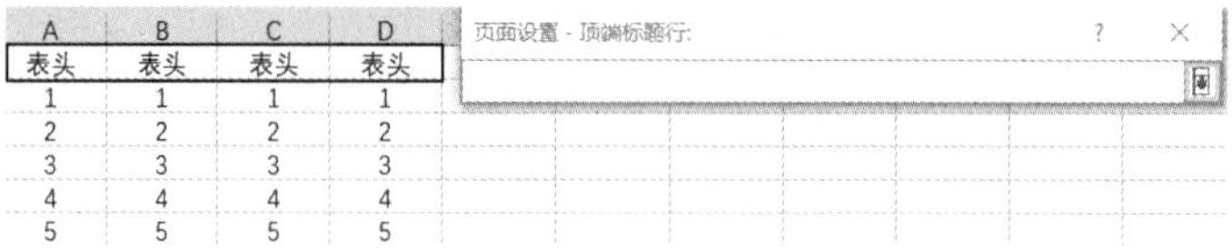

图 3.10.4　选择顶端标题行

二、时间管理的四象限法则

1.四象限时间管理方法

时间管理的四象限法则是著名管理学家史蒂芬·柯维提出的一个时间管理理论。根据这个法则,我们可以将每天所面临的复杂繁多的事务,按照重要和紧急两个维度进行划分,进而将这些事务归入四个象限中:重要又紧急、重要但不紧急、紧急但不重要、不紧急也不重要。

第一象限包含重要且紧急的事务。例如,应对棘手的顾客问题、解决个人危机、接受必要的医疗手术、处理客户投诉、完成货物的配送与收款,以及所有具有紧迫时间限制的任务。这类事务常常会带给人持续的压力。若过度投身于此类事务,个体可能会感到心力交瘁。

第二象限则涉及重要但非紧急的事务。这些事务多与生活品质息息相关,涵盖目标设定与计划制订、新客户资源的开发、现有客户的日常维护、人际网络的构建、参与培训与学习、问题的发掘与预防,以及身体锻炼等。这些事务虽不会对我们产生直接的催促感,但它们的完成却至关重要。若忽视这一领域,将会导致第一象限的事务不断膨胀,从而使我们陷入更重的压力之中,疲于应对各种危机。

第三象限包含紧急但非重要的事务。例如,突如其来的访客、意外的电话、临时召开的会议、他人的请求,以及满足他人期望的事情。这类事务因其紧急性,常会让我们误以为它们非常重要——然而,这种重要性往往只是相对于他人而言。在多数情况下,我们在这类事务上花费大量时间,实际上只是在满足他人的期望和标准。

第四象限则是既不紧急也不重要的事务。包括阅读无聊的小说、观看无价值的电视节目、闲聊、网络游戏,以及接听与工作无关的电话等。尽管在某些时候,我们可能需要这些活动来放松自己以缓解压力,但若过度沉迷于此类事务,无疑会对我们的身心健康造成伤害。

2.时间管理四象限的处理方式

对于第一象限的事务,应立刻着手处理。这类事务常常是我们面临压力和危机的根源,必须当机立断,迅速应对!稍有耽搁,后果可能不堪设想。

面对第二象限的事务,需有计划地推进。虽然这些事务并非迫在眉睫,但若我们现在置之不理,它们随时可能演变为既重要又紧急的事务。因此,对于第二象限的事务,我们应制定明确的时间表,有条不紊地加以处理。

对于第三象限的事务,建议授权他人处理或委婉回绝。我们应认识到,这类事务往往是我们忙碌但盲目的根源。最佳策略是将这类事务委托给他人,或通过委婉的方式减少对其的投入。

至于第四象限的事务,建议尽量避免涉足。这一象限主要用于缓冲和调整。在疲惫之余,我们或许可以通过处理一些既不重要也不紧急的事务来调整心态和身体,但绝不可在此投入过多精力,否则便是虚度光阴。因此,对于第四象限的事务,我们应尽量敬而远之。

技能训练

1.单项选择题

(1)×××是××公司的人力资源主管,公司最近的大目标是进军东南亚市场,广开门店,并且长期扎根。根据这个新方向,×××要写出自己的工作计划。下面哪一条最合适?(　　　)

A. 在第一季度引进20名商业翻译人才。

B. 积极组织培训,为外派人员增加知识储备,减少文化交流障碍。

C. 优化新业务的组织架构,并根据架构修改人才晋升、职级评定的规则办法。

D. 组织法务部同事,初步商讨海外地产法律人才的引进,搭建咨询团队。

(2)今年三月,部门目标是"产品用户满意度达到85%以上"。下面是部门成员的工作目标,请判断哪个目标完全符合"SMART原则"。( )

SMART原则:具体的(Specific)、可衡量的(Measurable)、可以实现的(Achievable)、相关的(Relevant)、有明确截止时间的(Time-based)。

A. 分析竞品优劣势,给产品部提出建议。我给自己列了竞品调研的清单,目标是对比竞品优劣势,为产品经理提供界面改善建议。

B. 从客户反馈中找到服务改善点。我将从客户反馈中找到服务改善点。针对反映数量前20%的改善点,制作实施方案,预计3月12日完成方案。

C. 邀请专家给客服做培训。约了专家学者,三月中旬完成培训,三月底使客服具备优秀服务能力。

D. 打造客户案例。我将从客户中选出收入贡献最大的前5名,制作并完成5个客户案例,三月底完成。

2. 案例分析

请大家按照轻重缓急原则和对秘书工作的理解,对公司秘书一天要完成的十项工作进行排序。

(1)总经理感觉近一段时期各种业务会议太多,要求秘书拟订一个控制会议次数和时间的方案。

(2)汽车销售商王先生今天下午来公司签约,秘书需布置签约场地。

(3)人力资源部问秘书部门是否愿意接纳实习生,是否愿意与某大学建立长期合作关系。

(4)通知销售部落实一名业务骨干,后天陪同总经理去东北出差。

(5)发动机车间一技师的女儿考上了清华大学,秘书要以公司总部名义给他打祝贺电话,通知他到财务部领取本公司颁发的奖学金。

(6)省党报记者撰写了一篇关于国务院总理视察我公司的通讯报道。该报道已发到电子信箱,要求公司领导过目确认事实,打印件加盖公章后传真过去。

(7)人力资源部要求秘书给新职员开一次公文处理讲座。

(8)询问总经理或部门经理是否参加企业文化建设专场讲座。

(9)总经理后天要出差大连,需要落实往返机票。

(10)刘德华来本市开演唱会,会议组织者来函问本公司是否需要集体优惠入场券,如果不回电,视作放弃。

3. 写作题

董××是C公司战略规划部总监。C公司是一家从事高端制造行业的国有企业,坐落在S市智能制造装备产业园区。近期,S市国资委制定了《关于鼓励本市国有企业进一步实施创新驱动发展战略的指导意见》,这对C公司的发展是重大利好消息。董××受命起草一份落实《意见》的工作计划。

根据二维码里面的这些材料,完成写作任务,要求如下:

(1)以上级指导意见为依据,计划中任务项目来自上级文件;

(2)深入分析对标,确保制订的计划贴近公司实际,切实可行;

(3)字数不少于300字。

项目十一
工作周报写作

　　工作周报是职场工作成果的最小展示，它不仅提高了组织战略的透明度，更在职场中发挥着多重作用。一方面，周报能够让周围的同事和领导全面了解我们的工作内容和进度，从而实现更精准的协作；另一方面，它也是展示我们工作能力和潜力的一个重要平台。因此，我们应该以正确的心态对待周报，既要认真对待，也不夸大其词。只有这样，我们才能充分利用周报这一工具，更好地展示自己的工作成果，提升职场竞争力。

知识目标：

• 掌握周报的定义。

• 熟记周报的写作思路。

• 了解周报写作需注意的问题。

能力目标：

• 具备具体素材的提炼与分析能力。

• 能够写出符合实际、实用性强、信息含量大的周报。

素养目标：

• 培养责任意识，对工作高度负责。

• 培养诚信品质，如实反映工作情况和成果。

• 培养统筹全局和换位思考意识。

 **案例导入**

请阅读这则周报,思考其存在的问题。

××周报

周一上午跟领导汇报A活动的方案。

召开部门例会。

跟供应商同步本月销售计划。

周三下午跟产品部门对接了产品定位。

完成了一些领导临时交代的沟通工作。

【分析】　上文周报罗列了很多工作任务,但是,从看周报人的角度考虑,这份周报缺少逻辑性。找不到罗列任务的工作主线,也不清楚每项工作的完成情况和完成效果。

一、周报定义

周报是一份详尽的记录,用以呈现一周内的工作成果。其主要目的在于向上级领导或其他相关人员全面汇报工作的进展与取得的成效。周报的内容涵盖本周的工作重点、各项任务的完成情况、过程中所遭遇的困难及相应的解决措施,同时还需提出下周的工作计划以及其他值得关注的汇报事项。作为一种高效的沟通和管理手段,周报显著提升了团队的工作效率与透明度,使领导者能够实时掌握团队的工作动态,从而作出迅速且准确的调整与决策。

二、周报写作思路

(一)标题

周报标题的写作公式:"时间周期 + 主题/焦点 + 报告类型"。具体示例如下:

"××××年××月第×周学习进展周报""××××年××月第×周实践活动周报""××××年××月第×周职业技能提升周报"。

(二)正文

正文一般分为四部分,包括情况回顾、主线任务、决策思路和情报视野四部分。

1.情况回顾

情况回顾是周报的开头,用来交代周报的缘由,或对周报的内容、范围、目的做限定,对所做的工作或过程做扼要地概述、评估。这部分文字篇幅不宜过长,只做概括性说明,不展开分析和评议。

2.主线任务

(1)主要任务的写作思路:工作内容+工作效果+下步计划。

【案例1】

版本1　　　周报中的一项工作任务:周一上午跟领导汇报了活动方案。

版本2　　　周报中的一项工作任务:周一上午跟领导汇报活动方案,确定了时间和方向,下一步需要敲定场地。

　　【分析】 版本2符合主线任务写作思路。前半句是做了什么,中间半句是做的效果,后半句是未来计划。

【案例2】

版本1　　　周报中的一项工作任务:跟供应商同步了本月的销售计划。

版本2　　　周报中的一项工作任务:跟供应商同步销售进度,对方提醒"618"大促时间紧张,现在修改需求可能会增加成本,测算后供应商会在下周一18点前提交新版预算。

　　【分析】 版本2符合主线任务写作思路。前半句是工作内容,中间半句是工作效果,后半句是未来计划。

　　(2)主线任务确定方法:判定主线任务的标准在于所列工作与作者业绩的关联度。如果所列工作与周报作者业绩直接相关,那就是主线任务;反之,就是非主线任务。

【案例3】

　　××公司运营部的×××,他在工作周报中提到"给客服解答商品优惠规则,打了很长时间的电话。"

　　【分析】 ××的工作主线是运营。而上文所列工作是给其他部门提供工作支持,与运营绩效无直接相关性,所以不需要罗列在周报中。若领导要求员工罗列一周做过的所有工作,那怎么处理才能权衡好周报写作思路与领导要求之间的关系呢?可以在周报中附链接或者加附件,其标题是周报作者的工作日程安排表。表中可详细罗列一周的具体工作内容。包括接待客户的数量、撰写文案的篇数、参加会议的场次等。

　　3.决策思路
　　决策思路是执行任务的思考和决策过程,其写作目的是提高工作透明度,让受众知道作者的工作内容和工作思路,为受众做决策提供充足信息。主要包括三个方面:
　　一是思考依据。思考依据能体现员工对工作的整体把控和理解能力。如,××公司房地产部的××,这周敲定了三家新门店选址,选址依据分别是什么。二是新方案的优势。写决策思路还需要做对比分析。即,与原来方案相比,新方案有哪些优势。三是潜在风险。要把新方案的潜在风险分析清楚,展示全局思考和风险把控能力。

　　4.情报视野
　　在撰写周报时,情报视野的拓展至关重要。作为周报写作人员,应当积极关注与所写周报相关的各类信息,如竞品动态、行业前沿等,以便为公司提供更具前瞻性的内容。

❓ 答疑解惑　写周报需注意的问题

（1）不要写太多个人感受。周报不是日记，不宜写太多个人感受。个人感受对自己很重要，但对阅读周报的人来说，没有那么重要。

【正确示范】今天是入职一周年，非常感恩。

【错误示范】这周我第一次参加了公司的××活动，特别激动……500字心得和感想。

（2）涉及团队工作，措辞要慎重。很多公司的周报是全员可见的，任何一句措辞都有可能被其他人员放大。

【错误示范】上周和运营部配合某某活动，运营动作设计需要改进。

【正确示范】上周和运营部一起配合某某活动。过程中我们遇到了××障碍，通过××方式解决。未来，我的工作要做××改进。

（3）无论什么时候，都要保持正面情绪。

📋 写作训练

1.单项选择题

（1）×××是××公司销售部的员工。下面是她周报中提到的主线任务，请选出写得最恰当的选项。（　　　）

A.本周重点跟进了××公司的××项目，并协同渠道经理拜访客户。

B.周一全天在4号店铺负责销售，个人成单28单，比原定计划多完成2单。

C.周三跟部门领导走访核心顾客，学到了很多东西。原来自己作为一个职场新人，还有诸多不足。

D.本周义务支持HR部门，在周四15:00—17:00录制校招宣传视频，预计2021年10月20日14:00发布。

（2）××娱乐公司正在拍摄一部纪录片，××是拍摄负责人，下面是她周报里的决策思路。请选出写得最合适的决策思路。（　　　）

A.一部纪录片说的是普通人的故事，却要引发观众的共鸣。这是我们写脚本的重点思考。过程中有非常多启发，感觉认知又升级了。

B.这次最大的挑战是和摄影组的配合。摄影组技术欠缺，而且没有时间观念，导致我们在一个景上花费太长时间。

C.出外景的时候，村支书给了我们很大的帮助，协调多位留守儿童和老人接受采访，非常感谢他们。

D.上次新片上映后，问卷显示60%的粉丝想知道片子背后的故事。这次我们准备了很多没有放进正片的素材、照片，供宣传使用，能满足粉丝需求，也能充分预热。

2.案例分析

请阅读下列两种写法，分析哪种写法更符合周报的写作要求。

第1种写法:【40%】经过本周的努力,S方案的活动目标和框架部分已顺利完成。然而,为确保活动的顺利进行,各会场的详细规划仍需进一步细化,特别是晚宴的流程安排。鉴于此,我们计划在下周向王总请教,以获取其宝贵的意见和建议。

第2种写法:本周推进了S活动的策划方案,下周继续推进,争取能够全部完成。

3.给材料写作

董××是××购物中心的总经理。作为管理层,她要负责完成商场销售额指标、对内业务管理、对外招商营销、人才建设等各项任务。二维码里面是她在2024年11月1日到2024年11月7日这一周工作的相关信息。请筛选并整合信息,帮她写一份工作周报。

项目十二
复盘报告写作

　　在项目结束后,往往需要撰写复盘报告以总结经验和教训。然而,在职场写作中,复盘报告的撰写常存在两大错误倾向:其一,若项目实施效果不佳,复盘报告容易沦为检讨书,过分强调失误与不足;其二,若项目取得成功,复盘报告又可能演变为业绩炫耀文,过分渲染成绩与功勋。这两种倾向均不利于客观全面地总结项目经验,应尽量避免。

知识目标:
- 掌握复盘报告的写作目标。
- 掌握复盘报告的写作思路。

能力目标:
- 具备素材提炼和分析的能力。
- 能够写出实用性强的复盘报告。

素养目标:
- 培养学生的批判性思维和客观分析能力,养成全面、深入的问题分析习惯。
- 培养学生的责任意识和担当精神。
- 培养学生持续改进的思维,不断寻求提升和优化的可能性。

案例导入

请阅读这则复盘报告,分析其存在的问题。

活动前一天

18:00,场地布置开始动工。

22:00,原定此时完成舞台与控台布置,但因为错估了电线配置的时间,导致进度严重延迟。

22:30,原定此时进场的观众座椅,由于舞台与控台尚未完成,无法准时进行。

24:00,场馆关闭,此时场地布置进度延迟50%。在场地布置相关事务的处理中,场地布置负责人未能及时将相关情况通报给活动负责人,因此未能促使活动负责人对此情况作出及时的反应与协调。

活动当天

08:00,开始摆放观众座椅,此环节预计耗时2小时。但观众将于10:00开始进场,时间非常紧迫,相关负责人没有对此做出反应。

09:50,距离观众进场只剩10分钟,由于当天下雨,导致座椅摆放进度更加缓慢,此时只完成80%。直到此时,活动负责人才发现问题的严重性,联系现场主持人改变活动流程,在场外带领观众做互动,延后进场时间。

10:30,座椅布置完成,观众进场。

总结经验:

经过本次事件,我们应深刻反省在工作流程中的疏忽。以后一定要正确评估各环节所需的时间,并预留一定的缓冲时间,避免再次出现流程失控问题。

【分析】 这则复盘报告,明显感觉是领导在检查作业,犯错者在自我检讨,没有达到复盘报告的目的。复盘的目的是为下次活动做攻略,而不是为本次活动做检讨或开表彰。

一、复盘报告的定义

复盘报告是对过往事件或行动进行全面回顾和总结的文档。它深入分析成败因素,识别问题,并提出改善措施。其核心目的是提炼任务模式,为未来的活动提供指导。在项目和团队管理中,复盘报告对于提升效率、促进成员成长至关重要。

二、复盘报告的撰写要略

(一)标题拟定

复盘报告的标题应遵循"发文单位+时间+项目+文种"的格式,如"××公司202×年××项目复盘报告"。

(二)正文撰写

(1)明确复盘的问题。需详细描述问题、分析其出现场景及特征,以便为后续活动提供明确的判断依据。问题定义应具体、精准。

（2）列出操作步骤。此部分旨在为下一个项目负责人提供指导。撰写时,应以清晰、简洁的语言阐述各个步骤。

（3）进行原因分析。解释采取特定操作步骤的缘由,以增强执行者的信心和决心。

【案例1】

做白萝卜烧牛肉,需要加一罐啤酒(操作步骤)。加啤酒,是为了去腥增鲜(原因分析)。

做鱼头豆腐汤要从锅边淋上白酒(操作步骤)。锅边淋白酒,是为了用酒精和高温带走鱼腥(原因分析)。

（4）提供事实佐证。复盘报告的结尾还可以加正反事实来验证说明,这样可信度更高,理解起来也更容易。

【案例2】

新超市选址复盘报告(部分)

先做调研,找到感兴趣的、适合开超市的位置。

再分析竞争对手,制定运营策略。如果竞争者是大型连锁超市,那就要密切注意这家超市的经营策略。(目的是制定自己超市的经营策略,开展差异化竞争。)

事实佐证:××看中一个很适合开店的位置。但附近有一家大超市将在半年后开张。××赶紧去调研这个竞争对手,由此确定自己的经营策略。由原计划开1 500平方米的超市转变为开500平方米的超市。服务对象也由当地居民变为附近学生。

❓ 答疑解惑　复盘报告修改的案例分析

| 7月1日没有事先考虑到雨天方案。当天阴雨绵绵,影响了客流量与现场活动效果。 | 版本1 |

| 5—8月在上海做大型活动,需要做雨天备案。这个季节有梅雨,也可能受台风影响,长三角的城市也可以参考这条经验。雨天备案放在附件1中。 | 版本2 |

【分析】　版本1,没有提出解决方案,更像是追责。版本2换了一个角度,从总结问题转变成为下次活动做攻略,这样就更实用了。

| 观众合影环节,动线缺乏事先梳理,因此比计划时间超出20分钟。 | 版本1 |

| 如何控制流程,提升带小孩家庭合影环节体验度?
第一步,活动开始前要准备数量足够的手牌、相框和打印机。打印机最好准备两到三台,高峰期一台打印机不够用,容易造成排队现象。
第二步,合影前给用户发放号码牌,最好是能够戴在手上的,避免遗失。
第三步,合影之后现场打印,装进相框。这样做的目的是让每个来参加活动的家庭都可以带一张全家福照片回去,平常放在家里,对品牌自身而言,还能够促进口碑裂变。 | 版本2 |

第四步,活动结束,根据号码牌把相片发给用户,同时回收号码牌。

【分析】 版本1只提问题,没有具体的操作步骤。版本2精准界定问题"如何控制流程,提升带小孩家庭合影环节体验度?"同时,提出四个步骤。其中第一步、第二步和第三步,给出了原因分析,提升了可信度,有效为下次活动做了攻略。

🖱 技能训练

1.单项选择题

(1)要把经验教给别人,首先需定义这个经验要解决的问题。下面四个复盘报告,哪个选项的"定义问题"写得最合适?(　　)

A.小董的个人抖音号已经经营了半年,要做复盘。他定义的问题是:"信息爆炸时代,个人如何发声?"

B.小王第一次做直播带货,要做复盘。他定义的问题是:"怎么做直播?"

C.主管小刘即将离职,要把管理经验做个复盘,交接给继任者。他定义的问题是:"管理的哲学是什么?"

D.小张刚办完一次校园招聘会,要做复盘。他定义的问题是:"如何用5天时间举办一场200人规模的校园招聘会?"

(2)写复盘时,除了给操作步骤,还要说明原因。请选出恰当的一项(　　)。

A.推销新产品时,要准备抽奖活动,这是常规操作,过去三年都有抽奖环节。

B.设计活动海报时,要注意一张图只能说一个优惠。比如,图上可以写"买一送一",不建议写"买一送一+充值1 000送100+抽奖活动"。

C.这次活动预热时间不够,很多人都不知道有活动,来现场的用户还需要我们对活动做出解释。这次市场部的宣传和预热是无效的,没有给销售部门起到支持作用。

D.和门店同步销售优惠时,要先口头讲解,再将规则通过邮件发送。因为优惠规则复杂,需要当面说明,保证对方听明白。而发送邮件,是为了确保精确传达。

2.写作题

万事皆可复盘。请思考近期的学习或者社团工作,写一份复盘报告。

项目十三
工作总结写作

　　一份优秀的工作总结不仅是面向过去罗列成绩,更是面向未来做竞聘。所以,有些公司的年终总结也叫年终述职。写工作总结,最关键的是把工作中练就的能力和个人发展嵌入到公司的未来蓝图中。

知识目标:
- 掌握工作总结的写作思路。
- 列举工作总结写作的注意事项。

能力目标:
- 能够写出符合受众要求的规范性总结。

素养目标:
- 培养学生的思辨能力和批判性思维,引导他们深入思考问题,全面分析问题。
- 引导学生树立正确的人生观和价值观。

案例导入

【分析】 二维码里面的这篇总结抓住主要问题,总结出中央民族大学奥运志愿工作的规律性、可借鉴性做法。语言准确、简明,材料与观点和谐统一,同时又体现了中央民族大学奥运志愿者工作的特色,是一篇很好的工作总结。如果再稍微提一下工作中的不足以及未来如何做就更完美了。

(一)工作总结的定义

工作总结是在特定工作阶段结束后,对该阶段内的工作进行全面、系统的梳理与反思。它涵盖工作成效、存在问题、改进举措及未来规划等,是理解自身工作状态、提升效率及能力的重要方式。

(二)工作总结的特点

(1)客观性:基于实际工作情况,以事实为依据进行客观评价。

(2)典型性:总结中提炼的经验教训具有代表性、根本性和规律性,对日常工作具有指导意义。

(3)指导性:通过反思过往,汲取经验,为未来工作提供指引,减少错误,提升成效。

(4)证明性:通过真实、典型的材料来验证总结中判断的准确性。

(三)工作总结的写作思路

1.标题

(1)常规写法:单位名+时间+文种,例如"广东科学技术职业学院2020年工作总结"。

(2)新闻式标题:如"企业围绕市场转,产品随着效益变——××钢铁集团'转、抓、练、增'活动经验"。

2.正文

(1)情况回顾。简短介绍总结的背景、范围和目的,对工作或过程进行简要概述和评估,篇幅简短,不深入分析和评价。

(2)工作提炼。聚焦于工作目标的完成情况。先确定支持组织目标达成的工作目标,然后自我评估目标的完成情况,并用关键数据加以证明。

【案例1】

【组织目标】部门的年度计划是销售额达到1 000万元。

【个人目标】今年我的计划是销售额达到300万元,年底业绩是350万元。

【关键证据】新拓展了A、B两家大客户;手头15家老客户都成功续签,其中7家销售额实现30%增长。

如果工作目标没有达成,则写作思路如下:查找支撑组织目标实现的工作目标,以此为标准,自评目前工作目标的完成情况。提炼目标未达成的原因,思考其改进方向。

【案例2】

【目标分析】去年业绩目标是2 000万元,实际只实现了1 400万元。从销售业绩上看,我们工作没做好,甚至可以说是失败,我们要正视问题。

【原因分析】

客观原因:疫情耽误了年初的三个月;年底两大客户换领导,导致回款延迟,没法在今年确定收入。

主观原因:新客户拓展太少;老客户的新需求挖掘不够;团队梯队建设不成熟,中坚力量不够。

【改进方向】……

总结的重点是要复核目标,让组织看到总结者对工作的执行程度。如果没有达成目标,那就客观地分析原因,进行反思,让组织看到总结者的态度。

(3)能力盘点。

工作成绩显而易见,而能力增长却不易被察觉。因此,在总结中明确展示个人能力的非常重要。我们应当对照未来岗位的能力需求,利用已有的工作实践与经验,具体阐述自身已具备该岗位所需的各项能力和要求。这样不仅能凸显个人的成长,还能引起组织的关注。

在针对部门目标——品牌推广与行业地位确立的进程中,关于个人能力增长的表述,可严谨地阐述如下:"通过精心策划并成功执行一年两次、规模达500人的行业论坛,同时成功邀请超过30家行业媒体参与,本人在此过程中不仅深入锤炼了大型活动的策划与组织能力,还显著增强了对活动的执行与控制能力。这种全面的实践锻炼,不仅凸显了我们的工作成效,还彰显了个人专业能力的显著增长。"

【案例3】

假设公司明年的目标是上线更多品质更好的产品。作为公司新产品的研发负责人,王××工作总结(部分)表述如下:

> 二代产品销售额增长30%,用户好评率比第一代提高15%,市场反响特别好。这一次产品研发奠定了品牌的品质保证。　版本1

> 团队沉淀出成熟的研发方案,二代产品顺利上市,用户好评率比一代提高15%,研发方案明年可以复用。　版本2

【分析】　研发部负责人的能力增长目标是做好产品。而这正扣住了公司的总目标。所以,版本2规范性更强。

在能力盘点中,除了展示进步,也可简要点明自身不足。这些不足是基于与目标岗位对照和自我特点分析后识别出的。同时,应提出针对性的改进策略。重要的是,总结时要着重展现个人的成长与变迁,以证明自身已掌握的新技能,从而更好地助力组织达成更高目标。

(4)工作计划。

工作计划要对标组织未来目标进行拆解、找到达标的标志性成果,同时用数据进行量化表达。

【案例4】

写作背景:很多线下小剧场很受欢迎。××出版社受到启发,计划明年开展自己的线下活动。该社策划编辑的年终总结,哪一项更对标?

版本1　　计划产出图书每月3本,满足公司对编辑的要求(每月出版2~3本图书)。

版本2　　努力担任新书发布会主持人,用实战机会锻炼临场反应能力。

【分析】 版本1优化自身能力,找到更大的提升空间,为公司做贡献;版本2对标公司新年新方向。因为公司要开展线下品牌活动,肯定需要主持人。所以,版本1和版本2都可以体现在计划中。

? 答疑解惑

1.总结中各项目标写法要注意的问题

(1)总结目标一定要扣住组织大目标。即使不是支持部门或者一线业务部门,也要在目标中强调,我们实现的目标怎样服务了公司的核心目标。

【案例5】

公司法务部小朱年终工作总结中的一条:

版本1　　设计合同模板,提高业务部门签约效率。

版本2　　设计合同模板,使合同签约时间平均缩短了5个工作日,签约期间客户的流失率下降了10%。

【分析】 设计合同模板,是一项日常性的工作。版本2用具体数据扣住了公司核心目标,体现出法务部的价值,是一种规范的写法。

(2)总结目标要量化。

【案例6】

版本1　　过去一年我承担了我们部门大部分的业绩。

版本2　　去年部门总共完成业绩1 500万,我个人完成了800万,客户复购率90%。

【分析】 版本2用数据说话,更有信服力。

2.做PPT版本的总结时要注意的问题

PPT不是Word版本的"搬家",要体现清晰性。另外PPT是"讲"出来的,不是"念"出来的,所以PPT是演讲者的提纲和亮点提示。PPT本身最大的价值是将概括化的文字转变为可视化的图文结合,所以不能在PPT页面上出现大段的文字,必须要摘取出重点。

(1)多用图形,少用术语。

多用图形表达思想。因为图形更容易让人理解,同时也让听众印象更深刻,帮助演讲者更好地进行阐述。另外,PPT一页最好只有一个主题。

（2）正式场合的PPT动画最多不超过三种。

好的PPT不是靠效果堆砌出来的,朴素有时候比花哨更受欢迎。

（3）掌握制作PPT的流程。

①根据材料列出提纲。包括一级标题、二级标题和三级标题等。

②明确每个讲解点的呈现形式。比如文字呈现、表格呈现、图片呈现等,尽量做到"能用图,不用表;能用表,不用字"。

③在专业网站上选择适合的PPT模板。

④编辑PPT。注意各项内容之间的逻辑性,同时不能出现错别字。尽量不改动模板字体、字号以及背景等,除非有一定的设计和审美基础。

⑤检查PPT。在预览状态下,整体检查PPT制作效果。包括逻辑、文字、图表、动画效果等,并尝试讲一遍PPT,掌握演讲时间。还包括用不同的电脑测试PPT,看是否都能正常显示。

技能训练

1.单项选择题

（1）请从下面选项中,选出同时包含年初目标复核、目标完成情况、关键证据三要素的工作总结。（　　　）

A.今年公司目标是扩大市场占有率。我部门目标是新增2个销售渠道,各渠道销售额达到100万。目前仅新增1个渠道,销售额是150万。另一个渠道因为受疫情影响,没有开拓。年后疫情如好转,会积极推进。

B.今年客服部的目标是提升服务质量,我的目标是将用户满意度提升至85%。年底,我经手的客户服务单中,用户满意度是87%,达成目标。

C.忙碌而充实的2020年已经过去。这是我从事文秘工作的第三年,在各位领导的悉心指导下,我爱岗敬业,奋发有为,圆满完成了上级和领导交给我的各项任务。

D.今年在公司领导的指导下,在经销商的大力支持下,在华南市场业务团队的共同努力下,我们超额完成任务,实现回款360万元。

（2）下面是××物流公司小王的年终工作总结（节选）。请判断,下面哪一项可以更好地体现出她这一年的能力增长。（　　　）

A.这份工作虽然技术要求不高,但非常需要耐心和细心。每天都会有新的问题出现,我能够向身边有经验的物流专员请教学习,提高了自己的业务能力。

B.公司明年的目标是完善物流体系。这一年我在NY63项目中,制定了新的仓储管理机制,目前已经运行了6个月。仓储管理是物流工作的重要环节,我在这个项目中收获了管理仓储的经验。

C.公司过去这一年的目标是建立合理的仓储计划。今年,我牵头组织制定了新的仓储管理机制,排查仓储货品的数量、质量和保存情况,梳理出新的仓储管理机制,提升了独立打造仓储机制的能力。

D.过去这一年,我主要负责在NY42项目中协调货品配送。在这一过程中,我负责的订单,及时交付指标都在合格以上,零失误完成任务。

2.判断题

(1)能否找出带有规律性的认识,用以指导今后的工作,是衡量一篇总结质量好坏的关键。 (　　)

(2)总结既要报喜又要报忧。 (　　)

(3)总结要把感性认识上升到理性认识。 (　　)

(4)写总结一定要按照完成工作的时间先后顺序写。 (　　)

3.写作题

请选择自己喜欢的范围,写一篇总结。并制作成3分钟的PPT进行展示。

模块四　职场通用公文写作

公文具有内容的权威性和格式的稳定性，是党和政府机关指导工作、实施领导职能的常用方式，在职场中扮演着至关重要的角色。通过规范的公文写作，能够促进沟通协调、维护组织形象、提高工作效率。

项目十四
公文排版

　　排版是公文的表现形式,对于公文的内容表达及效用发挥具有不容忽视的重要作用。一篇公文,如果排版不规范,会直接影响公文处理工作的质量。本项目的排版完全按照《党政机关公文格式国家标准》(2012年)进行阐述。

知识目标:
- 记住公文格式的组成要素。
- 熟记公文排版的基本要求。

能力目标:
- 能够根据《党政机关公文格式国家标准》(2012年)要求,熟练准确进行公文排版。

素养目标:
- 培养细致、严谨的排版作风。
- 具备精益求精的排版态度。

案例导入

请欣赏图4.14.1排版后的公文,思考公文排版的基本要求。

图4.14.1　排版后的公文

【分析】　这是一则排版规范的公文。字体、字号以及段落间距都符合公文的排版要求。严格来说,公示日期和联系人之间,不用空一行。

一、公文的定义

根据《党政机关公文处理工作条例》规定:"公文是党政机关实施领导、履行职能、处理公务的具有特定效力和规范体式的文书,是传达贯彻党和国家方针政策,公布法规和规章,指导、布置和商洽工作,请示和答复问题,报告、通报和交流情况等的重要工具。"公文共有15个文种:决议、决定、命令、公报、公告、通告、意见、通知、通报、报告、请示、批复、议案、函、纪要。

二、公文的特点

(一)具备法定的权威性和行政约束力

公文撰制者必须是根据统治政权立法赋予相应权力和承担相应义务的组织,代表制发者的权力、意图,具有法律的或行政的权威,有很强的约束力。

(二)具备规范的格式和处理程序

为维护公文的权威性、确保公文的强制性、充分发挥公文的效用,国家对公文从文种名称到行文关系、从制发程序到文体格式都作了严格的规定。任何机关都必须严格遵守国家的统一规定,不得有任何随心所欲的不规范行为。

(三)具备严肃、庄重的文体特点

公文要维护其政治性和权威性,就必须保持准确、严肃、庄重的文体特点。反映事物的客观实际,表达意见的态度明朗,选词用语的严谨准确,从而形成理正辞严、简练明达、庄重有力的公文风格。其特定用语见表4.14.1。

表4.14.1 公文常用特定用语简表

类别	用语名称	常用特定用语
1	开端用语	为、查、接、据、遵照、按、鉴于、关于、兹定。
2	称谓用语	第一人称:我、我单位、本人、本公司。
		第二人称:你、你局、贵公司、贵方。
		第三人称:他、该公司、该项目。
3	递送用语	上行:报、呈。
		平行:送。
		下行:发、颁发、颁布、发布、印发、下达。
4	引叙用语	顷接、收悉。
5	拟办用语	责成、交办、试办、执行。
6	经办用语	经、业经、已经、兹经。
7	过渡用语	鉴于、为此、对此、对于、关于、如下。
8	期请用语	上行:请、恳请、拟请、特请、报请。
		平行:请、拟请、特请、务请、如蒙、即请、切盼。
		下行:希、望、尚望、切望、希予。
9	结尾用语	上行:当否,请批示;可否,请指示;如无不妥,请批准;特此报告;以上报告,请批准;以上报告,请审核。
		平行:为盼;为荷;特此函达;尚望函复。
		下行:为要;为宜;为妥;希遵照执行;此复;现予公布。
10	谦敬用语	承蒙惠允、不胜感激、鼎力相助、承蒙。
11	批转用语	批转、转发。
12	征询用语	当否、妥否、可否、是否妥当、是否同意、如无不妥等。

三、公文的写作思路

公文常用的写作思路可以概括为依据/目的、文种承启语、事项、要求(可有可无)。

（一）依据/目的

依据是公文制作的逻辑出发点。一般情况下，以已经发布的公文、相关精神指示以及已经发布的事实为依据。如，"根据近期工作安排，我司决定组织召开第×次全员例会""根据国务院办公厅《关于2024年部分节假日安排的通知》，结合本中心实际情况，确定我司春节放假通知如下……"。目的表明公文制作的动机。如果公文第一自然段既有目的句，又有依据的句子，那么要"依据"在前，"目的"在后。多数情况下，公文第一自然段只出现目的句。如，"为增强团队凝聚力，我司决定组织××活动"。

（二）文种承启语

文种承启语是带有文种的、在第一自然段出现的、承上启下的句子。

公文第一部分的"依据""目的"和"文种承启语"不一定都同时出现。一般情况下，公文第一部分有三种组合方式：

1.依据+文种承启语

【案例1】

根据公司××精神要求，我部门将召开××会。具体事项通知如下：

2.目的+文种承启语

【案例2】

为增强各部门的凝聚力，我公司将组织一次野外拓展活动。具体事项通知如下：

3.依据+目的+文种承启语

【案例3】

三八节即将来临，为提升各部门女职工的幸福感，我工会决定组织××活动，具体事项通知如下：

（三）事项

事项是公文制作者根据主旨要求展开的叙述、提出的做法、制订的措施或者执行方案等。一般用小标题分条列款地展示。

（四）要求

针对事项，在文末提出希望、发出号召或者添加补充性要求。公文"要求"部分是否存在，由公文主题和公文文种决定。

【案例4】

××公司关于表彰××同志的决定

各部门：

××同志为××部门员工。该同志在第34届国际××竞赛中获得金牌，为公司争了

光。为表彰××同志的突出成绩,发扬工匠精神,经研究,我公司决定:

奖励××同志人民币壹万元整。

希望××同志戒骄戒躁,再接再厉,取得更好成绩。

××公司

××××年×月×日

【分析】 "××同志在第34届国际××竞赛中获得金牌,为公司争了光"是发起决定的事实根据。"为表彰××同志的突出成绩,发扬工匠精神"是决定的目的。"我公司决定"是带有"决定"文种承上启下的句子,叫"文种承启语"。"奖励××同志人民币壹万元整"是决定的事项部分。"希望××同志戒骄戒躁,再接再厉,取得更好成绩"是提出希望和要求。

四、公文排版

一份完整公文包括了版头、主体和版记三部分,如图4.14.2所示。以平行文和下行文为例进行展示。

图4.14.2 公文排版规范格式

(一)版头组成要素与排版要求

版头部分如图4.14.3所示。

图4.14.3 版头

1.份号

份号是公文印制份数的序号。涉密公文要有份号,用6位3号宋体阿拉伯数字标注,顶格编排在版心左上角第1行。

2.密级与保密期限

涉密公文分为"绝密""机密"和"秘密"3个等级,用3号黑体字,顶格编排在左上角第2行。保密期限中的数字用阿拉伯数字标注。

3.紧急程度

公文送达和办理的时限要求,分"特急"和"加急"两种,用3号黑体字,顶格编排在左上角。

4.发文机关标志

发文机关标志由发文机关全称或规范化简称加"文件"二字组成,使用小标宋体,红色字居中排列。上边缘至版心宽度为35 mm。如果是联合行文,发文机关标志需同时标注联署的发文机关名称。一般情况下,主办机关名称排列在前;如有"文件"二字,应当置于发文机关名称右侧,以联署发文机关名称为准,上下居中排布。

5.发文字号

发文字号由发文机关代字、年份和发文顺序号3部分组成,位于发文机关标志之下,使用3号仿宋字体居中排布。联合行文时,使用主办机关的发文字号。如果是上行文,必须标注签发人姓名。上行文的发文字号居左空1个字编排,与最后一个签发人姓名处在同一行。

6.签发人

上行文应当标注签发人姓名。编排在发文机关标志下空2行位置,居右空1个字。"签发人"三字用3号仿宋字体,签发人姓名用3号楷体字(图4.14.4)。

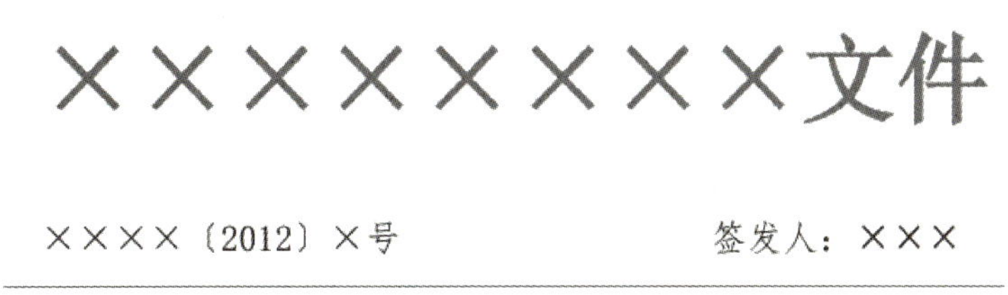

××××××××文件

××××〔2012〕×号　　　　　　　　　签发人:×××

图4.14.4　签发

7.版头中的分隔线

在发文字号之下4 mm处居中印一条与版心等宽的红色分隔线。

(二)主体组成要素与排版要求

主体部分如图4.14.5所示。

×××××××××××××××××××××

×××××××××××××××××××××。

1.三级小标题

（1）四级小标题

×××××××××××××××××××××

×××××××××××××××××××××

×××××××××××××××××××××

×××××××××××。

发文机关名称

关于二号小标宋字体的XX

主送机关三号仿宋体：

　　正文三号仿宋体，依据、目的、（很多时候依据和目的二选一即可）文种承启语：

　　一、一级小标题黑体字

　　×××××××××××××××××××××

　　×××××××××××××××××。

　　（一）二级小标题楷体字

附件：1.附件文件的标题，不加书名号

　　　　较长的标题回行要对齐

　　　　2.多个附件标题应当对齐

发文机关全称或规范简称

2024 年 5 月 10 日

（附注：×××××）

图 4.14.5　主体部分

1.标题

标题由发文单位、事由和文种 3 部分组成。标题用 2 号小标宋体，编排于红色分割线下空 2 行位置。除法规、规章名称要加书名号外，公文标题一般不用标点符号。

2.主送单位

公文的主送单位是主要受理单位，应当使用单位全称、规范化简称或者同类型机关统称。编排于标题下空 1 行位置，居左顶格。

3.正文

正文是公文的主体，主要用来描述公文的内容。用 3 号仿宋体，编排于主送机关下 1 行。每个自然段居左空 2 个字，回行顶格。文中结构层次依次可以用"一、""（一）""1""（1）"标注；第 1 层（一级标题）用黑体字、第 2 层（二级标题）用楷体字、第 3 层（三级标题）和第 4 层（四级标题）用仿宋字体标注。

4.附件

公文附件的顺序号和名称要在正文下空 1 行，居左空 2 个字编排，附件标题较长时，回行与附件名称第 1 个字对齐。

公文附件是公文正文的说明、补充或参考资料。附件应当另面编排，与公文正文一起装订。"附件"2 字及附件顺序号用 3 号黑体字顶格编排在版心左上角第 1 行。附件标题居中编排在版心第 3 行。附件格式要求同正文。如附件与正文不能一起装订，应当在附件左上角第 1 行顶格编排公文的发文字号并在其后标注"附件"2 字及附件顺序号。

5.成文日期

成文日期用阿拉伯数字将年、月、日标全。年份标全称，月、日不编虚位（即 1 不编为01），居右空 4 个字编排。

6.印章

公文落款要署名发文机关名称并加盖印章。有特定发文机关标志的普法性公文和电报可以不加盖印章。印章加盖方法如下：

（1）单一机关行文

加盖印章应上距正文1行之内，端正、居中下压成文日期，如图4.14.6所示。

图4.14.6 单一印章

（2）联合单位行文

各发文机关署名要按照发文机关顺序整齐排列在相应位置，并将印章一一对应、端正、居中下压发文机关署名，最后一个印章端正、居中下压发文机关署名和成文日期，印章之间排列整齐、互不相交或相切，每排印章两端不得超出版心，首排印章顶端应当上距正文（或附件说明）一行之内。一排最多三个印章，如图4.14.7所示。

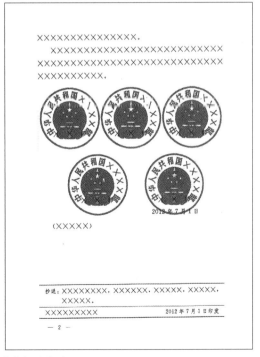

图4.14.7 联合行文印章

7. 附注

公文印发传达的范围等需要说明的事项。

(三)版记的组成要素与排版要求

版记部分如图4.14.8所示。

抄送：××××，×××××。
_____

发文机关办公室。   2013 年 5 月 11 日印发

图4.14.8 版记

1. 版记中的分割线

首条分隔线和末条分隔线用粗线(推荐高度为0.35 mm)，中间的分隔线用细线(推荐高度为0.25 mm)。首条分隔线位于版记中第一个要素之上，末条分隔线与公文最后一面的版心下边缘重合。

2. 抄送机关

抄送机关是除主送机关外需要执行或者知晓公文内容的其他机关，应当使用机关全称、规范化简称或者同类型机关统称。用4号仿宋体在印发机关和印发日期之上1行、左右各空1字编排。"抄送"的最后1个抄送机关名称后标句号。

3. 印发机关和印发日期

印发机关与印发日期用4号仿宋体，编排在末条分隔线之上，印发机关居左空1个字符，印发日期居右空1个字符，用阿拉伯数字将年、月、日标全，年份应标全称，月、日不编虚位，印发日期后加"印发"二字。

4. 页码

公文页码用4号半角宋体阿拉伯数字标识，数字两端各有一条一字线，其与版心下边缘的距离为7 mm。其中单页码位于版心的右下侧，双页码位于版心的左下侧。还要注意，页码只标到正文结束的那一页。

版记编排需要注意的事项：一是版记一定要置于公文最后一页的最下方；二是版记一定要置于偶数页上；三是转发的文件，被转发文件带有版记，转发机关仍需标注本单位的版记。

五、公文修改符号及其用法表

(一)纸质版文章修改符号及其用法(图 4.14.9)

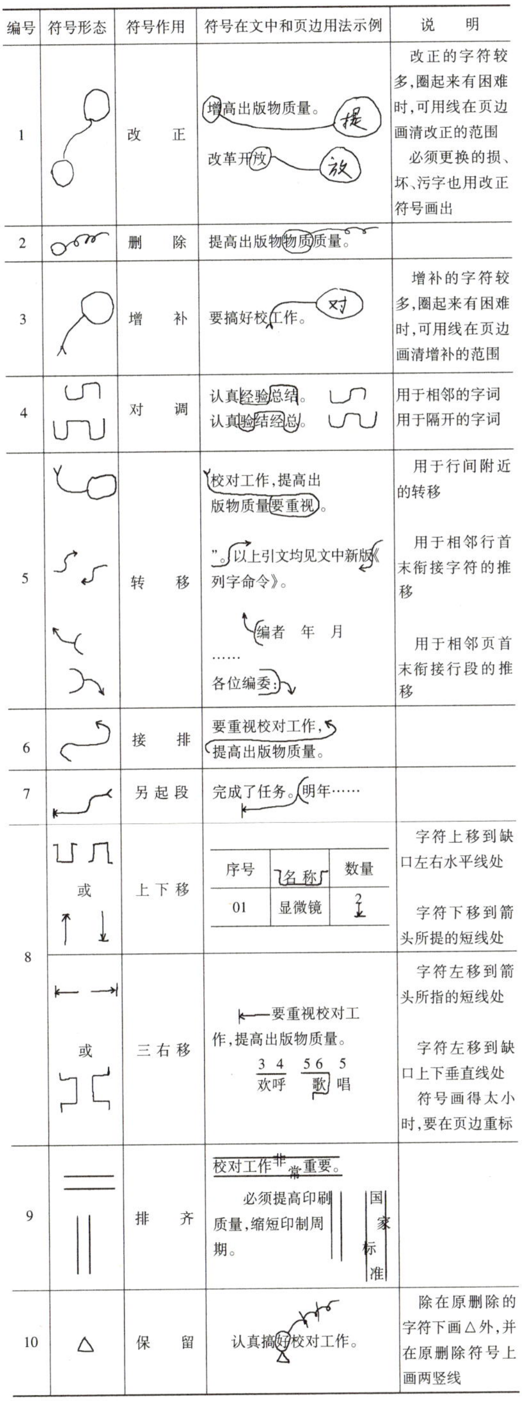

编号	符号形态	符号作用	符号在文中和页边用法示例	说　明
1		改　正	增高出版物质量。提 改革开放 放	改正的字符较多,圈起来有困难时,可用线在页边画清改正的范围 必须更换的损、坏、污字也用改正符号画出
2		删　除	提高出版物物质量。	
3		增　补	要搞好校工作。对	增补的字符较多,圈起来有困难时,可用线在页边画清增补的范围
4		对　调	认真经验总结。 认真验结经总。	用于相邻的字词 用于隔开的字词
5		转　移	校对工作,提高出版物质量要重视。 "。以上引文均见文中新版《列字命令》。 编者　年　月 …… 各位编委:	用于行间附近的转移 用于相邻行首末衔接字符的推移 用于相邻页首末衔接行段的推移
6		接　排	要重视校对工作, 提高出版物质量。	
7		另起段	完成了任务。明年……	
8	或	上下移	序号　名　称　数量 01　显微镜　2	字符上移到缺口左右水平线处 字符下移到箭头所提的短线处
	或	三右移	要重视校对工作,提高出版物质量。 3 4 5 6 5 欢呼 歌 唱	字符左移到箭头所指的短线处 字符左移到缺口上下垂直线处 符号画得太小时,要在页边重标
9		排　齐	校对工作非常重要。 必须提高印刷质量,缩短印制周期。 国家标准	
10	△	保　留	认真搞好校对工作。	除在原删除的字符下画△外,并在原删除符号上画两竖线

图 4.14.9　纸质版公文修改符号及用法

（二）电子版公文修改符号及其用法

工作中有时会帮助其他人修改文件，要把自己修改的痕迹留下，以方便查看。电子版公文修改符号的使用方法如下。

1.打开需要修订的文档

打开以后，点击审阅，如图4.14.10所示。

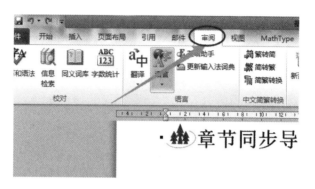

图4.14.10

在审阅中，找到修订栏目，点击修订。文档即处于修订状态，如图4.14.11所示。

图4.14.11

修订主要有2种：删除内容、增添内容。

（1）删除内容

选中需要删除的内容，如图4.14.12所示。

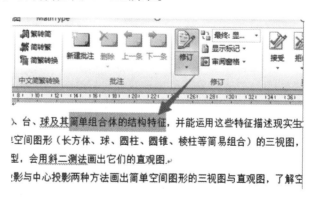

图4.14.12

第一种：只是删除内容。如果只删除，那就在选中模式下，按下键盘上的ESC键即可。

第二种：删除内容后增加新的内容。如果是删除并增添内容，那就选中情况下，输入新的内容，如图4.14.13所示。

图4.14.13

（2）增添内容

鼠标点击需要增加内容的位置，然后输入内容，如图4.14.14所示。

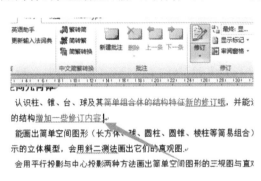

图4.14.14

2.让你的修订与众不同

如果不想使用默认的修订格式，可以设置修订选项，具体操作如图4.14.15所示。

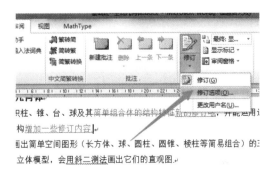

图4.14.15

进入修订选项以后，首先可以选择删除、增添等表现形式，以及展示的颜色，具体如

图4.14.16所示。

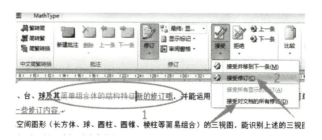

图4.14.16

3.接受修订

鼠标点击修订内容处,在更改栏中点击接受后,将弹出一个隐藏菜单。点击接受修订,之前修改的文本就变成正常文本了,如图4.14.17所示。

图4.14.17

如果选择拒绝修订,就会还原成修改之前的文本。

❓ 答疑解惑

1.公文排版的常见问题

(1)标题排版不规范

如果标题太长,在回行的时候不能出现第一行与第二行字数相等的情况。另外,回行的时候,词不能分开。即,一个完整的词要放在同一行。公文标题回行格式如图4.14.18所示。

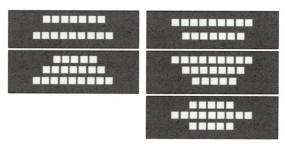

图4.14.18

（2）页面设置有问题

公文页面设置要求达到每页 22 行，每行 28 字，具体操作如图 4.14.19—图 4.14.22 所示。

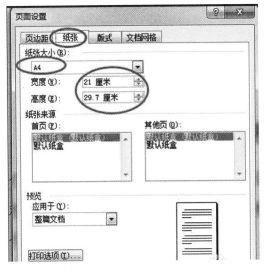

图 4.14.19

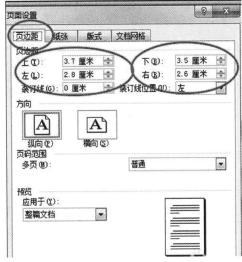

图 4.14.20

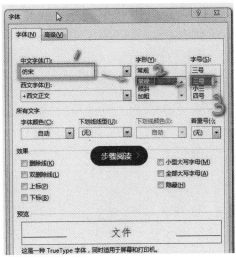

图 4.14.21

图 4.14.22

（3）页码添加中存在的问题

1）点击菜单栏"文件/页面设置/版式"，在"页眉页脚"选中"奇偶页不同"。设置页眉 15 mm，页脚 28 mm，点击"确定"，如图 4.14.23 所示。

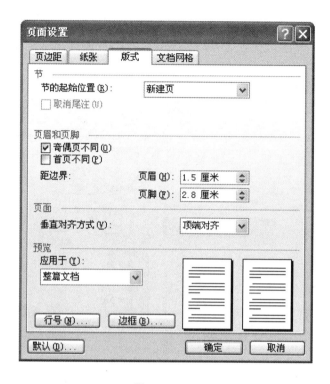

图 4.14.23

2)点击菜单栏"插入"找到"页码"选项,选择"页脚外侧",如图 4.14.24 所示。

图 4.14.24

在页码格式中,选择"-1-"格式进行排版,应用范围是"整篇文档",点击"确定",如图 4.14.25 所示。

图 4.14.25

在"开始"菜单栏,将页码设置为4号宋体。在"段落"中选择"缩进"模块。奇数页在文本后缩进1个字符;偶数页在文本前缩进1个字符。

(4)空白章的处理方式不当

空白章是指公文中有一页纸只出现落款和印章,没有其他文字及图表资料,这不符合盖章要求。遇到这种情况的处理方式如下:一是改变正文内容呈现方式,比如将一行字的呈现方式变成两行字呈现;二是将公文中无关紧要的话删除,或者将公文内容呈现方式由多行变成一行;三是当公文排版后所剩空白处不能容下印章或签发人签名章、成文日期时,可以采取调整行距、字距来解决。

🖱 技能训练

请按照公文排版要求,对下列材料进行排版。

关于举办"挑战杯"大学生创业计划竞赛暨中国国际大学生创新大赛专题培训会的通知

为引导和激励学生的创新精神,培育创业意识,提升社会化能力,积极备战2024年第十四届"挑战杯"广东大学生创业计划竞赛暨中国国际大学生创新大赛(2024),创新创业学院、校团委、学生工作部将共同组织开展灯塔学习会之"挑战杯"大学生创业计划竞赛暨中国国际大学生创新大赛专题培训会,现将有关事项通知如下:

一、活动时间:202×年12月13日15:00—17:30

二、活动地点:双创大楼路演大厅

三、参与人员:我校师生(各学院分别组织10名教师参会,学生由校团委通过"易班平

台"组织报名）

请各学院于12月11日前统一汇总附件1:《"挑战杯"大学生创业计划竞赛暨中国国际大学生创新大赛专题培训会报名表》于××日发送到××邮箱。

四、活动安排

《挑战青春 创梦韶华——大学生创业竞赛项目孵化与备赛核心要素》主题分享

主讲嘉宾:陈雨婷(工学博士,广东工业大学分析测试中心教师,SYB创业培训师、BCC全球生涯教练、GCDF全球生涯规划师、国家心理咨询师,广东省科技企业孵化器协会创业导师。有近10年创新创业项目指导及孵化等工作经验,指导多个项目参与"互联网+""挑战杯"大赛并获得国家级金奖。)

附件1:"挑战杯"大学生创业计划竞赛暨中国国际大学生创新大赛专题培训会报名表

创新创业学院　校团委　学生工作部

202×年12月7日

项目十五
通知写作

　　通知具有传递信息、规范行为、记录证据、促进合作等方面的作用。其写作普遍存在的问题是工作要求不具体、通知格式不准确、反馈机制有遗漏、语言表达不规范、正文逻辑不清晰等。

知识目标：

- 了解通知的适用范围。
- 掌握不同类型通知的写作方法。

能力目标：

- 培养素材整理和提炼的能力。
- 能写成格式规范、表述清晰的实用性通知。

素养目标：

- 培养学生的规范意识和责任感。
- 具备换位思考的能力。

 案例导入

珠海××集团

关于召开第16次工作例会的通知

各直属公司、各部门：

为规范公司管理，经研究决定，我集团将召开第16次工作例会。具体事项通知如下：

一、会议时间

20××年12月15日上午8：30—11：30

二、会议地点

集团大会议室（行政楼305室）

三、会议主题

（一）讨论绩效改革方案（草案）

各单位于20××年12月13日前将本单位绩效改革方案（草案）意见、员工代表名单电子版发送至集团公司办公室邮箱：××。

（二）进行中层干部述职

请各中层干部提前15分钟到达会议现场并抽签决定述职顺序。述职时间要求：5分钟/人。

四、参会人员

集团中层及以上职工、各公司非中层员工代表10名。请各单位汇总附件1《珠海××集团员工代表报名表》于××日发送到邮箱××。

附件：1.珠海××集团员工代表报名表

珠海××集团

20××年12月1日

【分析】 这是一篇工作性通知。标题采用三段式进行写作，正文分条列款地展开说明，条理清晰。

一、通知的内涵

通知是适用于批转下级机关的公文，转发上级机关和不相隶属机关的公文，传达要求下级机关办理和需要有关单位周知或者执行的事项以及任免人员。根据通知用途，可分为处理文件的通知、布置性通知、知照性通知、会议通知和任免通知。

1.处理文件的通知

包括批转性通知、转发性通知以及发布性通知。其中上级机关批转下级机关的文件，用批转性通知；下级机关转发上级机关的文件，用转发性通知；同级机关或者不相隶属机关转发文件，也用转发性通知；发布单位内部的一项管理制度，用发布性通知。

2.布置工作性通知

布置工作性通知也称工作通知。是上级机关就某些事项、某项工作的具体原则、要求和安排,让受文单位贯彻执行的通知。

3.知照性通知

知照性通知是告知有关单位和个人某些事项,如设立或者撤销机构,印章更换,办公时间和地点调整等。

4.会议通知

告知有关单位和人员参加会议的通知。

5.任免通知

告知有关单位和个人人事任免的通知。

二、通知的写作要点

(一)标题

通知标题的写作思路与公文标题的写作思路相同。包括发文单位、事由和文种三部分。如《广东科学××公司关于春节放假的通知》。处理文件通知的标题写法略有不同,其标题写作公式:发文单位+转发、发布、批转、印发字样+被处理文件的标题+"的通知"组成。

【案例1】

广东科学技术职业学院转发广东省教育厅关于学习××精神的通知

广东科学技术职业学院发布关于《校内实训室管理办法》的通知

广东科学技术职业学院批转文化与传媒学院关于顶岗实习管理意见的通知

处理文件通知的标题写作注意事项:

第一,多层转发文件标题写作,一般只保留末次处理文件的单位和始发文件的单位。标题中"的通知"重复的时候,只保留一个即可。

【案例2】

××市人民政府转发××省人民政府转发国务院关于学习××精神的通知	版本1
××市人民政府转发国务院关于学习××精神的通知	版本2

【分析】 版本2是规范的写法。遇到多层转发的通知,只保留末次处理文件的单位和始发文件的单位即可。

第二,被处理的文件,如果是法规、规章或者重要的公文时,要在处理文件的标题中加注书名号。

(二)主送单位

主送单位,即受文对象。根据实际情况,可以是一个单位或者几个单位作为主送单位。普发性通知也可以省去主送单位。

(三)正文

1.布置工作通知的正文

正文通常包括两大部分:第一部分是引言。说明布置工作的目的、意义或者是依据,用1~2句话简单说明。第二部分是主体。分条列款地描述通知的具体内容。重要内容详细写,放在前面;次要内容简化写,放在后面。

2.处理文件通知的正文

正文包括两个部分:第一部分是批语。批语写法简单,只说明现有文件需要转发、批转或者发布即可。如"现将《××考勤管理规定》印发给你们。"

第二部分写具体要求或者特殊提示。根据文件要求和工作实际写具体要求或特殊提示。比如"现将《广东科学技术职业学院请假制度管理规定》印发给大家,请遵照执行。"其中"请遵照执行"就是具体要求。这种要求比较简单。

另外还有较为复杂的处理文件,需要对如何实施做出具体说明,或者阐述文件的意义等。

【案例3】

广东××学院关于转发

广州市哲学社会科学发展××专项课题指南的通知

各二级学院、各部门:

现将广州市社会科学规划领导小组办公室《××专项课题指南》转发给你们,请组织教职工积极申报。具体事项通知如下:

一、提交电子材料方式

10月×日前在广州社科网——社科规划系统(×××)提交申报材料电子版。

二、提交纸质材料方式

电子材料审核通过,打印纸质材料(一式四份),于10月10日前交行政楼520办公室。

三、联系方式

(一)联系人

×××

(二)联系电话

×××

附件:广州市哲学社会科学发展××专项课题指南

科技与校企合作处

20××年9月11日

3.会议通知的正文

会议通知的正文一般包括会议的名称、时间、地点、主题、内容、参会人员、联系方式等。如果是时间较长、参会人员来源广的会议,还牵涉到住宿与报到的安排、参会人员报名微信群/QQ群的加入等。同时,需要参会人员填写会议报名回执(作为通知的附件下发）。随着信息技术的发展，Word 版会议报名回执被 WPS 共享表格、H5 在线报名表取代。

【案例4】

××会议报名回执

单位		姓名	
联系电话		电子邮箱	
职务/职称		住宿要求（单/标）	
其他说明			

4.任免通知的正文

任免通知的写法比较简单，一般在写完任免决定的依据后，列出任免人员的姓名及职务即可。

【案例5】

各二级学院、各部门：

根据工作需要，学校同意：一、聘任张××同志为人力资源部退休人员管理办公室主任（正科级)，免去其广州校区管理委员会办公室综合科（离退休工作办公室）科长职务。

5.知照性通知的正文

知照性通知的行文目的是让受文对象了解有关事项。所以，通知正文只需要把事项叙述清楚即可。如事项较多，则分条列款地陈述。

(四)落款

写完正文，空两行，标注发文机关名称与发文时间即可。

❓ 答疑解惑

1.请评价这则通知

关于举办2024年年会的通知

一、时间：12 月 31 日 18：00

二、地点：友谊会馆2号餐厅

三、具体要求

1.所有参会人员，请提前安排好工作与家里事务，会议当天不得请假。

2.需要发言的客户嘉宾请提前报备申请。（客户太阳公司近期跨界发布新品，成为我司竞争对手，谨慎起见，不允许发言。）

3.各部门提前统计参会的员工家属数量，名额有限，每位员工可邀请1名家属参加。

行政部
2024 年 12 月 23 日

【评价】

(1)引言部分有遗漏。通知属于公文,要符合公文的写作思路。即依据/目的、文种承启语、事项、要求(可有可无)。上述通知,缺少第一部分(引言部分),即依据/目的、文种承启语。

(2)事项部分不表述清晰。一是时间表述不准确。规范写法:12月31日(周二)18:00—21:00。二是具体要求不具体。第1条没有体现用户意识。考虑到用户的特殊情况,不妨补充一句"如有特殊情况无法到场,请……";第2条不符合默认公开和用户意识要求。在通知中禁止竞争对手发言,有默认公开风险。同时,没有明确申请方式和申请时间要求;第3条不具备用户意识。没有给出统计表格模板,也没有提出统计信息的上交方式和上交要求。

2.公告、通告与通知的区别

公告适用于向国内外宣布重要事项或者法定事项。通告适用于公布社会各有关方面应当遵守或者周知的事项。

(1)公告与通告的区别

①内容不同。公告用于"向国内外宣布重要事项或者法定事项",多与政治方面有关;通告的内容是"在一定范围内应当遵守或周知的事项",多是业务工作方面。

②发布范围不同。公告面向国内外的广大读者、听众;通告的范围则相对较窄,只是面向"一定范围内的"有关单位和人员。

③使用权限不同。公告通常是党和国家高级领导机关宣布某些重大事项时才用,新华社、司法机关以及其他一些政府部门也可以根据授权使用公告。而通告则适用于各级行政机关和企事业单位。

(2)通告与通知的区别

①适用范围不同。通知适用于发布、传达要求下级机关执行和有关单位周知或者执行的事项。通告适用于在一定范围内公布应当遵守或者周知的事项。

②收文机关不同。通知一般具有明确的受文对象,而通告一般没有明确的受文对象。

③命令性程度不同。通知的作用主要在于要求下级机关执行和有关单位周知或者执行的事项,这就说明通知具有很强的约束性。通告中只有禁管性通告具有很强的命令性,但禁管性通告一般须由政府机构依法发布。

🖱 技能训练

1.判断题

(1)除批转法规性文件外,通知的标题中一般不含书名号。　　　　　　　　(　　)

(2)发布、批转性通知的正文由批语部分和批转件部分组成。　　　　　　　(　　)

(3)转发下级机关与同级机关的公文,应用"批转"。　　　　　　　　　　(　　)

(4)总公司拟用通知形式颁发一项内部管理办法。　　　　　　　　　　　(　　)

2.单项选择题

(1)通知正文的行动指令要清晰。请选出下列通知指令中最清晰的一项。( )

A.公司通知员工通勤车的上车地点做了调整。其中一段是:通勤车上车地点自8月18日00:00起调整至停车场G2区,公司正门往东走300米即可抵达。

B.部门组织员工去景区团建,通知中的时间和地点描述为:"1.时间:8月7日(周六)7:00。2.地点:泰山。请安排好时间,不要迟到,方便团体统一乘车。"

C.公司给员工发年会通知,提醒大家领取免费停车券:"为方便开车来参加年会的同事,公司给大家准备了免费停车券。欢迎有需要的同事前来领取。"

D.将周报质量作为绩效考核的指标之一。公司发通知告知大家:"公司今后将加强周报内容的审查,请大家仔细填写并按时提交周报。"

(2)根据通知的写作要求,选出最合理的做法。( )

A.小区发生宠物狗伤人事件,物业通知所有养狗业主遛狗牵绳。标题是"重要通知"。

B.发通知请下属准时交周报。"周报能够体现团队成员各自工作进度,大家可以多注意一下,每次周报请按时提交。"

C.年底财务部给员工发通知:"为顺利通过有关部门的审查,财务部年底会做封账结算。请需要报销的同事,在2月1日24:00前完成提交。温馨提醒:审批需要时间,请尽早提交。"

D.HR发的面试取消通知中提到"抱歉,由于王总临时需要去外地出差,本次面试取消。我们会在6月21日17:00前电话通知新面试时间,请耐心等待。"

3.标题修改

市发展改革委关于转发省发展改革委关于转发国家发展改革委办公厅关于对真抓实干成效明显地方加大中央预算内投资激励支持力度的通知

4.请指出下面两则通知中存在的问题,并写出修改稿。

关于石化总公司召开关于
开展增产节约、劳动竞赛会议的通知

病文1

各分公司、分厂、各车间党支部、总公司各直属部门:

为贯彻上级精神,提高总公司的工作效率和经济效益,培养广大职工的主人翁精神,经总公司董事会研究决定,在全公司范围内广泛开展增产节约、劳动竞赛活动。现将会议有关问题通知如下:

一、会议时间:10月4日至8日。

二、会议地点:总公司招待所。

三、与会人员:各分公司、分厂、总公司各直属部门主管生产的负责同志、工会主席等。

四、请各单位准备好本单位开展劳动竞赛活动的经验材料,限5 000字,报到时交给会务组。并请与会人员于10月4日前来报到。

××××石化总公司

××××年6月8日

病文2

通知

机关各直属单位：

机关游泳池定于6月1日正式开放，6月10日开始办理游泳证。请你们接到通知后，按下列规定，于元月三十日前到机关俱乐部办理游泳手续。

一、办证对象：仅限你单位干部或职工身体健康者。

二、办证方法：由你单位统一登记名单、加盖印章到俱乐部办理，交一张免冠照片。

三、每张游泳证收费五角。

四、凭证入池游泳，主动示证，遵守纪律，听从管理人员指挥。不得将此证转让他人使用，违者没收作废。

五、家属游泳一律凭家属证，购买临票，在规定的开放时间内入池。

×××俱乐部

××××年××月××日

项目十六
会议纪要写作

会议纪要在确保信息传递的准确性、提高决策质量、促进团队协作等方面发挥着关键作用。因此,掌握会议纪要的写作技巧对于任何需要参与或组织会议的人来说都是非常重要的。

 **学 习 目 标**

知识目标:
- 掌握会议纪要和会议记录的区别。
- 掌握会议纪要的写作思路。

能力目标:
- 能够分析素材,提炼会议纪要的写作要点。
- 能够写出格式规范、重点突出、实用性强的会议纪要。

素养目标:
- 培养高度的职业责任感和敬业精神,确保会议纪要及时发布和归档。
- 树立保密意识,注意保护与会人员的隐私,不透露个人的敏感信息。

案例导入

会 议 纪 要

〔2024〕1号

珠海XX有限公司　　　　　　　　2024年1月23日

时　间：2024年1月22日上午9：00时

地　点：大会议室

主持人：黄xx

出　席：黄xx、方xx、雷xx、沈xx、李xx、何xx

记　录：何xx

会议就我司中层以上管理人员竞争上岗和各部门重新定岗定编后部分人员的工资待遇问题进行了研究。现纪要如下：

一、会议确定了不参加竞争上岗或参加竞争上岗但落聘的副经理以上管理人员工资待遇

根据《xx组织架构和人员定岗定编方案》（xx字〔20XX〕16号）文件精神，对原XX集团、XX广场副经理以上管理人员不参加竞争上岗或参加竞争上岗但落聘人员，公司根据其本人情况及工作需要，选聘到班长以下岗位，自20XX年1月起实行。按班长职级（现主管F1级）发放。

二、会议确定了朱xx、沈xx两位同志工资待遇

由于工作需要，原营运部员工朱xx同志调至保卫部出任领班，其工资待遇保持不变；原财务部收银员沈xx同志调至营运部服务台工作，工资待遇自其到服务台上班之日起按员工G3级标准发放。

三、会议确定了工资待遇使用时间

上述一、二条中涉及人员的工资待遇标准适用至我司新的工资方案出台之前。

2024年1月23日

珠海XX有限公司办公室　　　　　　2024年1月24日印发

【分析】 这是一项决议性办公会议纪要。开头介绍了会议时间、地点、参会人员、主持人、记录人等基本信息，主体部分采用并列式，对会议决议的三个事项进行阐述。条理清晰、语言简洁，有利于相关部门学习并执行会议精神。标题"会议纪要"，改为"××会议纪要"，如"经理办公会纪要"更好。

一、会议纪要的概念

会议纪要是对会议的情况、会议讨论的主要问题以及会议的结果进行提炼记述的应用文。它适用于记载和传达会议的情况以及议定事项。

会议纪要具有依据、确认和晓谕的作用。一是依据作用。会议纪要全面而又系统地记录了会议的基本情况、重要精神、表决结果等。把这些内容用文字的形式固定下来，使下级机关和有关部门在贯彻执行的时候就有了可靠的依据。二是确认作用。会议纪要是对会议内容进行科学地总结和高度地概括。会议上讨论的问题可能是多种多样的，但是，需要传达贯彻的内容必须言之有据，是达成共识的内容。会议纪要就是把会议讨论的，并且经过讨论通过的决定以及各种需要贯彻执行的内容形成文字材料，经领导批准，然后提供给有关方面贯彻执行。三是晓谕作用。会议纪要将会议的重要内容和精神及时通报给下级机关和有关部门，使未参会人员也能及时了解会议的主要内容，增加工作的透明度。

二、会议纪要的特点

(一)纪实性

会议纪要是对会议基本情况、主要精神等的忠实记录,也是对会议宗旨、进程、议项等内容的客观反映。真实性是会议纪要的生命。

(二)综合性

会议纪要是在全面掌握会议内容的基础上,经过整理归纳和综合分析而形成的书面材料。它在行文上充分体现出明显的条理性和系统性,是会议内容的高度浓缩。

(三)约束性

会议纪要一经下发,便要求与会单位和有关人员遵守、执行。

三、会议纪要的写作要点

(一)标题

(1)纪要的格式标题。"纪要格式"是公文的一种特定格式,是国家质量技术监督局在《国家行政机关公文格式》中规定的三种"公文的特定格式"之一。在这种格式中,公文有固定的版头:"纪要标识由'×××××纪要'组成,用红色小标宋体字,字号由发文机关酌定。纪要不加盖印章"。

(2)其他类别纪要的标题。其他类别纪要的标题有两种写法:一是应用文式标题。如《国务院关于贫困地区经济开发问题的会议纪要》;或者会议名称+文种,如《开发区经济工作研讨会纪要》;或者事由+文种,如《关于企业改制问题的会议纪要》。二是正副标题法。如《振兴东北老工业基地大有希望——×××会议纪要》。

(二)正文

1.开头

会议纪要开头要言简意赅地交代如下情况:会议召开的时间、地点、会议宗旨、会议参加人员、会议的主要议题以及会议要解决的主要问题。

2.主体

写会议上反映的情况、研究的问题、做出的决定性意见和解决问题的措施等。一般采取综合反映的办法,在每段开头用"会议指出""会议认为""会议提出""会议强调"等形式把会议的主要精神高度概括,准确无误地反映出来。会议纪要的常用动词是分层次的。

"传达、听取、介绍"等为第一层次,起着提出问题、叙述内容的作用。"传达"用于传达上级机关的工作会议精神或者上级首长的讲话内容;"听取"用于叙述会议发言人的发言内容;"介绍"用于对会议中一些重要的发言内容做简要阐述。

"提出、讨论、认为、指出"等为第二层次,起着分析问题、深化内容的作用。"提出"用于表达会议中与会者的看法、主张和建议；"讨论"用于叙述经过会议广泛讨论的某种意见或某个事项；"认为"与"指出"用于阐述会议形成的一致看法和观点。

"同意、明确、决定、强调、要求"等为第三层次，起着解决问题、落实内容的作用。"同意"用于叙述会议采纳与会者提出的某种设想、意见；"明确"用于表达澄清疑惑、消除分歧、分清责任、明确任务等情况；"决定"用于宣布会议形成的一致性意见；"强调"用于重申需要突出的某个事项的重要性与紧迫性；"要求"用于叙述会议主持机构提出的具有一定约束力的意见。

会议主体的三种写作方法：

（1）集中概述法

把会议讨论研究的主要问题、与会人员的认识、议定的有关事项（包括解决问题的措施、办法和要求等），用概括叙述的方法，进行整体阐述和说明。这种写法多用于讨论问题单一、意见统一的会议。

（2）分项叙述法

对于议题较多的会议，一般采取分项叙述的办法。即，把会议的主要内容分成几个大的问题，分项来写。这种写法侧重于横向分析阐述，内容相对全面，问题也说得比较详细。

（3）发言提要法

把会上具有典型性、代表性的发言加以整理，提炼出内容要点和精神实质。然后按照发言顺序或不同内容，分别加以阐述说明。这种写法能如实地反映与会人员的意见。某些根据上级机关布置，需要了解与会人员不同意见的纪要，可采用这种写法。

3.结尾

结尾主要是就会议内容的贯彻执行，向有关单位和部门发出要求和号召。如"会议号召……""会议要求……""会议希望……"等。根据会议目的和会议内容，也可以没有结尾。

（三）落款

一般会议纪要不署名，只写成文时间。

❓ 答疑解惑

1.做纪要的时候，取舍会议信息的方法

会议信息取舍的判断标准是未来行动。所以，做纪要之前，要明确会议的主题、议题和目标。会议的目标是导向行动。所以要把导向行动的信息做重点记录。包括共识性决策建议和具体性信息。

（1）导向行动的共识性决策建议

【案例1】

在一个活动策划会上，负责人说了一句，"这次活动，我们的最高原则就是控制预算"。其他参与人员也同意。虽然本次会议的重点不是讨论会议预算，但是负责人的这

句话可能会指导未来的行动,所以应该体现在会议纪要中。属于会议共识性的建议。

会议是一个强语境的环境。会议上提到的很多特指,对于当时参会人员来说很容易理解;而对于未参会人员来说,就很难理解会议达成的共识。这时候,纪要中要体现共识相关的背景说明。

【案例2】

××公司开了一场"双十一"销售方案会。会上,CEO说了一句话,"这一次咱们要打好品牌认知战"。在纪要写作中,除了将这句共识性的决策要求记下外,还要补充必要的决策背景。如,"去年双十一缺乏品牌意识,后续一个月增长乏力"。

(2)导向行动的具体性信息

导向行动的具体信息包括任务负责人和参与人、具体任务描述、任务完成时间和完成效果要求等。

【案例3】

> 下周完成活动晚宴的餐点供应方案。 版本1

> 完成活动晚宴的餐点供应方案。完成时间:2024年3月15日16:00之前;负责人:××;完成要求:方案中体现交付标准、附用餐人数和预算安排表; 版本2

【分析】 版本2体现了导向行动的具体性信息,是纪要的规范性写法。

【案例4】

销售部开了一场销售方案会,王××负责做会议纪要。下面是做纪要时的四个行为,请做分析。

A.财务部同事在开会时说:"优惠规则不只是促销问题,还要考虑税务成本。"由于财务同事不参加具体业务,所以王××没有记下财务同事的发言。

B.会议方案负责人认为要平衡考虑优惠和成本,销售部长建议大家应该趁这次优惠做拉新,多花点钱也没关系。双方没有达成共识,王××只记下了部长的意见。

C.这次会议请来一位销售专家。专家发言:"这次销售,宣传渠道比较适合用户外广告,我建议这周内就决定广告的放置位置。"王××在纪要中写"9月3日(周五)下班前由方案负责人确定广告投放位置"。

D.销售经理说:什么样的优惠可以促进购买,这得问用户。本周内我们做一次至少80人的用户访谈吧。领导和负责人都表示同意。王××将这个信息写到纪要中。

【分析】

A不合适。财务虽然不直接参与业务,但仍然在项目中担任把关人的角色。他们的意见关系到项目的安全性,所以财务同事的发言应该记下来。

B不合适。不能根据职位高低来决定谁的意见记录,谁的意见不记录。遇到领导与负责人意见分歧的情况,做纪要的同事可以有两种处理方式。一是现场发问,引导双方针对分歧问题讨论出共识。二是把双方的意见都记下来,保留当时的讨论过程。

C不合适。专家可以给项目提供拓展思路，但这个思路还需要经过大家讨论，才能落实成具体行动。遇到这个情况，只需把专家的思路作为参考意见记录下来即可。

D合适。销售经理提出意见，获得重要领导和负责人同意，且两位拥有决策权力，显示这条意见已经成为共识。

2.会议纪要与会议记录、会议简报的异同

（1）权威性不同

会议纪要是会议主要内容、主要精神的展示，属于公文；会议简报，是一个会议情况的通报，没有权威性；会议记录要求如实记录，其内容包罗万象，有对的意见，也有错误的意见，不具有权威性。

（2）去向不同

会议纪要与会议文件一样，是要下发的；会议简报只是在会议期间或者会议刚结束后发行；会议记录只是保存，一般不会下发。

技能训练

1.多项选择题

（1）小王是××咖啡品牌的运营负责人。通过几次针对新产品的营销策划，他们的团队已经成功打响了自己的品牌知名度。为了保持优势，××咖啡公司最近准备花大力气做一次品牌宣传，小王是牵头人。今天，是他们品牌策划的第5次会议。

小王："前段时间咱们还是有点失焦，这回的任务，主要聚焦在进一步提升品牌本身的知名度上。重点是围绕品牌，而不是产品。所以我建议，大家先把自己从'介绍产品'这个方向上拔出来。"

小杨："但是品牌离不开产品呀。一个品牌不就是靠产品支撑的吗？"

小王："是有关系，但品牌跟我们的服务、文化、设计风格等都有关系，不能陷在产品里。我们先考虑的是，怎么差异化表达我们的品牌理念。"

小杨："明白。那我围绕这个方向，先去产出10个宣传素材，尽快跟你对对方向。"

小王："嗯，还有渠道合作的事，小李进行得怎么样了？"

小李："已经分别跟艺术、公益领域的两个顶级IP达成合作了，其他渠道，比如娱乐产业，正在接洽中。"

小董："好，本周内完成吧。这部分我记得吴老师那边有些资源，你可以再去问问他，请他帮忙把把关。"

小李："行，那我会后就联系吴老师。"

如果由你来撰写这次会议的纪要，以下内容合适的是（　　）。

A.小王认为这次宣传要聚焦品牌，少提产品。

B.小杨认为产品和品牌分不开，会上暂时没有达成共识。

C.小杨要围绕"差异化表达品牌理念"的方向，产出10个宣传素材，并尽快跟小董对方向（具体时间待确认，会后请小杨给出明确时间点）。

D. 小李要在本周内(6月17日周五下班前)确认娱乐产业等渠道的合作方式,相关资源可以求助吴老师。

(2)小王是××公司公关部的负责人。下面是她写的一份纪要,请你判断下面合适的是( )。

A.【会议信息】时间:2021年12月12日10:00—11:00;地点:星星会议室;会议主题:与××公司合作事宜;参会人:公关部全体员工。

B.【会议共识】合作目的:增加品牌曝光度和传播性。

C.【行动要求】××负责联系黑洞公司公关部负责人,确定合作意向。

D.【行动要求】××于12月31日24:00前,确定联名合作的产品。

2.修改病文

《××××学会会议纪要》

时间:××××年×月×日。

参加人员:常务副会长×××,副会长×××、×××、×××,办公室主任×××、副主任×××,活动中心主任××。

会议内容:

一、确定了学会的办公地点

根据××××年×月××日会议决定,×××、××××同志对学会办公地点进行了考察,经过比较,认为××大学办公条件优越,适合作学会的办公地点。会议决定,即日起××××学会迁到××大学,挂牌办公。通信地址:××市××区×××路××号。 联系电话:××××××××。

二、学会与××大学商定,由××大学给学会提供办公室、办公桌椅、电话和必要的办公费用。利用××大学的教学条件,双方共同组织举办秘书培训班等。

三、增补了学会副会长

为便于开展工作,建议增补××为学会副会长,负责学会的后勤保障和日常管理,先开展工作,以后提请×月份常务理事会确认。

四、制定了今年的活动计划

3.给材料写作

请根据二维码里面的会议记录拟写一份纪要。

项目十七
函写作

　　公函作为企业日常运营中不可或缺的沟通工具，旨在以正式、规范的方式传递信息或提出请求。然而，在日常使用过程中，我们发现部分公函存在语言表述不够精准、格式错误、正文信息缺失或目标不明确等问题。

　　为确保公函的有效性，企业需采取一系列切实可行的措施。首先，要明确公函的沟通目标，以便有针对性地展开内容撰写。其次，务必核实事实，确保所陈述的内容真实可靠。此外，还需使用恰当的语言和格式，以符合公函的正式性和规范性。最后，在公函撰写完成后，应仔细审查草稿，确保信息完整、准确、无歧义。

　　通过采取上述措施，企业可确保公函达到预期效果，为日常运营提供有力支持。

知识目标：
- 了解公函的使用场景。
- 掌握函的写作思路。

能力目标：
- 写出实用性强、表述客气、立意鲜明的函。
- 能够提炼素材，清晰表达。

素养目标：
- 具备"文章是写了再写、改了又改"的学习习惯。
- 具备换位思考的能力。

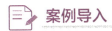 **案例导入**

珠海××职业技术学院关于选派教师赴贵校学习的函

广东××技术职业学院：

　　贵校文秘专业系广东省二类品牌专业，为学习该专业的先进办学理念，我校拟定选派文秘专业教师赴贵校学习考察，具体事项函请如下：

　　一、学习内容

　　成果导向视角下文秘专业建设思路与建设经验。

　　二、学习时间

　　2024年11月5日（周一）上午9:00—11:30。

　　三、学习人员

　　我校文秘专业教师王××（文秘专业主任，教授职称）、刘××（文秘专业骨干教师，副教授职称）、蔡××（文秘专业新进教师、博士、讲师）共3人。

　　四、联系人

　　我校文秘专业教师××，电话×××。

　　是否慨允，恳请函复为盼。

珠海××职业技术学院

2024年10月29日

　　【分析】　整篇函的语言风格委婉含蓄。这篇函的写作思路与公文写作思路一致。遵循了"依据/目的—文种承启语—事项—要求"思路。结语部分稍有不同。

一、函的概念

　　函适用于不相隶属机关之间商洽工作，询问和答复问题，请求批准和答复审批事项。其使用不受单位级别高低、大小的限制，收发函件的单位都以平等身份进行联系。函在写作方面的显著特点是谦恭有礼、一事一函。函的用途主要体现在平级机关或不相隶属机关单位之间的工作联系、批准请求等。

二、函的写作思路

（一）标题

　　函分为来函与复函。它们的标题都由发文机关、事由和文种三部分组成。

　　如：来函标题《××公司关于考察的函》《国务院办公厅关于宁波港口博物馆冠名问题的函》；复函标题《广东科学技术职业学院关于商洽委托代培涉外秘书的复函》《四川省人民政府办公厅关于同意授权签署并履行巴中至广安高速公路特许权协议的复函》。其中，复函标题中最好要有"复函"字样。

（二）主送机关

　　函的主送机关是受文办理来函事项的机关。

(三)正文写作

1.导入部分

(1)来函第一部分:依据/目的 + 文种承启语。

【案例1】

贵单位茶叶种植远近闻名(依据),为学习更好的种茶、采茶技术(目的),我单位拟定选派人员到贵单位学习。具体事项函请如下(文种承启语):

(2)复函第一部分:引用对方来文的标题及发文字号 + 表明态度 + 文种承启语。

【案例2】

贵公司《××关于学习的函》(××字〔2024〕25号)已收悉,我司热烈欢迎贵单位人员前来交流。具体事项复函如下:

2.事项部分

函的事项一般都比较单一。如果事项复杂,则分条列款地进行书写。

(1)商请函的正文写作。商请函适用于不相隶属机关之间商洽工作、询问问题。因为行文双方没有行政差别,在语言使用上会体现更加尊重、谦和的特点。称呼对方时习惯使用谦辞,如"贵处""贵校"等。

【案例3】

贵校机器人专业为××一流专业。师资力量雄厚,教学设备齐全。为提高员工的业务素质,我司拟派50名员工赴贵校机器人专业全脱产进修半年。除按规定支付学校培训费外,我司还愿意资助贵校机器人专业×××。是否慨允,恳请函复为盼。

(2)请批函的正文写作。请批函是请求无隶属关系的业务主管部门批准相关事项的函。

【案例4】

经查询贵供电公司官网停电计划得知,因附近路段电缆例行检查维修需要,于2020年×月×日(周六)7:30至18:00将对我院断电。但同段时间我院将落实市××系统考试的考场安排工作。为保证考场安排工作顺利进行,特请贵公司将例行检修时间延后1天。妥否,恳请函复。

3.结语部分

不同类型的函,结语有别。

(1)来函结语。不必对方回复的函,结语常用"特此函告""特此函达";要求对方回复的结语,用"盼复""是否慨允,恳请函复为盼"。

(2)复函结语。复函结语常用"特此复函""特此回复"等惯用语。也有的复函不写结语。

（四）落款

函的落款和其他公文一样,在正文之后标明发函机关、成文日期即可。

❓ 答疑解惑 函的事项部分表述不全面

【案例5】

××市第一变压器厂关于归还劳动服务公司借款的函

市第七变压器厂:

贵厂于2023年1月,从我厂借去人民币3万元,作为贵厂劳动服务公司开办费,当时双方讲好年内一定偿还。目前已经是2024年1月了,我厂正在编制去年的财务决算,为使我们能及时搞好各类款项的清理结算,要求贵厂务必将所借之款于20日前归还我厂,切不要一拖再拖,给我厂财务工作的顺利进行带来不应有的困难。

××市第一变压器厂

2024年1月10日

【分析】 此文重点是要求对方在规定时间内还款。但是这篇函发出去,在后续操作方面会给对方造成很大不便。主要表现在:一是文件中提到的对方欠钱,没有明确的依据;二是要对方归还欠款,没有标明归还方式;三是没有出现对接人。对方在具体执行过程中不知道跟谁联系。

✒️ 技能训练

1.判断题

(1)县教育局向县财政局发文,要求拨建校款项用请示。　　　　　　（　　）

(2)便函不是函。　　　　　　　　　　　　　　　　　　　　　　（　　）

(3)函追求短小精悍,因而复函不必引用对方来函的标题及发文字号。（　　）

2.修改病文

关于要求报价的函

×××茶厂经理:

我们对你厂生产的绿茶很有兴趣,十分想买一批君山毛尖茶。我公司要求不高,只要求该茶叶品质一级,规格为100克一包,望你厂能告知单价报价和交货日期、结算方式等给我公司。

如果价钱合理,且能给予最好的折扣,我们将做到大批量订货。

此致

敬礼!

3.给材料写作

材料:深圳信息职业技术学院文秘专业5名老师计划2024年12月到深圳华为股份有限责任公司调研,了解秘书岗位新的能力要求,顺便也调研在华为工作的该校毕业生,了解他们的工作现状、职业规划,听听他们对文秘专业课程设置的建议。这5名老师拟定12月26日上午去调研。请根据材料,酌情添加信息,站在深圳信息职业技术学院角度发一份函到深圳华为股份有限责任公司。同时,站在深圳华为股份有限责任公司的角度回函,欢迎他们到来。相关信息酌情添加。

项目十八
请示写作

　　请示作为一种常用的公文文种，在工作场合应用广泛。例如，下级单位需要派遣员工外出学习时，会向上级单位提出请示以获取批准；当下级单位在工作中遇到无章可循的新问题时，也会向上级单位请示，请求提供相应指示。

　　然而，在企业请示的写作过程中，存在若干问题亟待解决。首先，部分请示内容表述不够明确，导致上级机关无法准确领会请示的核心意图，进而影响到审批或决策的准确性。其次，一些请示的格式不够规范，给上级机关留下不专业的印象，影响了审批效果。此外，逻辑不够清晰也是请示写作中的常见问题，使得阅读者难以把握请示的重点，无法理解请示的核心意图。再次，请示理由不充分，可能导致上级机关对请示的必要性和合理性产生疑虑，进而影响审批或决策。最后，部分请示缺乏必要的附件或资料支撑，使得上级机关在审批或决策时缺乏充分依据，影响了审批或决策的效率。

　　因此，在撰写请示时，应确保内容明确、格式规范、逻辑清晰、理由充分，并附上必要的附件或资料，以提高审批或决策的效率。

知识目标：
- 掌握请示的适用场合。
- 掌握请示的写作思路。

能力目标：
- 能够分析素材，写出理由充分、逻辑清晰、实用性强的请示。

素养目标：
- 养成"文章是写了再写、改了又改"的学习习惯。
- 具备换位思考能力。能够站在领导审批的角度进行换位思考。

 案例导入

××公司秘书处关于选派教师参加广东省写作学会年会的请示

××公司：

为交流并分享最新写作理论及实践探索成果，我处拟定选派员工参加广东省写作学会第八次会员代表大会暨第十七届学术年会。具体事项请示如下：

一、时间

20××年10月19日至21日

二、地点

江门市五邑大学

三、参加人员

××、××、××、××、××、××六名同志

四、交通工具

乘坐公司包车（三排七座）

五、经费预算

人民币9 160元

六、经费来源

公司××经费

妥否，恳请批复。

附件：1.××公司秘书处选派教师参加广东省写作学会经费预算表

2.广东省写作学会关于召开第八次会员代表大会暨第十七届学术年会的通知

××公司秘书处

20××年10月5日

【分析】　本请示站在受众角度，言简意赅地传达关键信息。从写作思路来看，本请示遵循了行政公文的基本结构，包括依据/目的、文种承启语、事项和要求等要素。在表述方面，本请示遵循了谦逊礼貌的原则，正文部分采用"拟定"等措辞，以体现对上级部门的尊重与信任。另外，添加附件，补充正文信息。附件1详细列出了预算经费的分配情况，旨在让贵部门了解经费的具体使用途径；附件2则提供了证明请示事项真实性的相关资料，以便上级部门核实。

一、请示的定义

请示是向上级机关提出请求指示或批准相关事项的一种公文形式。其主要适用场景包括：一是当某项事务超出本机关职权范围，需经上级机关批准后方可实施时；二是对国家的政策方针或上级机关的有关规定、决定等存在疑虑或理解上的差异，需请求上级机关进行解释或重新审定时；三是工作中出现新的情况或问题，缺乏现成的规章制度或法律依据，亟待上级机关给予明确指示时；四是本机关在履行职责过程中遭遇难以克服或无力解决的困难，需请求上级机关给予支持和帮助时；五是涉及全局性或普遍性、本机关无法独立解决的工作难题，需向上级机关请示，以寻求协调和帮助时。

二、请示的特点

(一)事前行文性

得到上级机关批准后才能付诸实施,不可"先斩后奏"或"边斩边奏"。

(二)请求批复性

请示行文的目的明确。即,要求上级机关对请示事项作出明确的批复。

(三)一文一事性

一份请示只能请求指示或批准一件事或解决一个问题。

三、请示的写作思路

(一)标题

标题由发文机关、事由和文种三部分构成。"请示"本身含有请求、申请之意,因而标题中不再写"申请""请求"类词语。另外"报告"也是一个文种,一个标题中不能出现两个文种。比如"××关于建设教学楼的请示报告"这样写也是错误的。

(二)主送机关

请示要遵循一个原则——"逐级请示"(下级机关直接向所属上一级机关行文),除非遇到特殊紧急的事情才可以越级请示(下级宣传机关越过直接上级向更高一级机关甚至中央机关的行文)。所以一般情况下,请示的主送机关一定是发文单位的直属上一级机关,是单位,不能主送给领导个人;如果发文单位受双重领导,要根据所请示事项的性质,确定一个领导机关为主送机关,一个领导机关为抄送机关。

(三)正文

请示正文的写作思路与公文正文的写作思路相同。即"依据/目的—文种承启语—事项—要求"。一般情况下,请示的要求部分由结语代替。

1.请示的依据/目的

(1)实事求是,有理有据,开门见山。

【案例1】

根据《省政府办公厅关于做好第一次全国政府网站普查检查整改阶段有关工作的通知》(××发〔20××〕67号)要求,经我市信息化委员会审议,拟对全市47个镇(街道)、部门网站进行集中关停,统一整合至××市政府门户网站,以彻底解决部分镇(街道)和部门网站存在的信息保障不到位的问题。

【分析】　这个请示缘由中,指出了制发请示的依据,即省政府的工作通知。指出依据,是一种很常见的请示缘由写法,也是体现缘由充分性的一种方式。以文件精神为缘由,有不可辩驳的说服力。

（2）比较复杂的缘由必须写明必要的事实和数据。

【案例2】

我部所属两个测量站，共 40 个连队。近几年来，已为驻高山、海岛的 10 个连队配备了电冰箱。其余 30 个连队，除驻站部附近的部分连队不配备外，尚有 19 个连队需配备电冰箱。这些连队普遍驻地分散，生活质量无保障。特别是春、夏、秋季，由于没有冷藏设备，不能购买充足的肉类食品。自产的肉、鲜蛋和平时用余的食品亦无法保存，造成了浪费，也给连队改善伙食带来了一定的困难。同时，大部分连队的地理条件差，经常出车采购，增加了事故隐患。

【分析】 在这个请示缘由中，在明确了尚有 19 个连队还没有配备电冰箱的基础上，结合连队驻地分散、地理条件差等客观条件，从影响生活质量、造成资源浪费、增加事故隐患三个方面具体指出了这些连队确需配备电冰箱的理由。这样的请示缘由，做到了具体、充分，让人一目了然。

（案例1-2来源：张晨，肖悦. 例谈请示缘由的写作要领［J］. 应用写作，2022（12）：12-15.）

（3）不能追求简要而做简单化处理。如，在陈述理由时仅凭"极端困难""非常不便"之类的词汇，不能产生实际的说服力。

【案例3】

某子公司申请购买打印复印一体机，请求上级单位拨款。

版本1　整个办公区只有两台打印机，打印资料需要跑上跑下，每次打印还得排队，非常麻烦。

版本2　我分公司自2013年成立以来，业务发展非常迅速，人员也增至 150 人。但是最初公司成立时仅配备 2 台打印机，无法满足工作需要，严重影响业务开展。根据总公司办公设备采购流程……

【分析】 版本2，强调了现有打印机数量与子公司规模、业务开展之间的矛盾，突出了主要矛盾，抓住了重点。

2. 请示的事项

即请求上级机关批准或者给予支持的具体内容。要求事项具体，有可行性和可操作性。如果内容比较复杂，则分条列款阐述。用语明确、语气得体。

3. 请示的结语

通常使用的惯用语有："妥否，恳请批复""特此请示，请予批准""请批准""请审批""请指示"等。

【案例4】

版本1　关于 2021 级本科各专业已取得《微积分》课程学分转出到需要修读《高等数学（上）》其他专业的学生课程替补问题的情况说明

教务处领导：

　　因《微积分》课程内容覆盖《高等数学（上）》课程内容，学分也大于《高等数学（上）》的学分，经研究决定，2021 级本科各专业学生在第一学期已经修读《微积分》并取得相应学分，在第二学期转出到其他需要修读《高等数学（上）》的专业，其《微积分》成绩可替代《高等数学（上）》成绩。因此特申请2021级转专业学生可按此进行课程替换处理。

　　妥否，请批准。

　　附：2021级大一数学课程开课情况表

××学院
2022.10.10

版本2

关于2021级本科转专业学生替换已修数学课程的请示

校教务处：

　　2021级大一第一学期数学教研室共开设有《微积分》课程、《高等数学（上）》两门本科课程。因《微积分》课程内容已包含《高等数学（上）》课程内容，同时学分也高于《高等数学（上）》学分，现申请2021级大一第二学期学生转专业时，可将原专业《微积分》成绩替代新专业《高等数学（上）》成绩。

　　妥否，恳请批准。

　　附件：2021级大一数学课程开课情况表

××××学院
2022年10月10日

【分析】 版本1存在的问题主要包括以下几个方面：首先，标题中的事由部分过于冗长。在撰写请示的标题时，应合理控制事由的长度，确保标题简洁明了。通常，请示的标题采用"发文机关＋事由＋文种"的格式，有时可根据情况省略发文机关，以便于上级机关在批复时能够迅速从标题中捕捉到请示事项的核心内容，有针对性地进行阅读和办理，并据此下达相关指令和指示。其次，附件和落款日期的格式存在不规范现象。附件应明确标注名称和顺序，落款日期应严格按照公文格式要求书写，以确保公文的正式性和规范性。此外，内容表述方面也存在不够简明的问题。请示的写作应遵循精练原则，根据实际需要准确、清晰地表达核心内容，避免冗长繁琐的叙述。在原文中，尽管核心关键词为"替换课程成绩"，但在请示的原因和事项部分却未能准确、清晰地体现这一内容，导致阅读难度增加。因此，为改进上述问题，我们对原文进行了大幅修改，形成了版本2的规范文本。在版本2中，我们紧紧围绕"替换课程成绩"这一核心事项进行叙述，精简了冗余内容，确保了表述的简洁明了。通过这样的改动，我们旨在提高公文的办文效率，确保上级机关能够迅速、准确地理解并处理请示事项。

（来源：杨柳婵，黄泽.对一则请示的评改[J].应用写作，2023（8）：53-55）

❓ 答疑解惑　请示与报告有哪些区别

（1）行文时间不同。一般情况下，请示在事前行文，报告在事后行文。

（2）行文目的不同。请示旨在请求上级批准、指示、支持和帮助，需要上级批复。报告旨在向上级汇报工作、反映情况、提出建议、答复上级询问。

（3）写法不同。报告侧重于陈述情况、总结经验，体现报告性。请示侧重于讲原因、述事项，体现请求性。

（4）结语不同。报告可以省略结语，也可以用"特此报告"结束。请示不能省略结语，一般用"以上请示，请批复"结束。

【案例5】

版本1

> 我校今年住宿生急剧增加，已有的学生宿舍无法容纳新增学生。现有住宿生基本上是一个床位两个人睡，严重影响学生的身心健康。为了解决这一困难，我校决定再建一栋学生宿舍楼，望上级部门给予适当支持。

版本2

> 随着我国经济建设和改革开放的不断深入，中等职业教育发展逐步加快。建校以来，我校已培养了近万名财经人才，他们在全省乃至全国的财经工作岗位上发挥着重要作用，很多人已成为管理干部或单位骨干。
>
> 财经职业教育要发展，学校的规模就必须扩大。我校现有学生2 000人，经省厅批准到"十四五"规划末学生规模要达到 4 000人。目前，我校教学楼只能容纳 2 000人，而且教学设施落后，不能适应现代化教学需要。作为省部级重点中专学校，我校在全省乃至全国享有一定的知名度，并力争在"十四五"期间进入国家重点中专行列。因此，改善办学条件已成当务之急。
>
> 基于上述原因，我校拟建一栋七层6 000平方米的教学楼，预计造价600万元。

【分析】 对比两个版本的请示，我们不难看出，版本1请示只关注局部，单纯站在本单位立场，不能将请示事项与上级的全局部署、中心工作、战略目标结合起来，因此说服力不足。版本2请示则站在上级领导的角度，讲清了时代背景与学校发展规划，讲明了学校的地位、贡献、发展瓶颈及问题的严重性，充分说明了该校建造教学大楼的必要性和重要性，很有说服力。

（来源：张晨，肖悦.例谈请示缘由的写作要领［J］.应用写作，2022（12）：12-15.）

技能训练

1.单项选择题

（1）下级向上级请求指示，批准事项时使用（　　）。

A.指示 　　　　B.报告 　　　　C.请示 　　　　D.通知

（2）工作中发生了无章可循的问题、按规定难以处理的问题，都可以使用（　　）。

A.报告 　　　　B.请示 　　　　C.通知 　　　　D.请示报告

（3）机关单位向上级汇报工作、反映情况、提出意见或者建议用（　　）。

A.请示 　　　　B.报告 　　　　C.总结 　　　　D.函

2.改错题

（1）关于举办技术交易会开展技术协作活动的请示报告。

（2）××公司关于选派技术人员进修情况的请示。

（3）关于××公司购置进口仪器的申请报告。

（4）××总厂关于分厂成立销售部的批复。

（5）关于申请增设××派出所的请示报告。

3.病文修改

关于要求解决学生宿舍拥挤等问题的请示

市人民政府、市教育局：

　　我校今年由于住宿生急剧增加,由1 200人增加到2 600人。住宿生由600人增加到1 300人。现在住宿生基本上都是一个床位两个人睡,连翻身都有困难。目前为止,已经有20多人睡觉的时候掉在地上。其中一年级二班的李明和二年级一班的陈勇同学分别摔断了左手和左腿,不能正常上课了。其次,由于太拥挤,住宿中的290多人患上了皮肤病。还有住宿生每天排队洗澡需要1个小时,严重影响了晚自习。总之,由于住宿条件拥挤,学生的身心已经受到严重影响。为解决这一困难,我校决定再建一栋学生宿舍楼。另外,我校图书馆也尚未达到"两基"标准,望上级部门给予适当支持。

　　特此请示,请回复。

××学校

2024年3月5日

4.给材料写作

　　你是××企业负责新媒体宣传的文员,性别女,工作地点珠海。部门决定派你参加一个培训,具体培训通知见二维码。请站在你所在部门角度,给公司写一份请示。

项目十九
通报写作

　　作为一种关键的沟通手段，通报在传递重要信息、表彰或批评特定人物方面发挥着举足轻重的作用。具体写作中存在如下问题：首先，信息表述不够清晰明确，导致读者难以全面把握通报的核心意图，影响信息的有效传递。其次，通报内容缺乏针对性，未能针对具体问题或行为进行深入剖析和明确阐述，难以引起读者的共鸣和思考。

知识目标：
• 掌握通报的适用场景。
• 掌握通报的写作思路。

能力目标：
• 能够根据材料写出规范的通报。

素养目标：
• 培养求真务实、简洁朴实的文风，形成务实的工作态度。
• 培养调查研究的能力。
• 培养严谨认真的工作态度。

案例导入

××市医药总公司关于××医药总店开具虚假发票的通报

市属各医药分公司、各县医药公司：

　　1月上旬以来，市××医药总店每天派出两名职工推着流动售货车，在市郊人员稠密处销售人参蜂乳精、阿胶、参类、龟苓膏等二十多种不能公费报销的高档滋补品。凡购买者均出具写普通中草药或西药的发票，造成了极不好的社会影响。事发后，工商行政管理部门吊销了他们的营业执照。

　　省卫生厅、省财政厅在去年12月30日刚发布了《关于滋养、营养、饮料等保健类药品不准公费报销的通知》，××医药总店为追求小集体的利益，在销售药品中将补药的发票开成普通药品为购买者提供报销机会。这种行为公然违背《通知》规定，败坏了企业形象，损害了国家利益。经市医药总公司研究决定，责成该店作出自我检讨，并通报批评。

　　希望各单位接到此通报后，组织员工认真学习党和国家的有关方针政策，坚决刹住药品经营中的不正之风，在遵纪守法的前提下提高销售额，促进医药服务工作的健康发展。

××市医药总公司

××年××月××日

　　【分析】　这是一篇规范的通报。标题清晰，正文写作严谨规范：首先客观描述被通报事件；其次根据相关文件规定，给出处理结果；最后提出希望，发出号召。

一、通报的定义

　　通报适用于表彰先进，批评错误，传达重要精神或者情况。通报分为三个类型：一是表彰性通报：表彰具有典型意义的先进事迹或好人好事；二是批评性通报：对事故和错误行为进行批评和处理；三是情况通报：传达重要精神或重要情况，达到教育作用。

二、通报的写作思路

（一）标题写作

　　标题由三要素构成：发文机关、事由和文种。比如：《××××自治区人民政府关于柳州市壶东大桥特大交通事故的通报》《××市卫生局关于医生汪××滥用麻醉品造成医疗事故的通报》《长沙市高新区公安分局关于×××涉嫌过失致人死亡案件的情况通报》。一般情况下，通报标题的事由部分是通报事实的概括性描述。

　　三类通报的标题写作略有区别。表彰性通报的事由部分一般为"关于表彰+对象"；批评性通报的事由部分一般为"关于+对象+所犯错误"，不会出现"批评"二字；情况通报标题的文种前面加上"情况"二字，一般为"……的情况通报"。

（二）正文的写作思路

　　不同类型通报的正文写作思路有所不同。

1.表彰性通报

(1)描述被表扬对象基本信息,包括姓名、单位等。

(2)陈述先进事迹,包括时间、地点、人物、事迹和结果;如果要表彰的单位或人员较多,正文只写一个领头单位或领头人物,其余单位或人员用附件予以说明。

(3)评析先进事迹,指出典型意义。

(4)进行表扬,根据单位相关文件或者会议研究决定,提出具体的表扬意见。

(5)提出希望,发出号召。

2.批评性通报

(1)描述被批评对象的基本信息,包括姓名、单位等。

(2)叙述事故或错误事实,包括时间、地点、事故及其后果等。

(3)评议事故,界定性质,指出危害。

(4)提出批评,根据相关文件精神或者会议研究,提出具体批评。

(5)提出希望和要求,要求被批评单位或者个人吸取经验教训,要求其他受文对象引以为戒。

3.情况通报

情况通报是机关、企事业单位通报有关情况进行舆论引导的重要文字载体。其写作思路包括概括叙述情况、分析情况、针对情况提出建议和要求(面向公众类的情况通报可删除此部分)。在自媒体时代,突发事件类的情况通报用得越来越多。突发事件发生后,公众最先看到的是现场目击者从个人角度发布的碎片化信息或者是媒体从市场化角度对情况的爆料。媒体适应市场化需求对情况进行报道,常用的手法是选择性报道。如此报道产生的舆论效果往往不是政府部门所期待的,在这种情况下,政府部门发布的情况通报就显得尤为重要。

【案例1-报道素材】

20××年11月广州市发生了一起枪击事件,多家网络媒体迅速对事件进行了报道,大洋网的报道如下:

广州医院门口发生枪击案,民警开枪打死教授

大洋网今日上午接到网友报料,称今日凌晨五时,广州市海珠区珠江医院门口发生一起枪击案件。据网友报料称,珠江医院神经外科教授尹××和一名朋友在医院门口聊天,有两名警察过来盘问。双方随后发生争执,在争执中,尹教授正准备驾车离开时,其中一名民警开枪打中尹教授的心脏位置,尹××教授于7点多死亡,尸体仍在珠江医院的门诊部。网上有消息称,开枪者是×××派出所民警,而另一名车上男子已被警察带回警局协助调查。

《广州日报》滚动新闻部与大洋网记者随即连线报料的张先生。张先生是尹××教授的学生,据他介绍,他是早上上班才听到这一噩耗的,具体事件发生的细节并不清楚,但他看到了尹教授的遗体。据他描述,尹教授是左侧胸部中枪,出口在右侧胸部。因为心脏被击穿,血液都流到了腹部,肚子里面充满了血。据张先生说,他现在所知道的,都

是警方和医护人员透露的只言片语,医院管理方正在处理善后事宜。最熟悉情况的,应该是和张先生一起的那位朋友,但那位朋友和尹教授是什么关系尚不清楚。张先生告诉记者,他和尹教授相识半年多,并师从他学习两个月。尹教授平时为人处世非常随和,心地善良,专业能力也极强,已经被评为脑外科副教授。得知这一消息,他非常悲伤。

还有一位报料人是珠江医院的医生,她在电话里面告诉记者,在早上8点钟上班的时候,医院里很多人都在讨论这起事件。从人们的讨论中她听到,由于警察在查车的时候,尹教授开车经过时没有停下接受检查,从而引起了这起枪击事件。

【案例1-情况通报】

昨天凌晨,广州市公安局海珠区分局民警在驾驶警车巡逻盘查可疑车辆过程中遭到阻挠,在被抢走警察证并被强行拖行数米后,被迫鸣枪,造成一名男子死亡。

据初步调查,昨天凌晨4时55分,海珠区公安分局民警驾驶警车巡逻至南泰路珠江医院住院部门前路段时,发现路边停放着一辆前后车牌均被报纸包裹着的可疑小汽车。民警进行盘查时,遭到驾车男子的阻挠,并被强行抢走出示的警察证,其后,该男子快速倒车,碰撞民警,造成民警膝部受伤。

为阻止其驾车逃逸,民警拉住车门,被该男子强行开车拖行数米。在紧急情况下,民警被迫鸣枪,致该男子中弹受伤。民警立即报"120"。该男子经送医院抢救无效死亡。

经核实,死者尹某是某某医院的一名副主任医师,其驾驶的小车没有合法登记手续,所挂的车牌为已作废的军车号牌,车尾箱还有粤A×××××、湘K×××××车牌各一副。

【分析】　自媒体时代传播的一个重要特点就是热点事件中议程过快。表现为不核实事实、抢头条等。从舆论生成的过程看,公众就某些细节而非事件整体发表议论导致舆情产生。在已有媒体报道的前提下,公众形成了对事件的初步认知,政府部门如何发布情况通报就显得尤为重要。在情况通报中要完整披露事件过程;针对媒体省略的细节予以补充;同时要让受众感受到真实性。另一方面,突发事件发生后,政府部门要在第一时间发布情况通报,满足公众的知情需求,进而引导舆论。

(来源:李华文.舆论后引导的情况通报写作例析[J].应用写作,2021(6):10-13.)

(三)落款

写明发文机关和发文时间。

❓ 答疑解惑　表扬、批评通报与奖惩性决定的区别

决定和通报都可以用于表彰先进,批评错误,嘉奖有功人员,惩戒不良行为。具体区别如下:

(1)被表扬或批评对象的性质不同

表扬、批评通报针对单位内部一般性事件,而奖惩性决定则针对重大事件。

（2）发文目的不同

即出发点与侧重点不同。奖惩性决定重在奖功罚过，着眼点是奖惩有关单位或个人，教育或警示他人是次要目的。通报的首要目的是教育或警示。

（3）写作方法不同

标题方面，奖惩性决定的标题常常含有处置性动词，如"×××关于授予×××全国劳动模范称号的决定""×××关于给予×××表彰的决定""×××关于严惩严重危害社会治安的犯罪分子的决定"，其中的"授予、给予、严惩"都属于处置性动词。表彰、批评性通报的标题中则很少含有处置性动词。正文方面，奖惩性决定的开头部分一般不概述奖惩对象的相关信息，而是阐明作出决定的背景和目的。表彰、批评性通报的开头部分则要概述、分析事件。

技能训练

1.试判断下列事项哪些可以用通报行文。

（1）××总公司拟宣传奋不顾身抢救落水儿童的青年工人的事迹。　　　（　　）

（2）×厂拟向市工业局汇报本厂遭受火灾的情况。　　　　　　　　　　（　　）

（3）×市安全办公室拟向各有关单位知照全市安全大检查的情况。　　　（　　）

（4）×县县政府拟公布加强机关廉政建设的几条规定。　　　　　　　　（　　）

（5）×市水电局将召开水利建设工作会议，须告知各县、区水电部门事先作好准备。

　　　　　　　　　　　　　　　　　　　　　　　　　　　　　　　　（　　）

（6）×县纪委拟批评×局×××等干部玩忽职守、造成国家经济损失的错误。（　　）

2.病文修改

关于对2023/2024学年第一学期期末考试违规学生处理的通告

在2020年1月9日上午进行的《统计学》考试中，172095138蒋某成，携带与考试无关的物品进入考场，违反考试管理规定第一条，按违纪处理。取消该同学该课程考试资格，成绩记"零分"。

在2020年1月9日上午进行的《概率论与数理统计》考试中，172054242贾某、182054230唐某一，违反考试管理规定第十一条，夹带作弊；182028132董某毅、182023344李某铭，违反考试管理规定第十四条，手机作弊。在《药理学》考试中，172042233赵某，违反考试管理规定第十一条，夹带作弊。为严肃考风、考纪，根据《××工业学院考试工作管理办法》，对以上五名同学处理如下：

1.本门课程成绩记"零分"；

2.取消学士学位获得资格。

希望广大同学引以为戒，诚信做人，树立良好的大学生形象，杜绝类似违纪作弊事件的再次发生，特此通告！

教务处

2024年1月9日

3.根据材料写通报

吴某生,28岁,南湖经贸学院职工,现任后勤处水电工。他家有个特殊情况,就是父母年纪大且身体不好,需要有人照顾,所以他在2014年2月从别的单位调到这里。他主要负责维护学院水电设施,保证水电供应正常。他在学院工作了两年。

但吴某生的个人习惯让人头疼。他自由散漫,爱睡懒觉,不重视工作纪律。刚来学院那周就迟到过一次,之后迟到早退次数超过二十次。后勤处领导多次批评他,但他都没改。

去年6月16日下午,他在校旁西克饭店喝酒,醉后发酒疯,跟别的客人吵架,最后大打出手,还打烂了饭店东西,被学院警告处分。今年10月12日晚,他在配电室值班,擅自离岗看别人打麻将,导致电路跳闸,一号教学楼和实验楼停电,影响学生学习,还导致实验室实验中断,损失3万元。

教职工和学生对他不满,要求学院严肃处理。学院给他行政记大过处分,扣发一个季度工资,他还需赔偿3万元。这件事在学院内部引起广泛关注和讨论。

项目二十
决定写作

    决定是机关或组织针对重要事项或重大行动所制定的一种具有指挥性质的公文,旨在作出相应安排,奖惩相关单位及人员,或变更、撤销下级机关不适当的决定事项。在撰写决定时,务必全面考虑潜在的风险和不确定性因素,确保决策的科学性和合理性;同时,应提供充分、确凿的理由和证据,以支撑决策的合理性和有效性;语言表述应清晰、简洁,避免产生歧义。

知识目标:
- 明确决定的适用场景。
- 掌握决定的写作思路。

能力目标:
- 能够提炼素材,写出格式规范、思路清晰、目标明确的决定,提升分析判断力和决策能力。

素养目标:
- 培养学生的逻辑思维能力和语言组织能力,确保决定的合理性和可行性。
- 培养学生的责任感。

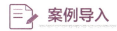 **案例导入**

中共中央 国务院关于表彰国家卓越工程师和国家卓越工程师团队的决定

工程师是推动工程科技发展的创新主体，是国家战略人才力量的重要组成部分，为推进新型工业化、推进中国式现代化提供了基础性、战略性人才支撑。培养造就大批德才兼备的卓越工程师，是国家和民族长远发展的大计。党的十八大以来，广大工程师深入学习贯彻习近平新时代中国特色社会主义思想，坚持"四个面向"，以与时俱进的精神、革故鼎新的勇气、坚韧不拔的定力，不断突破关键核心技术，铸造精品工程、"大国重器"，为加快实现高水平科技自立自强、建设世界科技强国作出了突出贡献。

为表彰先进、树立典型，打造新时代卓越工程师队伍，强化国家战略人才力量建设，激励动员广大工程师奋进新时代、建功新征程，党中央、国务院决定，授予丁文红等81名个人"国家卓越工程师"称号；授予5G标准与产业创新团队等50个团队"国家卓越工程师团队"称号。

这次受表彰的工程师个人和团队，是新时代工程师队伍的优秀代表。他们牢记初心使命、胸怀"国之大者"，在重大工程建设、重大装备制造、"卡脖子"关键核心技术攻关、重大发明创造等工作中，矢志爱国奋斗、锐意开拓创新，取得一批先进工程技术成果，不断提升国家自主创新能力，更好满足人民日益增长的美好生活需要，生动体现了工程师群体爱党报国、服务人民、敬业奉献、严谨笃实、精益求精、臻于卓越、团结协作、自立自强的崇高追求和宝贵精神。希望受表彰的工程师个人和团队，珍惜荣誉、再接再厉，充分发挥示范表率作用，在新时代新征程上为党和人民再立新功。

党中央号召，广大工程师要以受表彰的个人和团队为榜样，更加紧密地团结在以习近平同志为核心的党中央周围，深刻领悟"两个确立"的决定性意义，增强"四个意识"、坚定"四个自信"、做到"两个维护"，弘扬优良传统，勇攀科技高峰，坚决打赢关键核心技术攻坚战，为以中国式现代化全面推进强国建设、民族复兴伟业贡献智慧和力量！

附件：国家卓越工程师和国家卓越工程师团队名单

【分析】 正文第一自然段提出了表彰决定，接下来讲述决定原因、行为分析，最后发出号召。全文层次分明、结构完整、语言流畅，是一篇规范的表彰性决定。

一、决定的概念

适用于对重要事项或者重大行动做出安排，奖惩有关单位及人员，变更或者撤销下级机关不适当的决定事项。决定的适用范围相当广泛，按其内容和作用划分，可归为三类：一是指挥部署性决定。这类决定用于对重要事项作出规定，对重大行动作出安排，要求下级有关单位、有关人员贯彻执行。二是奖惩性决定。这类决定适用于奖励有功人员、处理犯错人员，以树立典型、惩戒不良行为。三是事项性决定。这类决定适用范围广、内容具体。如批准有关文件，设置或者撤销机构，变更或者撤销下级机关不适当的决定事项，安排处理人事问题，决定召开重要会议，处理某项具体工作等。

二、决定的写作思路

(一)标题

标题写明发文机关、事由和文种。其下一行可以加题注,标明通过或发布时间。

(二)主送单位

在撰写特定下发单位的决定时,必须明确标注主送机关。例如,在《××省关于表彰抗震救灾先进集体的决定》中,主送机关明确为省直各部门及各市、州政府。然而,对于普发性的决定,如《中共中央 国务院关于抓好反腐败工作的决定》等,通常无需明确主送机关,并且在结尾部分亦无需署名发文机关。

(三)正文

决定正文由决定缘由、决定事项和结语三部分组成。不同类型的决定,正文结构和写法有所不同。

1.指挥部署性决定

开头简要写明决定缘由;主体突出决定事项,采取分条列款地阐述;结尾提出希望和要求。指挥部署性决定内容的政策性和指挥性都很强。决定事项态度鲜明、高度概括,又明确具体、切实可行。

2.奖惩性决定

奖惩性决定分为表彰性决定和惩戒性决定。

表彰性决定的正文,主要写被表彰者的身份、事迹,对表彰者事迹的评价、决定的事项,最后提出希望,发出号召。

惩戒性决定的正文,针对人和事,先说明错误事实,接着分析其性质、根源、责任及后果,而后交代处理决定,最后总结教训,提出希望。

3.事项性决定

正文写清楚缘由/依据和决定事项。

【案例1】

人力资源社会保障部关于废止《事业单位工作人员处分暂行规定》的决定

为贯彻落实党中央全面从严治党和党管干部、党管人才的决策部署,根据《中华人民共和国公职人员政务处分法》《事业单位人事管理条例》等规定,人力资源社会保障部决定,对《事业单位工作人员处分暂行规定》(人力资源社会保障部令第18号)予以废止。本决定自公布之日起生效。

(四)落款

落款写法和常规公文一致。需要提出的是,如果标题下方已经写明发文机关,落款只写成文日期即可。属于会议通过的决定,发文日期写在标题下方,称为题注;不是会议形成的决定,一般将成文日期放在落款处。如果事情重大,可将成文日期放在标题下方,这种情况一般出现在国家级决定中。

❓ 答疑解惑　决议和决定的异同点。

（1）相同点

①行文关系相同。决议和决定都是下行文。

②行文作用相同。决议和决定都是对重大事项或重大问题作出结论或安排。

③性质相同。决议和决定都带有决策性质，并具有一定的强制性和约束力，受文单位必须坚决贯彻执行。

（2）不同点

①形成程序不同。决议必须经过重大、正式会议讨论表决通过，以会议名义发布。决定形成方式宽泛，既可由会议讨论通过，也可由职权范围内的领导机关或领导人作出，以机关名义发文。

②行文内容不同。决议重在统一思想、提高认识，具有宏观性和战略指导性；决定重在统一行动、安排落实，涉及内容明确具体、针对性和可操作性强。

【案例2】

《关于授予×××等九人为××市科技创新标兵的决定》这个标题，"科技创新标兵"一般的专题性会议就可以评选产生，不需要开重大、正式会议让法定多数人通过，因此应该写成决定。《关于公司股权分置改革有关问题的决议》这个标题，股权分置改革的问题对上市公司来说属于特别重大的问题，必须经过重大正式会议讨论通过，以会议的名义发布，因此应该写成决议。

【案例3】

全国人民代表大会常务委员会关于批准国务院增发国债和
2023年中央预算调整方案的决议

（2023年10月24日第十四届全国人民代表大会常务委员会第六次会议通过）

第十四届全国人民代表大会常务委员会第六次会议听取了财政部副部长朱忠明受国务院委托作的关于提请审议增发2023年国债支持灾后恢复重建和提升防灾减灾救灾能力以及调整2023年中央预算的议案的说明，审查了《国务院关于提请审议增发2023年国债支持灾后恢复重建和提升防灾减灾救灾能力以及调整2023年中央预算的议案》，同意全国人民代表大会财政经济委员会提出的审查结果报告。会议决定，批准增发国债和2023年中央预算调整方案。

③成文日期标写不同。决定的成文日期可以写在文尾，也可以在标题下面；决议的成文日期用括号标写在标题下面，并注明会议名称。

④惯用语不同。在正式文书中，对于决定的缘由和具体事项之间的衔接，通常使用

"基于以上原因,现特作出如下决定"等表述作为过渡,以确保逻辑的严谨性。对于决议这一经过会议讨论并达成共识的文件形式,为了充分展现与会者的共同意愿和集体决策,行文中常采用"经会议审议,认为""会议明确指出"以及"会议郑重号召"等正式用语来引导后续内容,从而确保决议的准确性和权威性。

技能训练

1.拟写标题

(1)××大学就××系学生×××擅离学校,违反学校纪律,给予警告处分一事发出文件,使全校师生周知。

(2)某省人民政府发文要求所属单位认真贯彻执行《国务院关于调整纺织品价格的规定》,以便保持市场稳定。

(3)某县工业局为请求购置防暑设备的经费,特向该县财政局制发文件。

2.病文改错

中共××县委、××县人民政府关于向××同志学习的决定

(二〇二〇年五月十六日)

2020年5月14日凌晨2时25分许,共产党员、××公司仓库主任××同志值班巡逻到五号仓库时,发现一伙歹徒正在作案。歹徒见他来了,转身就跑。××大喝一声:"站住!"歹徒怔了一下,见只是××一个人,便向××求饶:"你放了我们,哥儿们日后一定给你好处。""别啰嗦,跟我上派出所,争取宽大处理。"××同志义正词严地说。歹徒见软的不行,凶相毕露,从腰间拔出匕首,向××围上来,恶狠狠地说:"你识相些,否则别怪我们不客气。"××同志毫无惧色地说:"你们这是罪上加罪,放下凶器,跟我上派出所!"罪犯一拥而上,拿着匕首向××同志刺去。××同志一面高喊:"抓强盗!抓强盗……"一面又与歹徒展开搏斗。没多久,××同志被罪犯刺了5刀,鲜血直流。终因身单力薄,倒在血泊中。职工群众闻讯赶到把他送进医院。医院立即组成抢救小组进行抢救。因××同志失血过多,抢救无效,光荣牺牲,年仅30岁。

为此县委、县人民政府决定,在全县开展向××同志学习的活动。县委和县人民政府号召,全县广大党员、职工、群众,要以××同志为榜样,忠于职守、勤奋工作,敢于同坏人坏事作斗争,为了国家和人民的利益,不惜献出自己的生命。为争取党风、社会风气的进一步好转、为夺取物质文明和精神文明建设的新成就而努力奋斗。

3.给材料写作

某工厂一青年男职工,旷工达两个月零九天,因酒后打架斗殴5次,并无故打伤一名退休干部,三次被公安局派出所拘留。厂里为了严肃厂纪,教育该厂职工,按厂内"无故旷工两个月,给予除名处分"的规定,决定将这名职工除名。请你以此内容,代拟一份处分决定。

项目二十一
报告写作

　　报告作为下级向上级领导汇报工作或回应领导询问的重要文书形式，其质量直接体现汇报主体的素养和部门工作效能，对于获取上级机关或领导对相关工作的认同和支持具有至关重要的影响。

知识目标：
- 了解报告的使用场景。
- 掌握报告的写作思路。

能力目标：
- 能够提炼素材，写出思路清晰、目标明确、格式规范的报告。

素养目标：
- 培养严谨的态度和责任心。
- 具备深入研究的能力，能够明确事实背后的深层次原因和影响。

案例导入

【分析】 二维码里面的工作报告是合肥市政府在第十六届人民代表大会第四次会议上正式公布的,全面而细致地阐述了过去一年的工作成果、下一阶段的发展目标和核心任务,以及未来一年的工作重心。报告内容充实、论述有力,充分展现了合肥市政府在推动地区发展、服务人民群众方面的积极作为和坚定决心。报告凸显出两大显著特点:其一,报告具有宏大的格局和宽广的视野,体现了市政府的高瞻远瞩和战略思维,展现出强大的气势。其二,报告深刻表达了市政府肩负的使命和职责,体现了高度的责任感和使命感,彰显出非凡的气概。从写作手法的角度来看,报告运用了大量翔实的数据作为支撑,使得论述更加有力、更具说服力。同时,报告在语言表达上采用了对仗工整的句式,语言雄浑有力,既增强了文章的表现力,又提升了读者的阅读体验。

一、报告的含义

报告适用于向上级机关汇报工作,反映情况,答复上级机关的询问。报告是重要的上行文,其作用是帮助上级及时了解情况,掌握下情,为领导决策提供依据,为上级监督提供便利。

二、报告的特点

(一)内容的汇报性

汇报性是报告的一大特点。报告都是下级向上级机关或业务主管部门汇报工作,让其掌握基本情况并对工作进行指导。

(二)语言的陈述性

用叙述方式向上级汇报工作内容、工作经验、工作体会、工作不足和今后工作打算。

(三)行文的单向性

报告一般不需要受文机关的批复,属于单向行文。

(四)成文的事后性

在事情做完或发生后向上级机关汇报。具备事后行文性。

三、报告的类型

(一)综合性报告

将全面工作或一个阶段许多方面的工作综合起来写成的报告。它在内容上具有综合性、广泛性,写作难度较大,要求较高。

(二)专题性报告

针对某项工作、某一问题、某一事件或某一活动写成的报告,在内容上具有专一性。

(三)答复上级机关询问的报告

根据上级机关或领导人的查询和提问,作出的报告。

四、报告的写作思路

(一)综合性报告的写作思路

1.标题

标题由报告单位、事由、文种三个要素组成,如《东北师范大学教务处关于20××年度工作情况的报告》。

2.主送单位

一般是发文机关的直属上级机关或者主管领导。如有必要报送其他上级机关,可采用抄报形式。

3.正文

(1)开头。概括说明全文主旨,开门见山、起名立意。将一定时间内各方面工作的总情况、对整个工作的评估等做概述,点明主旨。

(2)主体。主体内容丰富充实。作为正文的核心,主体部分要写明工作主要情况、主要做法、工作效果、工作经验和未来工作思路等。分段表述,用数据和事实说话。

(3)结尾。写"请审阅"或"特此报告"等。

(二)专题报告的写作思路

1.标题

标题由发文单位+事由+文种组成,如《××公司关于招商工作政策执行情况的报告》。

2.主送单位

主送单位是发文单位的直属上级机关。如有必要报送其他上级机关,可采用抄报形式。

3.正文

正文可采用"三段式"写法。以反映情况为主的专题报告,正文写明工作效果、存在问题和未来工作思路;以总结经验为主的专题报告,正文写明工作效果、工作经验、工作不足及改进措施;以分析工作失误为主的专题报告,正文写明错误原因、处理意见和改进措施。

【案例1-标注思路版本】(见二维码)

【分析】

第一部分:主要做法。现实困难概述+工作方式反思+工作思路总结+具体做法。

第二部分:工作成效。取得的成效(量化/典型案例)。

第三部分:经验启示。引用权威+工作成果+启示。

可借鉴之处:一是写主要做法和成效时,客观叙述,减少评论和理论探讨的比例。二是聚焦做法。首先要找准问题。然后用事实材料阐明观点,针对性提出"事合、人合、力合、心合"的任务,从而引出后续的主要成效和经验启示。三是经验启示有针对性和可借鉴性。四是上级精神与本组织的成效、启示紧密结合。

(三)答复性报告的写法

标题、主动机关和前两种报告大体相同。正文根据上级机关或领导的查询、提问,有针对性地写报告,要突出专一性和时效性。

❓ 答疑解惑

1.如何写好工作报告

(1)有针对性

弄清楚上级领导的工作意图、工作要求和关注点,针对汇报的主题和目的开展材料收集。通过直接请示领导、请教相关工作人员、学习相关会议精神等途径,领悟领导的意图,明确写作目标。围绕上级领导的语言风格或思维方式来写,使汇报思路和语言风格贴近领导习惯。

(2)语言简洁

政策理论要用到"点"上:注意工作的条件、范围和性质,运用对解决特定问题和处理具体事项有指导意义的政策理论。尽量少用或不用概词概数:涉及具体事项和具体对象的性质、数量时,应尽量少用"部分""有的""一定范围""某种程度"等概数词,更不用"据说""有人反映"等不确定性词语。言之有物:不能只有"开拓创新",而无具体的新思路、新措施;不能仅有"深入细致",而无"深""细"的具体展现。

(3)结构清晰

汇报材料一般包括工作开展情况、工作成效、存在的问题和建议、今后的工作打算等内容。

2.报告与请示的区别

(1)行文功能不同

报告主要是汇报情况、反映问题等;请示则主要是请求批准、指示和解决问题。

(2)处理方式不同

报告属阅件,可不回复;请示属办件,需要办理、批复。

(3)提交时间要求不同

请示应在事前行文,即"事前请示";报告一般应在事后行文,即"事后报告"。

(4)内容要求不同

请示一文一事,只写一个主送机关;报告可以是专题性的,也可以是综合性的。

3.请示与报告写作应注意的问题

(1)请示应当一文一事

请示一般只写一个上级单位,需要同时送其他单位的,应当用抄送形式,但不得抄送下级单位。无特殊情况不允许越级请示。

（2）报告中不得夹带请示事项

报告中如夹带请示事项,往往达不到行文的目的,还会影响工作。报告中若涉及请示事项,应另行用请示行文,与报告严格分开。

（3）正确使用文种

请示与报告是两种不同的公文种类,没有"请示报告"或"申请报告"这样的文种。

技能训练

1.不定项选择题

（1）向级别与本机关相同的有关主管部门请求批准某事项应使用（　　　）。

A.请示　　　　B.报告　　　　C.通报　　　　　　D.函

（2）关于报告,说法错误的是（　　　）。

A.报告可以分为工作报告,情况报告,调查报告和答复询问的报告。

B.报告是下级机关向上级机关反馈信息,沟通上下级机关纵向联系的一种重要形式,因此,为各机关普遍经常使用。

C.报告以议论为主要表达方式。

D.报告与请示不能结合使用,在报告中不得夹带请示事项。

（3）关于请示的特点,说法正确的是（　　　）。

A.请示的内容必须是属于本机关职权范围内无权或确实难以处理的问题与事项

B.使用范围广泛

C.具有执行性

D.有较强的时效性,强调及时快捷

（4）下列陈述呈请性公文不得夹带请示事项的有（　　　）。

A.工作报告　　　　B.请示　　　　C.答复询问的报告　　　　D.批复

2.判断题

（1）某学校请求县领导拨款10万元修建学生食堂。该县王副县长告诉学校领导:"打个请示报告给我,我来批给你们。"　　　　　　　　　　　　　　（　　　）

（2）请示由标题、正文和落款三部分组成,有的还有附件。可一事一请,也可几事一请,但一般只写一个主送机关,不要多头主送或越级主送。　　　　　（　　　）

（3）一般情况下,要把"请示"抄送下级机关。　　　　　　　　　　　（　　　）

（4）报告中不得夹带请示事项,但有一种请示性报告,叫"请示报告",可夹带请示事项。　　　　　　　　　　　　　　　　　　　　　　　　　　　（　　　）

（5）某大学向省教育厅写例行报告,一汇报2024年工作,二请求增拨教育经费1 000万元,三建议招生权力下放。　　　　　　　　　　　　　　　　　（　　　）

3.改错题

（1）××关于申请解决更换一台锅炉并大修一台锅炉的报告。

（2）××关于申请2024年公费医疗补助费的报告。

（3）××关于元旦文艺联欢会所需经费的请示报告。

4.写作训练

（1）修改病文

××关于要求拨款修建宿舍的请示报告

市公安局、市政法委、市政府：

由于16号台风的袭击，我所宿舍遭到了严重破坏，很多门窗被毁，台风后又风雨连日，致使部分干警无法正常生活。为尽快修复被毁的宿舍，恢复正常的生活秩序，特请拨维修款10万至15万元。

此外，我们因新调进干警5名，亟待解决住房问题，故另请拨款基建资金若干，以解决新进干警的住房问题。

特此报告，请批复。

××

2020年6月8日

（2）案例赏析

认真研读《在中国共产党第二十次全国代表大会上的报告》，提炼写作思路。

模块五　会务文书写作

　　会务文书的写作是一项重要的工作,涵盖了会议记录、纪要、会议日程、议程、活动方案以及会议简报等多个方面。为了提升会务文书的写作能力,我们基于成果导向理论进行了深入的调研,并据此提炼出了一系列典型的会务文书写作任务。基于这些任务,我们精心设计了本模块的教学内容,旨在帮助学生全面掌握会务文书写作的规范和技巧,提升其在工作中的实际应用能力。

项目二十二
活动方案写作

　　举办活动是一项系统性工程,其成功实施涉及立项、规划、组织、执行、总结、推广等多个环节。一个可行性强、操作便捷且富有创意的活动方案,是保障活动圆满举行的先决条件。企业在活动方案制订过程中可能存在诸多问题,如目标设定不明确、市场调研不充分、创意匮乏、资源整合不到位、风险预估不足、执行力薄弱以及评估反馈机制缺失等。为确保活动方案得以顺利实施并达成预期效果,企业在方案制订前需进行深入的市场调研,并明确界定目标群体。在方案制订过程中,应注重创意构思和细节处理;在执行阶段,需强化沟通与协调执行;活动结束后,还需进行效果评估与信息反馈。

知识目标:
• 掌握活动方案的写作要素。
• 掌握活动方案的写作思路。

能力目标:
• 能够精准定位目标,做好信息搜集工作。
• 能够根据活动目标和经费要求,写出可行性强、有创新的筹备方案。

素养目标:
• 培养团队沟通协作能力。
• 培养创新思维和资源整合能力。
• 养成"文章是写了再写、改了再改"的习惯。

案例导入

【分析】　二维码里面是一篇结构完整、格式规范、可操作性强的活动方案。包括了人员分工、时间节点要求、经费预算等项目,条理清晰,可行性强。

一、活动方案的概念

活动方案,作为组织或策划活动前的重要书面材料,旨在全面规划和设计活动的目的、内容、时间、地点、参与人员及活动流程等各个环节。该方案的核心作用在于指导活动的实施与管理,确保活动能够有序、高效展开,并最终达到预期设定的目标和效果。

一个完整的活动方案通常包含以下要素:首先,明确阐述活动的目的和意义,确立活动的主题和名称;其次,确定活动的具体时间和地点,并明确参与活动的相关人员及其任务分工;再者,详细规划活动的流程,包括活动的内容和形式,以及预算和资源需求等方面的安排;最后,制定活动效果评估机制和应急预案,以应对可能出现的突发情况。

在制订活动方案的过程中,尤其需要精准把握受众的诉求,并在此基础上融入创意元素,以吸引更多参与者的关注,提高活动的社会影响力。通过严谨、细致的规划和设计,活动方案将为活动的顺利开展提供有力保障。

二、活动方案的特点

(一)预演性

活动方案是活动过程的预演。为确保会议顺利进行,需要工作人员通过设想和策划,将活动全过程可能发生的事项预先安排出来,形成严谨周密、能够指导实施的文字方案,以便统筹布置活动事宜。

(二)周全性

拟订一份考虑周全、细致缜密的活动方案,是做好一切会务工作的前提和基础。

(三)可操作性

为确保活动方案的有效实施,必须清晰界定各项任务的具体分工,明确责任人,并设定明确的任务完成要求及效果。在分工过程中,应充分考虑人员的专业特长和工作性质,确保每位成员能够充分发挥其优势,实现高效协作。同时,根据经费预算的实际情况,合理确定活动项目的呈现方式,确保资源得到合理分配与有效利用。此外,还需根据受众的诉求和期望,精心安排活动的时间、地点及具体项目,以满足不同受众的需求。所有上述安排均需注重可操作性,确保活动方案能够顺利落地。

三、活动方案的写作思路

(一)标题

标题一般包括制订活动方案的单位名称、适用时限、活动内容和文种四部分。如"××

公司十周年庆典晚会活动方案""××公司××年度新品发布会方案"。"活动方案"也可以用"策划书"代替。如果所制订的方案需要讨论定稿或经上级批准,就在标题的后面或下方用圆括号标注"讨论稿"或"草案"等字样。

(二)正文

正文一般由活动前言、活动主题、具体目标、活动步骤和措施、经费预算和资源分配、人员分工、应急预案等组成。

1.活动前言

前言部分旨在解答"为何举办此次活动"。在此,我们将对活动的基本概况、背景环境以及政策支撑进行简明扼要地阐述,并深入剖析活动的宗旨和意义。

以举办庆典活动为例,活动前言需直截了当地揭示其核心价值所在。此次庆典活动旨在进一步弘扬"敬业报国,追求卓越"的企业精神,同时向社会各界表达诚挚感谢。通过此次活动,我们期望能够加深社会各界对公司的了解与认同,进一步凝聚企业力量,推动公司事业的持续健康发展。此外,在某些更为复杂的前言中,例如某报刊联合行业协会举办的"寻找中国最文化家居品牌"活动,我们需从社会、行业、企业及消费者等多个维度深入剖析活动的目的和意义。通过此次活动,我们旨在挖掘和推广具有深厚文化底蕴的家居品牌,推动家居行业的创新与发展,满足消费者对高品质家居的追求,同时为社会的文化进步与繁荣贡献力量。

【案例1】

社会意义:在当前社会节奏不断加快的时代背景下,文化缺失已成为一种不容忽视的社会现象。鉴于此,社会急需注入富有文化内涵的正能量,以平息人们内心的浮躁情绪。举办寻找中国最文化家居品牌的活动,旨在推动中国传统文化的回归,并引导大众更加重视和欣赏传统文化。

行业意义:家居行业历经多年的发展,已从无序竞争阶段逐步迈向文化与科技并重的新时期。在这一阶段,谁能够拥有核心竞争力,谁便能在激烈的市场竞争中脱颖而出。因此,举办寻找中国最文化家居品牌的活动,旨在发掘行业内最优最强的运营模式,并进行经验总结与推广,从而树立榜样和标杆,推动整个行业健康有序地发展。

企业意义:当前,部分企业在忙于日常运营和管理的同时,往往忽视了对商业模式和企业文化的系统梳理与总结。导致一些企业在行业内虽具备实力,却缺乏足够的影响力。在当今信息爆炸的时代,消费者更倾向于选择公众形象良好、品牌影响力强的企业,并对这些品牌形成持久的购买力和忠诚度。因此,举办寻找中国最文化家居品牌的活动,将帮助企业实现内外兼修,进一步提升市场竞争力,赢得更多消费者的青睐。

消费者意义:××调查数据显示,消费者在购买产品时往往需要外界的正确引导,而具有良好口碑的产品往往更容易获得消费者的青睐。举办寻找中国最文化家居品牌的活动,将通过媒体的广泛报道和宣传,为消费者提供更多优质的家居品牌选择,同时拓宽其体验空间,满足其日益增长的消费需求。

2.活动主题

活动主题设计要独特新颖,目标设定要明确具体,旨在吸引广大用户的关注并激发他们的参与热情。活动主题的构思需深入细致,力求满足用户的好奇心、展现活动价值、激发荣誉感、强化责任感以及实现利益诉求等。同时,活动主题的语言表述应简洁明了。例如,在企业周年庆典中,我们采用"回首成长十年路,共绘未来精彩图"作为活动主题,旨在引导员工回顾企业十年的辉煌发展历程,并共同展望和描绘企业未来更加美好的发展前景。

3.活动的具体目标

目标和任务是方案的核心内容,回答"做什么"。要把活动的主题和目标、支撑目标的具体内容逐一表述清楚。活动目标要具体、明确、可行性强。一次成功的活动,除了宣传企业形象外,其他具体的活动目标可通过量化指标来体现。如通过此次活动,能够带来哪些经济和社会效益。比如:活动参与者人数、订单数的增量等。策划活动时可以根据这种思路,量化各个指标,后续通过该指标的数据反馈来调整活动。

4.活动的步骤和措施(包括活动的具体内容)

步骤和措施是回答"怎么做"。步骤是指实施活动方案的时间安排和行动程序。措施指实现活动方案所必需的人力、物力、财力、技术保证,包括组织分工、进程安排、物资保证、方式方法等。一般包括活动前、活动中和活动后三个时期。活动前期:通过宣传,激发用户的兴趣和注意力,为活动预热;活动中期:精心策划活动内容,集中展现活动主题;活动后期:延伸宣传效应,获取更大的商业价值。

【案例2】

汉能集团以"颠覆再创造 建筑新生态"为主题的汉能汉瓦20×× 系列新品发布会,内容精彩纷呈。活动前期:工作人员在活动现场用新一代汉瓦铺设了一条踩踏体验路,让观众直观感受到新一代汉瓦坚固、抗压的产品特点。活动中期:开场情景秀《秦时明月汉时瓦》把人们拉回了秦汉时代;企业负责人《一片汉瓦一棵绿树》的演讲,向大家隆重介绍本次发布的汉能汉瓦新品;歌舞《一带一路迎汉瓦》,表达了汉瓦传承古典审美融入现代科技的独特创新,预示着新一代汉瓦产品将走向世界,为人们带来更加环保和健康的生活方式;建筑领域的专家和知名设计师在论坛环节一起探讨新一代汉瓦对于生态节能和未来人居发展的积极影响。活动后期:通过网络和媒体广泛宣传,报道新品发布会。活动不仅给现场观众们带来了视听上的独特体验,更让大家见证了一次颠覆人居体验的潮流诞生。

5.经费预算和资源分配

编制详细预算,包括场地、设备、租赁、材料等,并规划必要的人力资源。会议经费预算和资源分配的编写需要考虑会议实际。以下是一些基本的步骤和建议。

(1)明确基本需求:在编制会议经费预算和资源分配方案时,首要任务是深入了解会议规模、类型以及参会人员等核心要素。这些要素将直接影响预算制定和资源调配的合理性。

(2)细化开支项目:为确保预算的准确性和完整性,需详细列出所有预期的开支项目,包括场地租赁费、设备使用费、材料印刷费、餐饮服务费、交通费用、住宿费用、工作人员劳务费、宣传费用、保险费用及应急备用金等。

（3）合理估算费用：针对每一项开支项目，需通过市场调研、询价或参考历史数据等方式，进行科学合理的费用估算，以确保预算的合理性。

（4）预留应急资金：为应对可能出现的不可预见支出，应在总预算中预留一定比例的应急资金，以确保预算的稳健性。

（5）明确分摊部门及资金来源：根据各部门的职责和预算方案的需求，明确各部门或资金来源承担的费用比例，并确保各方对此达成共识。同时，详细记录各资金提供方的信息，确保资金来源的可靠性。

（6）制定资源分配表：在预算方案中，除资金外，还需关注人力、物资等资源的分配。制定详细的资源分配表，明确各阶段和环节所需资源的种类和数量，确保资源的合理利用。

（7）审核批准流程：预算方案完成后，应提交至相关管理人员进行审核和调整。经审核批准后，该预算方案将作为后续财务管理的重要依据。

（8）动态跟踪调整：在会议筹备过程中，应实时监控实际支出与预算的偏差情况，并根据实际情况适时调整预算和资源配置方案。同时，保持预算和资源配置的透明度和合理性，为会议的顺利进行提供有力保障。

6.人员分工（含应急预案）

工作人员的合理分工是确保活动顺利进行的关键。良好的分工可以提高工作效率，减少混乱。工作人员分工建议如下。

（1）明确活动需求与岗位职能：根据活动规模和类型确定所需工作人员及其岗位职责。例如，对于一场大型会议来说，可能需要项目经理、活动策划人员、市场营销人员、客户服务专员、技术支持人员、安保人员、志愿者协调员等。

（2）设立项目负责人：指定一位项目负责人或项目经理，负责整体活动的统筹和监督。此人将作为各个部门之间的沟通枢纽，确保活动的整体进展符合预期。

（3）分派具体职责：明确每个团队成员的工作职责。活动策划人员：负责设计活动流程、安排活动内容、邀请嘉宾等。市场营销人员：负责活动的推广与宣传工作。客户服务专员：处理参与者的报名、查询、反馈等事宜。技术支持人员：负责活动现场的音响、灯光、视频和其他技术设备的管理。会务服务人员：负责活动前期的场地布置、接待协调；活动中期的签到、引领与茶歇服务；活动后期的场地清理等工作。安保人员：确保活动的安全管理和紧急情况的响应。志愿者协调员：负责招募、培训和指导志愿者，确保他们在活动中能提供有效协助。

（4）建立沟通机制：确保所有工作人员沟通渠道顺畅，比如定期开会、工作报告、即时通信群组等。

（5）制定工作流程：为每个工作小组或个人设定具体的工作流程，包括任务清单、时间表和完成标准。

（6）培训与演练：针对特定岗位职责开展培训，并进行现场演练，以确保工作人员熟悉岗位职责和活动流程。

（7）制定应急预案：确保各部门负责人都清楚自己在应急情况下的角色和职责。

（8）评估与激励：建立工作绩效评估体系，奖励表现优秀的工作人员，以提升团队士气。

（三）落款

在正文右下方署上制订活动方案的单位名称，在署名的下一行写上制订活动方案的日期。

？答疑解惑　活动创意的训练方法

（1）发散思维树状图

发散思维树状图适合在确定的信息上进行无限的发散创意，以确定卖点，然后做出更好的表述。比如，农夫山泉水的卖点是"天然水源"，文案小组人员对"天然水源"这个卖点进行发散联想。"天然水源"这个卖点就像是树的主干，而"绿色""大自然""水更好喝"等联想相当于树的主要枝干，每个枝干上还可以进一步开枝散叶，在每一个元素的基础上进一步联想，可以发散出无数个关键词，最后在树状图上选择一个最能打动用户的点进行提炼。

（2）创意表格思考法

从现有的产品中抽象出分解问题的维度。如从现有市场中发现饼干有不同的口味，如牛奶、蓝莓等，把这些事项概括成一个维度——口味。对每个维度尽可能进一步细分。如将口味进一步细分，除了牛奶、巧克力、草莓等常见的口味外，还可以列举出其他不常见的口味。对不同维度建立不同的组合。如将口味维度的"苹果"与结构维度的"夹心（薄）"和造型维度的"动物造型"相结合，就成为一款苹果味的不同动物造型的夹心薄饼干。

（3）元素组合法

不同元素的组合常常能带来意想不到的创意。如"耳机+录音机"就成了随身听，将漏斗和眼镜组合可以做成滴眼药水的装置。

✍ 技能训练

根据《关于开展第三届××文艺评论奖评选活动的通知》要求，××市文艺评论家协会组织开展了第三届××文艺评论奖评选活动，评选出获奖作品，并进行了公示（材料见二维码）。接下来将组织第三届××文艺评论奖颁奖典礼，请撰写××市第三届文艺评论奖颁奖典礼的活动方案。

项目二十三
会议记录写作

　　会议记录一般用于比较重要或正式的会议,它要求真实、全面地反映会议的本来面貌,具有依据和备忘作用。做好会议记录是职员必备的写作能力。

知识目标:
- 掌握会议记录的写作要点。
- 列举会议记录与纪要的区别。

能力目标:
- 能够提炼会议信息,快速做出格式规范、要素齐全、信息精准的会议记录。

素养目标:
- 培养细心与专注力,确保不遗漏任何重要信息,并准确记录每一个细节。
- 培养逻辑思维与组织能力,能使会议记录具有明确的逻辑结构和层次感。
- 保密意识与职业操守,确保会议记录不被泄露给未经授权的人员。

案例导入

【案例1】

　　时间：××××年8月12日上午8时，在这个阳光明媚的早晨，我们齐聚在位于福金路2号的市个体劳动者协会办公室。本次大会的出席嘉宾包括宋某真（市个体劳动协会秘书长）、陈某黎（个体劳协团委书记）、王某军（劳保旧物商店经理）、王某胜（个体户）、杨某华（邮政街轻工市场8号摊摊主）、姜某宪（西湖灯光夜市场21号摊主）、张某柱（老友货架式自选商场老板）以及马某兴（个体户）。当然，也有几位因故未能出席，他们分别是马某军（明记餐厅老板，因感冒请假）以及苏某（靓靓发廊老板，因出国旅游未能归来）。

　　本次大会的列席代表是来自××日报的记者吕某琦，而大会的主持人则是宋某真，记录员则是我们的徐某辉。今天的大会主题是关于如何组织个体劳动者活动。宋某真秘书长在开场白中说道："各位女士、先生，大家好（有人说话：没女士），今天请大家来，是征求大家意见，如何开展市个体劳动者协会活动。我想大家也知道，我市个体劳动者协会成立一年多了，还未开展过任何活动（又有一人插话：什么协会？我不知道有这个协会。大家笑），此刻请大家随便发言。"

　　接下来，陈某黎团委书记首先发言，他为我们详细介绍了市劳动者个体协会的相关情况。这个协会成立于去年春节期间，至今已有会员423人。协会的会长是宋某飞，银都大酒店的董事长，他因事务繁忙未能出席本次大会。在座的都是个体劳动者，有兴趣的能够自愿入会。陈某黎表示，今天要研究的是协会该搞些什么活动，提升大家的凝聚力。他们希望能够办好协会，开展受大家欢迎的活动，因此请大家来谈谈自己的看法。

　　在场的气氛逐渐热闹起来，有人说："胜哥先讲，你见多识广，你不讲，我们都不敢讲。讲吧、讲吧。"于是，王某胜分享了自己的经历和看法。他讲述了自己作为个体生意人的苦乐酸甜，他表示虽然做个体生意很自由，但有时候也希望有个组织来管管。他在外奔波的时间居多，既想回家又忍受不了闲暇时光。他热爱文艺和体育，但却没有合适的地方展示自己的才华，于是只能泡舞厅。

　　王某军也表达了自己的看法，他表示自己也是如此，每周都会去舞厅两三次，但实际上并没有什么意思。自从离开学校后，他就再也没有参加过什么活动。今年唯一的一次活动是公安局召开的一次会议，告知他们不能收受赃物。他听说市里有个劳协是我们的头，但谁都不知道它在哪。

　　马某兴则表示，自己从事个体经营已经六年多了，六年多来一直没有交团费，恐怕早就自动退团了吧。他的话引起了众人的笑声。王某胜则幽默地说："我家七口人，六个党员，就我一个白丁。"当记者问到他是否想入党时，他无奈地回答："入党？哪入啊？没人管，完全靠自己管自己。"

　　宋某真秘书长对此表示赞同。她指出，目前全市个体从业人员近17万，但个体劳动者协会只有7名工作人员。各区劳协仅是挂个牌子，干部基本都是工商人员兼任，有的连办公室都没有，党团组织关系也一直没有理顺。工商部门每年拨给劳协那点经费，仅够一年两次会议的费用。

杨某华提出了一个建议,她表示可以通过会费来集资。她认为,只要向大家说清楚,增加会费专款专用,相信大家不会有意见。她的提议引起了众人的热议。

姜某宪接着发言,他推荐除了搞文体、娱乐、旅游、茶话会这些休闲联欢会外,还搞些讲座,例如政策法律讨论。他讲述了自己曾经因为不懂法律而遭遇的困境,他表示对有关的政策变化非常关心。

张某宪柱则提出了可以举办一些精彩的业务讲座。他提到美国有个卡耐基,开设推销术培训班,求学的经理老板相当多。他建议我们协会也能够请专家、有经验的行家来传授业务技术,相信这样的活动会非常受欢迎。

宋某真秘书长对大家的发言表示赞赏,她认为今天的会开得很好,大家的发言十分热烈,还提了不少很好的建议。她表示,协会计划做以下几件事:

1.健全协会组织,由在座各位担任各区协会分会长,回去宣传协会,发动更多个体劳动者入会,做好登记工作。

2.九月初九重阳节搞一次文体活动,具体由筹办组策划。

【分析】 这是一篇详细的会议记录。正文开头列举出会议时间、地点、主题、参加人、主持人、记录人等基本信息。在正文部分,对会议情况进行了详细记录,包括会场的笑声、插言、嘈杂等情景跃然纸上。决议部分条目清晰。

【案例2】

时间:20××年3月4日14:30—17:00

地点:培训大楼第×会议室

出席人:刘××(主任)、杨××(教务长)、张××(办公主任)、吴××(办公室秘书)及各培训部主要负责人。

缺席人:王××、张××(外出开会)。

主持人:刘××(主任)

记录人:吴××(办公室秘书)。

一、报告

(一)杨××报告中心基本建设进展情况。(略)

(二)主持人传达区人民政府《关于压缩行政经费的通知》(以下简称《通知》)。(略)

二、讨论

我中心如何按照区人民政府《通知》的精神要求,抓好行政经费的合理开支,切实做到既勤俭节约,又不影响正常的教学、科研等活动的开展。

三、决议

1.利用两个半天时间(具体时间由各培训部自行安排,但务必安排在本周内)组织有关人员集中传达学习《通知》精神,提高认识,统一思想。

2.各培训部负责人在认真学习的基础上,利用下周政治学习时间向群众宣讲和传达。

3.各培训部责成有关人员根据《通知》的压缩指标,重新审查和修改本年度行政经费开支预算,并于两周内报主任办公室。

4.各培训部务必严格控制派出参加外地会议及外出学习人员的人数,财务科更要严格把关。

5.利用学习和贯彻《通知》精神的机会,对全中心员工普遍开展一次勤俭节约、艰苦朴素的传统教育。

散会。

主持人(签名)

记录人(签名)

【分析】　这是一篇摘要式会议记录。格式符合会议记录的要求,正文分两个部分,第一部分列出会议基本信息,第二部分摘要记录会议作出的决议,记录具体、清楚。

一、会议记录的概念

会议记录是开会时由负责记录的人员当场把会议的基本信息、会议内容、会议决议等信息记录下来的文书。会议记录有详记与略记之别。"详记"要求记录的项目完整,记录的言论详细;"略记"是记录会上的重要或主要言论。会议记录是整理文件,总结经验,研究工作等存、查、备、考的历史资料。

二、会议记录的写作思路

(一)标题

标题由会议名称加文种名称组成。如果使用专用会议记录本,则"记录"二字也可省略,只写会议名称即可。

(二)会议概况

1.会议基本信息

写明会议名称、开会时间、地点、出席人、缺席人及原因、主持人、记录人、会议主题、会议议题等。以上情况,尽可能会前写好。

2.会议内容

会议记录采用哪种方法,由会议的性质、讨论的问题和领导的要求来确定。常见的记录方法有两种:

一是摘要记录。记录会议讨论的结果、形成的决议、遗留的问题等结论性信息。常规事务性会议,常采用这种记录方法。

二是详细记录。详细记录会议情况和会议内容,尽可能用原话记录每个人的发言内容。

(三)结尾

会议结束,记录完了,要另起一行,写"散会"二字。如中途休会,需要注明"休会"字样。会议记录超过1页,在末尾要标注(本会议记录共×页)。正式会议记录要由主持人和记录人对记录进行认真校核后,分别签上姓名,以示对此负责。

三、会议记录的写作要求

(一)速度要求

快速是对记录的基本要求。当然,可以先录音,再会后整理。

(二)真实性要求

(1)准确。记录信息准确。

(2)清楚。书写清楚,记录有条理。

(3)突出重点。具体包括:

①会议中心议题以及围绕中心议题展开的有关活动;

②会议讨论、争论的焦点及其各方的主要见解;

③权威人士或代表人物的言论;

④会议开始时的定调性言论和结束前的总结性言论;

⑤会议已经决议的或议而未决的事项;

⑥对会议产生较大影响的其他言论或活动。

❓ 答疑解惑

1.会议记录的常见问题

(1)参加会议人员没有签到

一般性会议的出席人员和列席人员可由记录员代签到。但是,"三重一大"的会议要由参会人员亲自签到。

(2)出席/缺席会议人员及职务记录不清楚

出席/缺席会议的人员要写明姓名和职务。缺席会议的人员还要写明事由。

(3)会议名称不全或缩写

会议记录要写会议全称。如公司总经理办公会议、公司总经理办公(扩大)会议、公司党委会议、公司党委(扩大)会议等。

(4)会议记录本内无目录

会议记录本添加目录,是为了方便查找,减少查找过程对案卷的磨损,以做好档案的保护和保密。会议记录本前三页写有目录,包括会议日期、内容摘要、页码、备注等栏目,如图5.23.1所示。

日期	形式	内容摘要	页码	备注
2011年2月5日	总经理办公会	讨论通过公司 2011 年生产经营计划大纲	1	
2011年3月8日	总经理办公(扩大)会	1.讨论通过新产品开发计划; 2.研究××新车型上市有关问题	4	

图5.23.1 会议记录本目录

2.汉字常用速记方法

（1）词语略写法

1）双音节词略写法：

①由单音节词逐渐演变而成的双音节词。在快速书写时，可将这样的双音节词略写为单音节词。

如，人民——民；朋友——友；但是——但；湖泊——湖；河流——河。

②双音节的单纯词。在快速书写时，只写第一个音节即可。

如，忐忑——忐；忸怩——忸；踌躇——踌；朦胧——朦。

③由两个相同的音节重叠构成的词，称"叠音词"。快速书写时，写出第一个音节，第二个音节可打个小点来代替。

如，茫茫——茫·；桩桩——桩·；天天——天·。

④词根加后缀构成的双音节词，后缀可不写。

如，兔子——兔；旗子——旗。

⑤由两个意思相同或相近的语素并列组合而成的合成词。在快速书写时，只写出第一个音节即可。

如，道路——道；波浪——波；声音——声；群众——群。

⑥由两个意思相反或相对的语素并列组合而成的合成词。在快速书写时，写出第一个音节，第二个音节可用从左上方往右下方书写的斜直线代替。

如，是非——是＼；长短——长＼；往来——往＼；横竖——横＼。

⑦注释格双音节词，即语素通过注释和被注释的关系结合起来构成的新词。在快速书写时，可省略被注释的音节。

如，鲫鱼——鲫；鲤鱼——鲤；菠菜——菠；韭菜——韭。

2）三音节词略写法：

在快速书写时，不管遇到哪种类型的三音节词，只要根据句子的上下文意能够辨认出来，就可写出第一个音节，后两个音节均可自制代号代替，或者画小横线代替。

如，逻辑性——逻^x；革命化——革^h；革命家——革$_j$；教育者——教^z；经得起——经$_d$；干得欢——干$_d$；办不到——办$_b$；看不起——看$_b$；巧克力——巧－；尼古丁——尼－。

（2）简称略写法

1）取每一个词的前一个语素：

如，劳动模范——劳模；旅行游览——旅游；基本建设——基建；网络办公——网办。

2）取前一个词的前一个语素和后一个词的后一个语素：

如，外交部长——外长；整顿作风——整风；职业学校——职校；超额生产——超产。

3）选取名称中有代表性的语素或词：

如，中国共产党中央委员——中共中央；人民代表大会——人大；中国人民政治协商会议——政协；安全理事会——安理会。

4）用数字概括几种具有共同性质的事物或行为，也称数词缩语：

如，身体好、学习好、工作好——三好；秋收、秋耕、秋播——三秋；春季、夏季、秋季、冬季——四季。

5）专门术语的略写法：
在快速书写时，可用《汉语拼音方案》字母代替。

如，行星——x-x；微积分——w-j-f；光年——g-n；短波——d-b；海拔——h-b；氧化——y-h；维度——w-d；抗生素——k-s-s。

6）谚语：
谚语在快速书写时，可用"～"进行省略。

如，春雨贵如油——春雨～；朝霞不出门，晚霞行千里——朝霞不出门～。

（3）替代法
用一些简单的图形、符号、合体字和语音相似的简字来替代字、词、句的快写方法。
1）利用英语中的缩写字母替代：

如，东方——E；南方——S；千克——kg；公里——km。

2）利用数学中的符号替代：

如，等于—— ＝；三角形—— △；正、负—— ＋ －；百分比—— ％。

3）利用物理学中的符号替代：

如，时间——T；质量——M；电阻——R；压强——P。

4）拼音字母替代法：
一般常用词可用拼音字母缩写替代或者汉字与拼音字母结合方式替代。

如，物质——wz；文明——wm；社会——sh；劳动——ld；祖国——祖g；首都——首d；人民——人m；秘书——秘s。

技能训练

1.用学过的快写方法,练写下面的句子

(1)在垦荒者的心田里,永远没有荒芜的土地。

(2)有时一扇门虽然关上了,其余的门还是敞开的。

(3)天才的主要标记不是完美,而是创造,天才能开创新的局面。

(4)要走好明天的路,必须记住昨天走过的路,思索今天正在走的路。

(5)生活本身既不是祸,也不是福,它是祸福的容器,就看人自己把它变成什么。

2.撰写会议记录

根据实际情况,召开主题班会,并撰写会议记录。

项目二十四
会议日程安排表制作

在日常工作中,员工经常需要运用多种表格来规划和管理各项事务,其中包括会议日程安排表、值班安排表、接待安排表等。为了加深对此类表格制作的理解和掌握,本节特以会议日程安排表的制作为例,对其中所涉及的相关知识点进行逐一解析和阐述。

知识目标:
- 列举会议日程安排表的组成要素。
- 掌握会议日程安排表的编写思路。

能力目标:
- 能够提炼信息,编制合规、实用的日程安排表。

素养目标:
- 具备时间管理与规划能力。
- 具备细节关注与执行能力。
- 具备审美与排版设计能力。

案例导入

××会议日程安排表

日期		时间	项目	地点	负责人	备注
11月14日（周六）		14:00—17:00	报到	××国际大酒店一楼	李×	
11月15日（周日）	上午	8:00—9:00	××县领导讲话	××国际大酒店3楼1号会议室	肖××（会议主持人）	
		9:15—10:15	××行业协会会长讲话			
		10:30—11:20	各协会发言			
	下午	14:00—15:30	部署下半年工作			
		15:40—16:10	省局领导讲话			
		16:20—17:20	参观××行业协会			
11月16日（周一）	上午	8:00—11:20	参观活动	长兴××	李×	8:00在酒店大门口集合
	下午	12:00—19:00	送别与会代表	长兴	施×	

制表人:××　　　　　　　　　　　　　　制表时间:××

备注:用餐时间:早餐7:20;午餐11:30;晚餐:17:40。

202×年11月1日
×××(单位)

【分析】　这份日程安排表清晰明确。在表头部分清晰列出每项活动的日期、时间、地点、负责人等信息,简单明了、便于执行。

一、会议日程安排表的概念

　　会议日程安排表是一份详尽且严谨的规划文档,详尽罗列了会议期间的所有活动、事件以及各位主讲嘉宾。同时,该安排表也明确标注了各项活动发生的具体时间节点与地点信息。此安排表以天为时间单位进行编排,旨在使与会者能够全面而清晰地了解会议的整体流程与进展,同时也有助于主办方对会议进行更为有序与高效的管理。在制定会议日程安排表的过程中,我们必须确保所有信息准确无误,避免因信息错误或遗漏而给与会者带来不便。同时,我们还应注重会议日程的合理性,避免安排过于紧凑或过于松散,以确保会议的高效进行并提升与会者的参会体验。

二、会议日程安排表的制作思路

(一)标题

　　会议日程安排表的标题一般由会议名称+日程安排表组成。如《××会日程安排表》。其他表格类应用文标题的写作思路与会议日程安排表一致,如《××接待××日程安排表》《××项目经费预算表》等。

(二)表头

会议日程安排表的表头要素由日程安排的具体内容决定。一般包括日期、时间、地点、项目、负责人、参与人、负责人、联系电话、备注等信息。如果参会者都认识各位负责人,则不需要备注负责人联系电话。

(三)表格内容填写

1.日期

一般情况下,日期后面用小括号标注星期几。

2.时间

建议时间用24小时制标注。日程安排表中,前后项目的时间段,根据具体情况,可以有适当的间隔。即,前一个项目结尾时间与后一个项目开始时间之间要留有空隙。空隙长短应根据具体情况确定。

3.地点

根据会议受众诉求,写清具体的会议地点。

4.项目

用关键词、关键短语、短句进行精练性描述。不建议整段进行描述。如果信息较多,建议分主题提炼,并做拆分单元格处理。保证每个主题一个单元格,如表5.24.1所示。

表5.24.1　项目

日期	时间	地点	项目	负责人	备注
××	××	××机场	迎接×× 购买××	××	

5.备注

在表格制作中,一般都有"备注"一栏,主要用来做特殊事项的提醒,如表5.24.2所示。

表5.24.2　备注

日期	时间	地点	项目	负责人	备注
××(周一)	9:30	××机场	迎接××	××	航班号:××

一般情况下,备注部分较少填写内容。

6.制表人和制表时间

制表人和制表时间写在表头上方,或者表格下方的位置。

❓ 答疑解惑

1.会议日程安排表的编辑和排版要求

会议日程安排表的编辑与排版,首选Excel表格。编辑与排版的基本要求如下:

(1)处理好标题与表头字体、字号的关系

一般情况下,标题磅值数与表头要素磅值数差距为2~3磅即可。建议表头加粗处理,表格正文字号与磅值数一致、对齐方式一致,建议采用宋体字。

（2）掌握表格正文的排版要求

①对齐方式一致；

②内容相同的相邻单元格要进行"合并单元格"处理；

③单元格内容较多,要设置"自动换行"；

④通过调整行高、列宽,增加表格美观度；

⑤进行加边框处理；

⑥超过一页的表格,要进行"自动生成表头设置"；

⑦任务完成,要打印预览检查效果。

2.Excel 中的自动生成表头如何设置

（1）点击菜单中的"文件",点击"页面设置",如图 5.24.1 所示。

（2）在"页面设置"中点击"工作表"标签,将光标定位在"打印标题"下的"顶端标题行"后面的输入框里,如图 5.24.2 所示。

（3）选择需要每页都打印的行,这时"顶端标题行"后面的输入框里会自动填好选择的行代号,点击"确定"完成页面设置,如图 5.24.3 所示。

（4）这样打印时每页都会自动生成刚才选择的表头。

图 5.24.1　页面设置

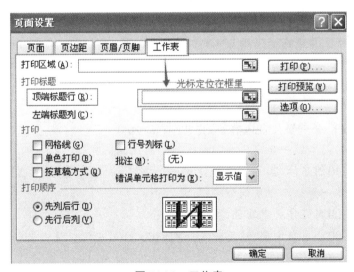

图 5.24.2　工作表

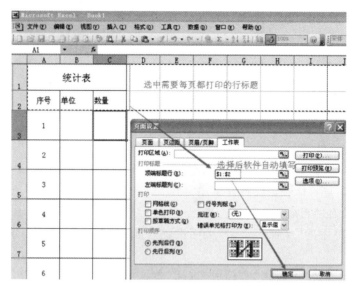

图 5.24.3　顶端标题行

技能训练

1.请根据以下材料制作日程安排表

××文化有限公司20××年8月份要承办文职人员写作能力培训班。具体安排如下：

8月5日，周日，学员在曼哈顿一楼大厅报到；

8月6日，周一，上午7:00—8:00，在曼哈顿一楼用餐；

8:15在曼哈顿门口统一坐车，车牌号粤C·AB123出发到××文化有限公司S4313上课，负责人刘××，电话××；

8:30—9:00，开班典礼，负责人：王××，电话××；

9:15—11:15公文写作能力培训，主讲人：刘××；

11:20—12:00公司餐厅自由就餐，负责人：张××；

12:00公司东门口统一坐车出发回曼哈顿酒店休息；

12:00—14:30酒店休息；

14:30从酒店一楼坐车出发到公司，负责人：××；

14:45—17:00新媒体文案写作，主讲人：××；

17:05—18:00公司自由就餐，负责人：××18:00 公司东门口统一坐车回曼哈顿酒店；晚上自由活动。

2.拓展题

（1）请网络搜集材料，学习如何制作会议台签。

（2）请自学如何对Excel表格中的人名按照姓氏笔画排序。

项目二十五
会议议程写作

　　一份精心设计的会议议程对于会议的合理安排和组织至关重要,因为会议议程详细列明了将在会议期间逐一探讨的各项议题,以确保会议的顺利进行。为提高会议效率,会议议程需提前编制完成,并在会议开始前分发给与会人员,以便他们充分了解会议内容并提前做准备。

知识目标:
- 了解会议议程、会议日程和会议流程的区别。
- 掌握会议议程的写作结构和写作思路。

能力目标:
- 能够有效地提炼信息,写出规范的会议议程。

素养目标:
- 清晰地理解和构建会议的整体框架,培养结构性思维。
- 具备时间管理能力。
- 具备灵活应变能力。

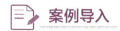 案例导入

××会议议程

会议时间:××××年4月11日(星期三)下午2:30—3:30

会议地点:××

会议主持:××××副书记×××

参会人员:××××全体干部、×××系统5个总支书记、20个党支部书记共35人。会议议程如下:

一、区直机关××××书记×××作工作报告(2:30—2:40);

二、工委副书记×××宣读区××××关于开展"牢记初心使命、我为党旗添彩"主题实践活动意见和宝塔区×××××党组织"评星晋级"活动考核评价标准(2:40—3:05);

三、工委副书记×××宣读关于表彰先进基层党组织、优秀党务工作者、优秀共产党员和优秀党员志愿者的决定(3:05—3:10);

四、工委书记×××和各党总支主要负责人签订《2018年区××××基层党建工作目标责任书》(3:10—3:25)。

【分析】 这是一篇规范的会议议程。每一项议题都用序号标注,包括了负责人、项目和时间三要素。议题阐述明确具体,便于参会者把握会议整体安排和会议目标。

一、会议议程的概念

会议议程是会议讨论议题的先后顺序,并在每个议题前面冠以序号标示出来。

二、会议议程的写作思路

(一)标题

标题写作:会议名称+"议程",如《××公司绩效方案讨论会议议程》。

(二)正文

1.基本信息

写明会议的时间、地点、参会人、主持人、主题等基本信息,可以写出会议记录的格式,也可以用一段话进行描述。无论哪种形式,最后都可以加一句"会议议程如下:"。

2.会议议题排列信息

按照会议议题排列原则对会议议题进行排序。每个议题前面冠以汉字序号,并标明负责人和时间。

3.落款

与常规应用文写作落款一致。

❓ 答疑解惑

1.会议议题的排序原则

(1)根据会议目标明确轻重缓急,将重要的、全员都要参与的议题放在前面讨论。

(2)同类性质的议题放在一起讨论。

(3)保密性质的议题放在后面讨论。

(4)按照企业惯例排列。

2.会议议程、会议日程与会议活动流程的区别

会议日程、议程和活动流程,均为会议组织中的核心概念,它们各自承载着不同的职能和侧重点。详细阐述如下:

会议议程,作为对会议讨论内容的整体布局,其主要内容涵盖议题的排列顺序以及每个议题的扼要说明。议程的特性在于其概括性和明确性,它为会议的开展提供了基本框架,并明确了会议的主题和宗旨。一旦议程确立,其变动可能性相对较小,以确保会议的稳定进行。

会议日程,则是将会议的各项活动,包括仪式性、辅助性活动以及议程中的具体议题,精准地分配到各个时间节点上。会议日程旨在告知与会者,在何时何地参与何项活动或议题讨论,确保会议的顺利进行。一般而言,当会议持续时间较长,如一天或更久时,会议日程的制定则尤为必要。

活动流程,则是一个更为宽泛的概念,它涵盖了会议从筹备起始至圆满结束的全过程。不仅包括会议本身的议程和日程安排,还涉及会前的各项准备工作、会后的总结与评估等环节。活动流程的存在,确保了会议的每一个环节都能严格按照既定计划执行,保障会议的顺利进行。

综上所述,会议议程主要关注会议内容的组织安排,会议日程则着重于将各项活动精确到具体的时间节点,而活动流程则涵盖了会议从筹备到结束的整个周期。三者在会议组织过程中相辅相成,共同确保了会议的圆满成功。

🖱 技能训练

请根据以下材料写会议议程:

英豪公司销售团队会议将于5月5日星期一上午10:00在公司总部的三号会议室举行。主要的议题有如下几个:

讨论销售二部经理的人选(发言人:销售二部经理王××,时间15分钟);

东部地区销售活动的总结(发言人:东部销售经理张××,时间25分钟);

销售一部关于内部沟通问题的发言(发言人:销售一部经理刘××,时间20分钟);

下季度销售目标(发言人:销售部总经理李××,时间15分钟);

公司销售人员的招聘和重组(销售部副总经理发言人:黄××,时间25分钟)。

模块六 企业宣传文书写作

　　宣传文书不仅可以帮助企业建立品牌形象、提升知名度、增强信任度，还可以传递价值并促进销售。因此，企业应该重视宣传文书的写作，并投入足够的资源和时间来确保其质量和效果。

项目二十六
工作简报写作

　　企业工作简报是一种简短的内部报告,用于传递某方面的重要信息,具有汇报性、交流性和指导性的特点,通常以简短、灵活、快捷的书面形式呈现。其写作目的是让领导和同事快速了解和掌握公司的工作动态和重要信息,提高信息传递效率。

知识目标:

- 掌握工作简报的定义。
- 掌握工作简报的写作思路。

能力目标:

- 具有信息整理、分析与提炼能力。
- 能够写出条理清晰、结构合理、表意精准的规范性简报。

素养目标:

- 具备时效与更新意识。能及时更新简报内容,反映最新的工作进展和动态。
- 具备数据分析与解读能力。能够准确解读数据,并通过图表等形式直观展示数据变化和趋势。
- 具备团队协作与沟通能力。

📝 **案例导入**

营造良好环境 共助心理健康

我校举办 2022 年世界精神卫生日心理活动周

为普及精神卫生健康知识,增强大学生心理健康意识,学校学生工作部心理健康教育与咨询中心以"营造良好环境 共助心理健康"为主题,主办 2022 年世界精神卫生日心理健康活动周。

10 月 26 日,现场团辅、心理游戏等活动在珠海校区科技路举行,近 5 000 名同学参加了读字、看图猜成语、猜字谜、"鼓圈"团辅等活动。通过游戏集奖章、抽小礼品,在快乐的活动中学习精神卫生和心理健康知识。蒋××老师组织的"鼓圈"团辅吸引了不少同学,同学们在鼓声的节奏、力度、速度变化中传递并释放自己的情绪,领悟团结协作的精神;××、××老师开展了现场心理咨询活动,解答同学们的疑惑和问题。学生工作部部长××、副部长××、心理健康与咨询中心老师及各二级学院心理辅导员到现场指导活动。

心理活动周将通过心理团辅活动、精神卫生讲座、观看电影、精神卫生日微信有奖问答活动及现场团辅、心理游戏等一系列活动项目,向全校学生宣传精神卫生知识,开展各式各样的心理辅导,进一步夯实"三全"育人基础,促进大学生身心全面健康发展。

【分析】 这是系列工作简报中的一篇。要素齐全、思路清晰。简报开篇明义,直接点出了活动的目的;主体部分详细描述了活动现场的盛况,通过列举读字、看图猜成语、猜字谜、"鼓圈"团辅等丰富多彩的游戏环节,让读者仿佛置身于那热烈而欢乐的氛围中;结尾总结了心理活动周的系列活动内容,形成了一个全方位、多层次的心理健康教育体系。综上所述,这份简报不仅是一份活动记录,更是一份心理健康教育的生动教材。它向我们展示了学校在心理健康教育方面的创新实践和丰硕成果,也为我们提供了一个可借鉴、可复制的成功范例。

一、简报的概念

简报,即简明扼要的情况报告,是党政机关、社会团体、企事业单位为反映情况、沟通信息、交流经验、揭露问题、促进了解而编发的一种内部文件。简报有一定的发送范围,起着"报告"的作用。又叫"情况反映""情况交流""动态""简讯""内部参考"等。

二、简报的分类

1. 工作简报
及时反映工作进展情况,交流工作中取得的经验或指出工作中存在的问题。

2. 动态简报
反映本单位、本系统工作中出现的新情况、新动态、新问题。

3. 会议简报
用于报道会议进行情况和讨论内容的简报。

三、简报特点

1.编发快

简报又被称为机关内部的"公务新闻",具有强烈的时效性。要求快写、快编、快审、快印、快发、快送。

2.材料真

真实是简报的生命。简报反映的情况一定要真实、准确。

3.内容新

简报要写新情况、新经验和新趋势。

4.文字简

简报语言要求简明精练。一期简报甚至只登一篇文章,几段信息,或一期几篇文章,总共一两千字,长的也不过三五千字。

5.内部交流

简报一般在编报机关管辖范围内交流,不宜公开传播。特别是涉外机关和专政机关主办的简报更是如此。

四、简报写作结构

简报的结构包括报头、正文和版记三部分组成,如图6.26.1所示。

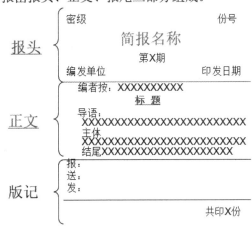

图6.26.1 简报的标准格式

(一)报头

报头在简报首页上方,占首页三分之一左右的位置,一般包括如下项目。

1.空白区

位置在距离上页边距37~25 mm处。

2. 简报标志

位于报头中间,一般用红色大号字体标明"××简报"。

3. 期数

位于简报名称下居中书写。长期办的简报按年度编号,短期办的简报按专题编号。

4. 编发单位

位于期号下左侧,写明编发简报单位的全称或规范化简称。

5. 印发日期

位于期号下右侧,标明编发的年、月、日,不能随意省略。

6. 红色反线

报头与主体用一条红色间隔线分开。

7. 密级

如果简报涉密,需要在简报名称左上方注明秘密等级。

8. 份号

印制在简报右侧上方的位置。

一般情况下,有保密等级和保密期限的简报有"密级"和"份号"要素。其他常规性简报没有这两个要素,如图6.26.2所示。

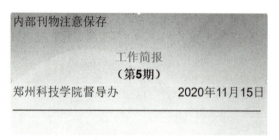

图6.26.2　涉密简报

(二)正文

简报的正文(报核)包括按语、标题、导语、主体和结尾组成。有些简报没有按语。

1. 按语

(1)说明性按语

此类按语或说明转引正文的目的、原因,或交代正文的出处,或说明正文写作的背景和过程。

【案例1】

根据市委主要领导同志的意见,将××区委关于×××的报告摘登如下,供各级党委参阅。

(2)提示性按语

为方便读者抓住中心,对篇幅较长的简报,特别是一些阐发观点、介绍经验的简报,编者常常摘其要点,在按语中提纲挈领地介绍材料内容。

【案例2】

××市×××同志对木瓦工具厂实行"联利承包,分成发奖"的管理效果做了调查研究。他认为,这一办法把企业的经济效益同职工个人的经济利益直接挂钩,较好处理了个人与企业之间的关系,而且简便易行,优于计件工资。问题是要进一步加强政治思想工作,制定合理的分成比例,正确处理国家、集体和个人三者的关系。

(3)批示性按语

对一些有典型意义,有示范作用的材料,"编者按"要表达发文机关对简报内容的意见或对下级的要求。多数按语属于批示性按语。

【案例3】

有效的领导方法是做好各方面改革、开创工作新局面的重要保证。市直机关在进行机构改革、确定职责范围、建立健全工作责任制过程中,必须把改进领导方法、转变工作作风作为一项重要问题来研究解决。市××局在这方面做得好,现介绍如下,供参考。

2.标题

简报的标题类似新闻标题。形式可以是单标题,也可以是双标题。为了使文章更加清楚,还可以在文中加小标题,用来概括主要内容或表达主要观点。

3.导语

将最重要、最有新闻价值、最精彩的内容以"开门见山"的方式凸显,唤起读者注意。导语写作包括以下几种方式。

(1)叙述式

【案例4】

记者昨日从市工商局了解到,近期该局对本市的分体挂壁式空调器进行了一次抽查检测。检测结果表明,该类产品安全性能较好,抽查合格率达到90%。

(2)描写式

【案例5】

一个商品不露面、顾客却整日熙熙攘攘的集市,6月15日在北京第二次出现。这里交换的是一种特殊的商品——住房,所以被称为"换房集市"。

(3)提要式

【案例6】

湖北宜昌市两家国有企业以国有资产作抵押换取银行贷款,引起了一场自3月份起至今仍在继续的风波和震荡。

4.主体

主体一般紧扣开头,对开头叙述的事实和提出的问题,进行阐述或展开。

其结构一般有:

1)按时间顺序来叙述。有头有尾,脉络清晰,适合报道一个完整的事件过程。

2)按事例类别写。将材料归纳成几种情况或者几个问题来写。

5.结尾

简报结尾一般指明意义或揭示事件发展趋势,起到画龙点睛的作用。根据发文意图,有些简报可以不用结尾。

(三)版记

(1)在报文下方的两条平行横线内,写明简报的发送范围,分别标明:报(针对上级)、送(针对平级或者不相隶属的机关)、发(针对下级)。在横隔线下右侧标明编印份数。

(2)打印说明。此项目位于底线右侧,标明打印、校对、印数等内容。

？ 答疑解惑

1.会议记录与会议简报的详细写作流程分析

以电视剧《人民的名义》片段,阐述会议记录与会议简报的生成过程。

沙瑞金:路线确定以后,干部是决定的因素,用什么样的干部,就有什么样的局面,你任人唯亲、拉帮结派,用一批贪腐干部,那局面也好不了,人民群众不但骂你,还要骂政府。所以,在干部的任用上,我们要严格把关。春林同志和国富同志,前些日子联袂向我推了易学习,这引起了我的注意。这次到××调研,我特意和易学习接触了一下,到他家亲眼看了看,跟他的爱人聊了聊,他爱人现在还是家庭妇女呢。咱们今天喝的茶,就是他爱人在自家茶山采摘的,大家如果觉得好,不妨去买一些,帮帮她。这么一聊一看啊,我放心了,使用易学习这样的干部,心里有底气。

田国富:瑞金书记工作作风扎实,给我们带了好头。

李达康:易学习同志真是命好啊,遇见了一个伯乐。

沙瑞金:达康同志,你怎么就没有做这个伯乐啊? 易学习当过你们班子的班长,又替你顶过雷,你对他应该是了解、应该是熟悉的呀,可是为什么你就没有积极地推荐他呢?

李达康:沙书记,从那以后,我和易学习同志在工作上就没有什么交集了。

沙瑞金:可是,你在省委做了四年的常委啊,就没有机会推荐他吗?

钱秘书长:他推荐了也没用,18年前我在林城做市委书记的时候,就推荐易学习做副市长了,可是赵立春几句话就把我们顶回来了。

田国富:老钱呐,现在瑞金书记过来了情况就不一样了嘛,所以,达康书记,刚才瑞金书记提的几个问题值得你深思啊!

沙瑞金:达康同志,你的问题就在于,过分地爱惜自己的政治羽翼。爱惜自己没有错,但如果爱惜到不敢坚持原则了,那就是对同志的不负责任了。

李达康:沙书记,我真诚地接受你的批评。

沙瑞金:在我们今天的成就里,就有老一代的血,有改革者的泪,我们不能总让老实人吃亏,不能让他们流血又流泪。所以,我建议,把易学习同志摆在省委表彰的十位优秀区县干部的第一名,接下来,建议破格提拔为吕州市委副书记代市长。当然了,这还要经常委会讨论通过,然后进行公示。

会议记录要明确"要"和"省"的问题。即,要紧紧围绕议题进行记录和省略。上述素材的议题是"干部人事制度存在的问题"。明确了议题,再运用"要"和"省"的方法,就可以知道,只有和"干部人事制度存在的问题"紧密相关的才是"要"的对象,那么和"干部人事制度存在的问题"不直接相关的便是"省"的对象。根据这一原则,可以删掉如下内容。

"省"(省略)	省略理由
你任人唯亲、拉帮结派,用一批贪腐干部,那局面也好不了,人民群众不但骂你,还要骂政府。	对议题的延伸
到他家亲眼看了看,跟他的爱人聊了聊,他爱人现在还是家庭妇女呢。咱们今天喝的茶,就是他爱人在自家茶山采摘的,大家如果觉得好,不妨去买一些,帮帮她。这么一聊一看啊,我放心了。	偏离中心议题
易学习同志真是命好啊,遇见了一个伯乐。达康同志,你怎么就没有做这个伯乐啊?易学习当过你们班子的班长,又替你顶过雷,你对他应该是了解、应该是熟悉的呀,可是为什么你就没有积极地推荐他呢? 沙书记,从那以后,我和易学习同志在工作上就没有什么交集了。	对议题的铺垫
可是,你在省委做了四年的常委啊,就没有机会推荐他吗? 他推荐了也没用,18年前我在林城做市委书记的时候,就推荐易学习做副市长了,可是赵立春几句话就把我们顶回来了。 老钱呐,现在瑞金书记过来了情况就不一样了嘛,所以,达康书记,刚才瑞金书记提的几个问题值得你深思啊!	与议题无关

在结合议题对会议内容进行"要"与"省"的第一次处理之后,还要二次运用"要"和"省"的方法,这次的"要"指的是针对一个人的发言,要记录其"主要论据和观点",针对一句话,要记录其"基本成分";"省"首先指的是省写部分字词,如"但是"省写为"但",还指的是省写句子的一部分,以确保会议记录的连贯性和完整性。

会议记录主体部分:

沙瑞金:干部是决定性因素,干部任用直接决定工作局面,干部任用要严格把关,经实地调研,易学习是让人放心的好干部。

田国富:瑞金书记作风扎实,值得学习。

李达康:易学习遇见了伯乐。

沙瑞金:部分干部过于爱惜自己的政治羽翼以致不敢坚持原则,这是对同志的不负责任。

沙瑞金:建议把易学习放在省委表彰区县干部的第一名,并破格提拔为吕州市委副书记代市长,经常委会讨论通过后进行公示。

想写好简报,首先要抓住简报的行文初衷。简报是机关"向上反映情况"或"向下、向平行单位通报情况、交流经验、推动工作"时使用的文体。也就是说,只要形成了具有报道价值的新情况、新经验、新问题,都可以使用简报。因此,归根结底,简报的行文初衷是

"汇报、交流、分享",只有抓住这一特点,才能明确简报标题和正文的写作方法。正因简报"汇报、交流、分享"的初衷,所以在标题上,简报就和会议记录有明显差别。就上述材料而言,因为会议记录的初衷是"原原本本反映会议原貌",所以标题可以直陈为"汉东省第×次省委办公会会议记录"。但简报的标题却不应采用直陈的方式,而是最好对希望"汇报、交流、分享"的内容进行高度的提炼和概括,形成简洁醒目的标题,从而使受文对象一目了然地了解会议的核心议题和主要精神。根据这一原则,上面会议记录在形成简报时可以采用的标题是"严格把关干部任用,大胆选用优秀干部"。

标题之外,简报的内容侧重点也和会议记录不同。会议记录要求对会议精神的产生过程进行详细记录,从而便于查考。简报则不需要描述精神的产生过程,而是将侧重点放在会议精神部分,因为会议精神才是本单位希望向上、向平、向下"汇报、交流、分享"的内容。根据以上原则,上述会议记录在形成简报时可以采用下列形式:

严格把关干部任用　大胆使用优秀干部

2019年3月6日下午,我省召开省委工作会,就干部任用问题进行了讨论。

大会指出,路线决定之后干部就是决定性因素,干部任用直接决定工作局面,要对干部任用进行严格把关;大会要求,领导要对优秀干部负责,要敢于举荐优秀干部,不要因爱惜自己的政治羽翼而丧失党性原则,相关部门要敢于大胆使用优秀干部,不能让优秀干部流血又流泪。

省委书记沙瑞金同志在会上提议将易学习同志摆在省委表彰区县干部第一名,并建议破格提拔易学习同志为××市委副书记、代市长。

(来源:王荣珍.应用文写作的"尘归尘、土归土"——会议记录与会议简报的课堂教学〔J〕.应用写作,2020(4):39-42.)

2.简报与新闻报道的区别

简报与新闻报道都具备真实准确、迅速及时、简明扼要、内容新颖的特点。总体上都属于宣传范畴。新闻是外宣,简报是内宣。都是为了树立形象。新闻是树立社会形象,简报是树立行业形象。

简报属事务文体,语言偏重平实、质朴,一般不要求形象性;新闻属记叙文体,在真实的基础上,语言讲究文采,可读性强。

🖱 **技能训练**

请提炼会议记录内容,制作会议简报。

焦作矿区行政办公会议记录

　　时间:20××年7月12日

　　地点:矿区办公楼会议室

　　主持人:程光全主任

参加人：矿区副主任刘克先、劳资科科长赵列、财务科科长刘洪军、安全科科长熊彬、人事科科长范树森、办公室主任张平均

会议议题

1.二季度奖金发放办法；

2.自然减员招工方案；

3.有关人员的调动问题；

4.对违反劳动纪律人员的处理。

会议决定的事项

1.矿区二季度奖金按照郑州总公司20××年10月制订的《奖金发放办法》(试行草案)第六条、第七条办理。

2.这次自然减员招工,招收1980年以前参加工作的职工子女,并实行文化统考,择优录取的办法(详细规定由劳资科负责制定)。

3.同意刘详同志因父母身边无人照顾而调往郑州工作。

4.同意陈新同志与焦作矿的吴才明对调,解决陈新同志夫妻长期两地分居问题。

5.对矿工盛乔无故旷工三天的行为,责成劳资科在全矿区给予通报批评,并扣发旷工日工资及当月奖金。

(案例来源:百度文库)

项目二十七
消息写作

　　消息主要用于传递某个事件或事物的具体情况和动态，通常由标题、导语、正文和结语四部分组成，具有及时性、准确性、客观性和简洁性等特点，是企业传递信息、展示形象、回应关切的重要手段之一。

知识目标：
- 了解消息的定义。
- 掌握消息的写作思路。

能力目标：
- 能够提炼素材，快速写出表述精准、目标明确、可读性强的消息。

素养目标：
- 培养新闻写作的职业规范。
- 具备消息写作的敏感度。

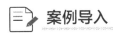

案例导入

版本 1

双学位大学毕业生蒙面抢劫被刑拘

　　辛苦获得本科双学位,毕业后却只能在工厂打工,加上从小因身体残疾引来诸多嘲笑,心理失衡的青年肖某最后选择犯罪。日前,源城公安分局经过一周的侦查追捕,成功破获一起持刀抢劫案件,抓获犯罪嫌疑人肖某。案件时间:在5月6日凌晨0时46分;作案地点:河源市区中山大道中国工商银行中山分行。

　　事主叶先生回忆说,当晚,他到银行网点使用柜员机存款。在进去后没多久,突然出现一名戴着口罩、身穿黑白相间短袖衫的年轻男子,用刀威胁他将钱交出来。为了安全起见,叶先生没有反抗,被嫌疑人抢去了500元港币及1 000多元人民币。

　　办案民警表示,肖某被抓后非常镇定,说自己心理有问题。经了解,肖某是刚毕业的大学生,获得了双学位,毕业后在河源高新区某工厂务工。由于得不到重用而辞掉了工作,后一直在市区待业。加上小时候因右腿受伤,导致走起路来一高一低,时常遭到他人歧视。因为生活、工作处处碰壁,导致其心理极度扭曲,最终走上犯罪之路。经审讯,肖某对持刀抢劫他人的犯罪事实供认不讳。目前,肖某已被警方刑事拘留。

版本 2

双学位大学毕业生抢劫被刑拘

　　经过一周的侦查,5月×日,源城公安分局破获一起持刀抢劫案件,抓获犯罪嫌疑人肖某。作案时间:在5月6日凌晨0时46分;作案地点:河源市区中山大道中国工商银行中山分行。被抓后,犯罪嫌疑人肖某对持刀抢劫他人的犯罪事实供认不讳。目前他已被警方刑事拘留。

　　被抢劫者叶先生回忆称,当晚他到银行网点使用柜员机存款,进去后没多久,突然出现一名戴着口罩、身穿黑白相间短袖衫的年轻男子,用刀威胁他将钱交出来。叶先生没有反抗,被嫌疑人抢去1 000多元人民币和500元港币。

　　肖某为刚毕业的大学生,获得了双学位。毕业后在河源高新区某工厂务工,后一直在市区待业。办案民警表示,肖某被抓后非常镇定,说自己心理有问题。

　　【分析】　版本2弱化嫌犯的主观辩解,以客观的方式呈现这一案件,是规范写法。版本1的导语强调肖某犯罪是由于"心理失衡""生活、工作处处碰壁,导致其心理极度扭曲,最终走上犯罪之路"。以这样的模式报道未经审判的案件,不符合法警新闻的报道规范。《中国新闻工作者职业道德准则》规定:"在法庭判决前不做定性、定罪的报道和评论。"2012年《中华人民共和国刑事诉讼法》第12条规定:"未经人民法院依法判决,对任何人都不得确定有罪。"版本1正文描述这个嫌犯戴着口罩持刀抢劫,而标题用"蒙面抢劫"来概括事实,显然不准确。交代被抢钱数,大数在前、小数在后是中国式表述的习惯,然而版本1却写成"被嫌疑人抢去了500元港币及1 000多元人民币"。

一、消息的定义

　　在新闻传播领域,"消息"是以简明的文字迅速报道最新事实的新闻宣传文书。重在概述事情全貌,而非详细讲述过程。

二、消息的写作要点

消息的正文包括导语、主体、结尾、背景材料四个部分。四个部分有各自不同的写作要求，也有相应的写作方法。明确其写作要求，掌握其写作方法，对于我们写好消息至关重要。

(一)导语

导语是消息内容的精华。如果把消息比作一个商店，标题就是店名，消息的导语就相当于商店的橱窗。导语写作一般包括六个要素，即五个"W"(When、Where、Who、What、Why)加一个"H"(How)，但在具体写作过程中，要根据写作内容重点突出或省略某些要素。写导语要突出一个"活"字，既凝练醒目，又议论适当。常见写法分为4种。

1.叙述式导语

叙述式导语是消息导语最基本的写作手法，多见于简讯和短消息写作。运用提要或归纳概括的方法，以简洁凝练的文字开门见山地反映消息中最主要、最新鲜的事实，给人以突出的印象。其特点是精练、直白、平易、朴实。

【案例1】

《出席党的二十大代表团全部报到》一文的导语：出席中国共产党第二十次全国代表大会的代表从祖国的四面八方汇聚首都北京。截至 14 日，出席本次大会的代表团已全部向大会报到。

【分析】 这则导语用简洁凝练的文字表明事件发生的时间、地点、事件主体以及事件发展情况等，开门见山地反映出该消息最主要、最新鲜的事实。总体来说，叙述式导语最能体现消息用事实说话的要求。

2.描写式导语

运用白描手法，用简洁生动的语言对消息中的重要事实或某个特定的场面加以描绘，给读者以身临其境之感。

【案例2】

《海军演习核化条件下基地防御作战》一文的导语：6 月下旬的一天，在东海某海军基地，随着三颗红色信号弹划破暗灰色的天空，一股模拟的巨大蘑菇云腾空而起，海军核化条件下基地防御作战演习拉开了帷幕。瞬间，空中蓝军机群呼啸而过，弹坠火飞，硝烟弥漫。天空、水面、陆地展现出一幅幅现代海空之战的壮观图景。

【分析】 这则消息导语描绘的是海军演习的画面，通过对天空、水面、陆地等广阔场面的生动描写，展示出现代海空之战的壮丽画卷，呈现了军事消息的气势之美。

3.评述式导语

采取虚实结合、夹叙夹议的写法，对所报道的事实进行评论，阐明其意义。

【案例3】

《90后士兵杜富国以雷场壮举作答时代之问》一文的导语："独生子女居多、生活条件优越的90后官兵能不能上战场、打胜仗?"历经强军思想武装、强军实践磨砺的90后士兵杜富国,用自己的英雄壮举和逐梦经历,对这一时代之问作出响亮回答,生动展现了"四有"新时代革命军人勇于奋斗、敢于牺牲、乐于奉献的时代风采。

【分析】 这则消息的导语为评述式导语,采取夹叙夹议的形式,从一个时代之问"独生子女居多、生活条件优越的90后官兵能不能上战场、打胜仗?"引出杜富国这个90后士兵,并简要概述杜富国是如何用自己的行为响亮回答这个时代之问的。

4.引语式导语

引用当事人言词、诗词名篇、谚语、典故等以渲染气氛,增强生动性和感染力的导语。

【案例4】

《川藏兵站战士李刚拾到贵重物品主动归还 拾金不昧获藏族群众赞誉》一文的导语:"感谢金珠玛米!"5月25日晚,正在川藏线执行任务的川藏兵站部某野外宿营地迎来几位特殊客人。驻地藏族群众扎西顿珠一家,在当地派出所民警的陪同下,冒雨前来当面感谢三级军士长李刚拾金不昧的行为,并献上洁白的哈达。

【分析】 这则消息的导语直接引用藏族群众感谢的话语,既生动可感,又充分表现了战士拾金不昧的可贵品质。

(二)主体

主体部分旨在对导语进行深入剖析与全面补充,旨在为读者呈现完整且全面的信息。在消息的主体构建中,通常前几段会围绕导语的核心内容,进行详细解释与深入阐述,以便读者能够深入理解事件的来龙去脉。随后,则会补充介绍一些新发现的事实与额外的内容,以丰富消息的内涵和广度。

撰写主体部分的关键在于熟练掌握其结构层次的安排。常见的主体结构层次主要包括两种形式:其一为时间顺序,即依照事件从发生、发展到最终结束的自然流程进行叙述,清晰展现事件的演进过程。其二为逻辑顺序,即依据事物或事理之间的内在逻辑关系进行组织,如因果联系、主次关系等。以逻辑链条为纽带,确保信息的条理清晰、逻辑严密。

1.按照时间顺序写主体

【案例5】

《中部战区派出多支部队紧急投入抢险救援一线》主体部分

连日来,河南省多地出现强降雨天气,部分地区发生城市内涝、泥石流和山体滑坡等灾害,人民群众生命财产安全受到严重威胁。灾情发生后,中部战区迅速启动应急预案,紧急派出前方指挥部,指挥战区驻豫部队、武警部队官兵和民兵3 000余人、车(舟)装备80余台(艘),在10个地域同步投入抢险救灾。(此段为导语部分,以下为主体部分。)

20日凌晨,洛阳市伊川县伊河滩拦水坝出现决口,河堤受损严重。第83集团军某工程防化旅紧急出动驰援,计划执行爆破分洪任务。

20日16时许,郑州市中原区常庄水库开闸泄洪。为防范泄洪过程可能出现的险情,武警河南总队郑州支队出动150余名官兵,紧急参与抢险救援任务。17时20分,贾鲁河中牟县官渡镇大王庄段多处发生漫堤险情,武警河南总队机动支队150余名官兵经过3个多小时奋战,有效加固了堤坝。

险情就是命令。河南省军区第一时间启动应急预案,发动民兵投入抗洪抢险。郑州警备区出动民兵1 000余人奔赴汛情严重地区,疏散群众、开渠引流、堵塞漏点。

20日18时,郑州地铁5号线海滩寺站到沙口路站隧道内积水,由于停电,地铁车厢无法打开,乘客被困。100余名民兵骨干接力抢险,将被困群众安全转移。焦作军分区所属人武部紧急出动民兵冒雨奔赴一线,安全转移群众2 500人。同时,开封军分区、洛阳军分区出动民兵就地参加救援。郑州联勤保障中心紧急出动近百名官兵、数十台装备,投入抢险救灾。第988医院派出医护人员和救护车辆转送受伤群众。信息工程大学也组织300余名官兵第一时间投入抢险救灾中。

据悉,中部战区联指中心昼夜运行,实时指挥一线救援行动。

【分析】 这篇消息的主体部分体现出较为清晰的时间线索,按照"20日凌晨""20日16时许""17时20分""20日18时"等时间顺序,基本概述了中部战区多支部队在一线开展救援抢险的全过程。

2.按照逻辑顺序写主体

【案例6】

《大漠深处开设党史课程》一文的主体部分

"上世纪七八十年代,我们的前辈、水电老兵薄建国,为保障科研试验用水,在大漠深处守井看水10余年……"日前,在马兰基地某部甘草泉水站的党史课堂上,一级军士长冯红勇深情讲述的老兵故事,让大家深受触动。(此段为导语部分,以下为主体部分)

甘草泉水站是一个名字充满诗意、环境却异常艰苦的地方。官兵常用顺口溜形容这里的条件:地上不长草,风吹石头跑,四周无人烟,手机没信号。"站在这片土地上,我们能真切体会到部队创业的艰辛,更深刻感受到肩上责任的重大。"冯红勇说,最早的创业者们咬紧牙关艰苦奋斗,用双手在大漠戈壁中建起家园。

"任凭天公多变幻,哪管风暴沙石扬"通过学唱张爱萍将军创作的歌曲《我们战斗在戈壁滩上》,大家深刻感受到先辈们披荆斩棘、奋勇拼搏的精神风貌。像甘草泉水站这样的小散远单位,在该部还有不少。为确保党史学习教育深入一线,他们向各点位派驻理论骨干,引导战士研读党史相关文献书籍;组织观看《横空出世》等红色经典影片,精读马兰精神系列丛书;结合物资运送、人员轮换等时机,派"理论之星"赴各点位讲述红色故事,推动"我是党员、向我看齐"等主题实践活动在各点位落细落实。

该部还组织官兵参观部队历史展览馆,瞻仰马兰烈士陵园,用红色历史和英模事迹鼓舞官兵斗志,进一步增强党员干部的使命感,坚定官兵"怕苦不当水电兵,奋战戈壁保畅通"的意志信念。

【分析】 这篇消息报道的主要事实是在大漠深处开设党史课程,所以导语之后的两段先写官兵上课情况,后面的两段则补充了部队组织的其他党史学习教育活动,丰富消息内容。

(三)结尾

消息的结尾,可有可无。若写结尾,需要精练、巧妙,起到深化主题、画龙点睛的作用。

1.点睛式结尾

点睛式结尾,又叫深化主题式结尾,即通过使用抒情笔调、借助人物语言等方式,巧妙含蓄地点明主题、深化主题,帮助读者加深对新闻实质的理解。

【案例7】

《一张新兵胸卡 几多关爱尊重》一文的结尾

谈笑间,基地政委孙昌兵也走了过来。他的话意味深长:"卡片虽小作用大。它增强了责任感,强化了监督,方便了沟通,促进了军营和谐。"

【分析】 在新年伊始,某基地新兵连迎来了一批新战士。为确保新兵管理工作的顺利进行,基地特别为新战士及带兵骨干制作了胸卡,并予以发放佩戴。胸卡上印有彩色照片、姓名、单位、籍贯等基本信息,旨在帮助带兵骨干快速熟悉新兵,同时也方便新兵间的相互了解与沟通。往年新兵入营时,由于人数众多,带兵骨干往往难以在短时间内记住新兵的名字,这不仅给新兵带来了困扰,也不利于干部对新兵的管理。针对这一问题,基地在新训开始之际,便及时采取了有效措施,制作了胸卡供新战士和带兵骨干佩戴。在消息的最后,基地政委孙昌兵表示,通过佩戴胸卡这一举措,不仅有助于提升新兵管理工作的效率,更能增强新战士的归属感和荣誉感。他强调,基地将继续关注新兵的成长与发展,为他们提供更好的训练和生活环境,确保他们能够迅速适应军营生活,为国家的国防事业贡献力量。

2.评论式结尾

对所报道的事实进行理性分析和评价,指出其重大意义或核心所在。

【案例8】

《我国首个深海实时科学观测网在西太平洋建成》一文结尾

王凡表示,西太平洋科学观测网建设已实现从观测网科学规划、深海潜标设计、大洋海上作业、水下和卫星实时传输、数据智能分析挖掘、电脑手机终端图形接收的全流程一体化作业,建设与维护步入了批量化、标准化和常态化时代。观测网获取的连续和实时数据将为我国科学家研究西太平洋环流的三维结构、暖池变异及其对中国气候变化的影响提供宝贵资料,为我国的气候预报和环境保障业务提供重要的基础支撑。

【分析】 这个结尾是对实时科学观测网在西太平洋建成这一事件的评价,指出它的建成不仅标志着其建设与维护已经步入批量化、标准化和常态化时代,而且对我国科学家研究中国气候变化等有着重要的意义。

3.展望式结尾

展示事件发展预期和趋势的结尾,或表示决心,或提出问题解决方案。

【案例9】

《百万雄师出动消灭日寇》一文的结尾

万里云烟,一片杀喊,中华男儿正以坚决战斗动作,抵抗×××。

【分析】 该则消息记录了抗日战争胜利前夜,我百万雄师向日寇发动最后攻击的场景,结尾部分就写出在一片杀喊声中,英勇无畏的中华男儿一定能够消灭日本帝国主义的趋势判断和美好展望。

4.描写式结尾

在结尾处用描述的手法,营造身临其境的氛围,增强新闻的感染力。它主要适用于以描写为主,力求再现现场的新闻报道。

【案例10】

《南航某师穿云破雾砺深海突击硬功》一文的结尾

茫茫海天成为蓝天骄子空战演练的大舞台。在指挥塔台,随着指挥员一声令下,一架架装挂着导弹的战机如离弦之箭冲向茫茫海天。演练中他们从单机突击到多机编队突击、从仪表驾驶到空中截击、从低空飞行到超低空飞行,由浅入深,循序渐进,逐个突破训练难点。下午2时25分,最后一架战机身披海雾安全着陆,该师新年度首次连续多场飞行训练圆满结束。

【分析】 这是报道航空兵某师开展高难度课目训练时所写的结尾。这段文字细致入微地描述了现场演练的具体情况,展现了航空兵某师井然有序的组织能力,使读者如临现场,深受感染。

? 答疑解惑　消息正文往往要加新闻背景描述,如何写新闻背景?

消息中所说的新闻背景是对新闻事实进行解释、补充、烘托的材料,包括与新闻事实有关的历史条件、社会环境、政治缘由、地理特征、科学知识等内容。消息背景交代得是否充分、清楚,将在很大程度上影响新闻报道的质量。要讲清背景,需要做到以下三个方面:

（1）说明消息的意义，突出消息的价值

【案例11】

《"允许观众现场看球"是个大新闻》这则消息的开头

你或许永远想不到，"允许观众现场看球会成为新闻，而且是奥运会新闻！"考虑到疫情形势，日本政府决定奥运会期间，东京地区及周边不允许观众入场。最终，日本允许带现场观众的赛场仅剩三个：宫城县与茨城县举行的足球赛，静冈县举行的场地自行车赛。这意味着，奥运会其他项目将"空场"。

因此，中国女足与巴西女足的小组赛因有观众而成为新闻。

【分析】 消息的标题就点出了这则消息的意义，强调"允许观众现场看球"是个大新闻。但如何"新"，为何"大"，显然不是标题可以解释清楚的，所以需要在正文中加上背景，来说明消息的意义，突出消息的价值。

（2）说明事件发生的条件、原因

这样的背景常带有解释意味，可以帮助读者更好地了解新闻事实。

【案例12】

《西安卫星测控中心5小时内完成多点并行发射测控任务》

近年来，我国航天发射任务持续保持高密度。对于承担我国所有进出空间测控任务的西安卫星测控中心而言，多点并行同时准备数次测控任务已经成为常态。为此，这个中心通过启用新一代中心计算机系统，积极优化任务软件，区分公用、专用，构建模块化框架，使任务准备时间大大缩短，有效提升了多任务并行执行的能力。

【分析】 这则消息主体说明了西安卫星测控中心能在5小时内完成"多点并行发射测控任务"的一些条件，让读者更好理解这个新闻事实的来龙去脉，了解西安卫星测控中心为之付出的努力。

（3）丰富消息的内容，增加知识性和趣味性

在消息中，加入一些背景材料，可以帮助不同层次的受众理解和接受新闻事实，引导人们跨越"未知"的桥梁，拓宽读者的视野，增强消息的知识性和趣味性。

【案例13】

《第七十三集团军某旅赓续红色血脉：两栖劲旅奋进转型路》

翻开历史长卷，济南战役中，面对敌人重兵防守，该旅前身部队在缺乏攻城炮火的情况下，浴血奋战、奋勇歼敌，最终以巨大牺牲撕开突破口、攻下济南城，被中央军委授予"济南第二团"荣誉称号，并凝聚形成"听党指挥、敢打必胜"精神。

【分析】 为便于读者理解七十三集团的红色血脉，该消息生动阐释了七十三集团军

的英勇战绩,丰富了表述的内容。

（来源:张晨,肖悦.例谈请示缘由的写作要领 [J].应用写作,2022(12): 12-15.）

技能训练

请分析两则消息,从写作立意、素材取舍与提炼、文字表达、发文平台等方面,说明版本1、版本2和版本3的区别。

版本1

××市文艺评论家协会2023年工作总结暨文艺评论奖颁奖典礼成功举行

12月23日上午,由××市文联主办、××市文艺评论家协会承办、广东××职业学院文化与传媒学院协办的××市文艺评论家协会2023年工作总结暨文艺评论奖颁奖典礼在广东××职业学院文化与传媒学院举办。××市文联副主席×××、文艺部主任×××,××市作协副主席×××,××区作协主席×××、副主席×××、×××,××特区报副刊主编×××,××市文艺评论家协会副主席×××、×××、×××以及理事成员、获奖者和会员代表参加了本次会议。

一、领导致辞

××市文联副主席×××为大会致辞。他充分肯定××市文艺评论家协会在××省文艺评论基地建设、××文艺评论书系首批丛书出版、文艺评论家成果展览,尤其是××文艺评论奖评选活动的突出业绩,鼓励协会以2023年工作总结暨文艺评论奖颁奖活动为契机,谋划好2024年乃至今后长时期的工作安排,推出更多、更好的文艺评论精品力作,彰显协会生命力。

×××副主席对××文艺评论家协会提出三点要求。

第一,把握好文艺评论的方向。认真学习贯彻习近平文化思想,坚持马克思主义文艺理论的基本观点,贯彻五部门联合发布的《关于加强新时代文艺评论工作的指导意见》,履行好文艺评论推出精品、提高审美、引领风尚的使命。

第二,加强文艺评论的队伍建设。充分利用丰富的高校资源,努力挖掘各类文艺评论家和学术人才,吸纳涵盖各大门类的有才华、有能力的文艺人才到协会中。

第三,筹备好协会的换届选举工作。早筹备多谋划,把讲政治、懂业务、能干事、愿服务的同事吸纳到协会的领导班子中,提高协会联络、协调、服务的责任和水平。

作为协办方,广东××职业学院文化与传媒学院院长×××博士向参会者介绍学校业绩的同时,重点阐述了文化与传媒学院的两大使命:培养人才、当地文化建设与传承,并列举了学院在文化建设与传承方面取得的重量级成果。作为协办方,×院长在欢迎大家到来、感谢参会者为学院文化建设提供支持的同时,也希望借助文化与传媒学院平台为文艺评论家协会的未来发展贡献力量。

二、颁奖

(一)颁发荣誉证书

××市文艺评论家协会副主席×××、××作协主席×××为优秀奖获得者颁奖。

××市作协副主席×××、广东××职业学院文化与传媒学院院长×××为三等奖获得者颁奖。

××市文艺评论家协会副主席×××、××市文联文艺部主任××向二等奖获得者颁奖。

珠海市文联副主席×××、珠海特区报副刊主编×××为一等奖获得者颁奖。

(二)获奖者代表发言

三届一等奖获得者齐聚一堂,共同感谢协会为他们提供平台和机会。同时,他们分别从不同视角对珠海文艺评论进行了阐述。

第三届珠海文艺评论奖一等奖获得者×××副教授从评论家视角分析珠海文艺评论现象，谈到三点体会。一是，文学与时代互为隐显关系。二是，评论要发现并写出文学世界与现实世界的因果关联，揭示创作者写什么和怎样写的理由。三是，把握作家和作品的关系。评论者只要把握作者形象，就找到了解读作品的一个入口。

第二届珠海文艺评论奖一等奖获得者×××博士从诗歌创作视角进行发言。×××博士从事诗歌评论近二十年。是××诗坛新诗发展的亲历者、见证者和参与者。二十年里，他没有离开、没有放弃、没有厌倦。×博士强调"只有坚持才是对诗歌最深情的热爱，只有优秀的文本才能体现出对诗歌的真正敬畏。"

第一届"珠海文艺评论奖"一等奖获得者×××教授从专业作家视角进行发言。结合自己的创作与科研经历，×教授提出做好学术需具备三种基本素养：思想的穿透力、材料的发现与应用、思维能力。要做"有思想的学术，有学术的思想"。让思想材料和文体都浸润自己独特的思考发现与体验，写出好看的文章。

三、工作总结

×××市文艺评论家协会副主席×××教授做报告《××市文艺评论家协会2023年工作总结暨2024年工作计划》

×××副主席提出，2023年，××市文艺评论家协会在××市委、市政府的正确领导下，在××市文联的亲切关怀下，认真学习习近平文化思想，深入贯彻党的二十大精神，贯彻落实省委"1310"具体部署，稳中求进，开拓创新，圆满完成全年的目标任务。主要包括党建工作、第三届××文艺评论奖评奖活动、"艺术点亮人生"文艺志愿服务活动、文化交流系列活动等。2024年，协会继续以习近平文化思想和党的二十大精神为指导，结合市文联2024年工作计划部署、自身特点和优势，开展习近平文化思想学习研讨、"文艺进万家、健康你我他"等主题活动，助力"百千万工程"。

除此之外，××市文艺报刊社副社长、××市作家协会副主席兼秘书长×××就"人工智能与新南方写作"主题进行分享。诠释了新南方写作的三个向度：想象力的可能、新现实的可能和世界性的可能。

版本2

××市文艺评论家协会2023年工作会议暨文艺评论奖颁奖典礼成功举行

12月23日，××市文艺评论家协会2023年工作会议暨文艺评论奖颁奖典礼在广东××职业学院双创楼举行。市文联副主席李××莅会指导并致辞，市文联文艺部主任××出席会议。市评协副主席兼秘书长×××，市评协副主席×××、×××等出席会议。会议由市文联主办，市评协承办，广东××职业学院文化与传媒学院协办。市评协副主席×××主持颁奖典礼，广东××职业学院文化与传媒学院院长××代表协办方致辞并主持学术报告。

李××（主办方）在致辞中指出，近年来，市评协深入学习贯彻习近平新时代中国特色社会主义思想，团结凝聚××文艺评论家和文艺评论工作者，积极培养文艺评论人才，繁荣发展文艺评论事业，打造文艺评论活动品牌和文艺评论阵地，学术氛围浓郁，工作成绩突出，为珠海文艺事业作出积极贡献。希望协会以本次会议为契机，继续坚持马克思主义文艺理论基本观点，加强队伍建设，拓展评论领域，提高协会联络、协调、服务水平，努力发挥文艺评论在引导创作、多出精品、提高审美、引领风尚方面的重要作用，推动社会主义文艺健康发展。

××（协办方）在致辞中表达了对与会人员的热烈欢迎，并介绍了文化与传媒学院近年来在人才培养、学科建设、社会服务等方面的基本情况，列举了学院在地方文化建设与传承方面的主要成果。

市文联副主席×××、××特区报副刊主编×××为一等奖获得者×××等颁发获奖证书，市评协副主席×××、市文联文艺部主任××为二等奖获得者×××等颁发获奖证书，市作协副主席×××、广东科学技术职业学院文化与传媒学院院长××为三等奖获得者×××等颁发获奖证书，市评协副主席×××、斗门区作协主席×××为优秀奖获得者×××等颁发获奖证书。

获奖代表×××、×××、×××先后发言,衷心感谢协会提供的平台和机会,并分别从评论、诗歌创作、散文创作等视角对文艺评论进行了个人化的阐述。他们表示,作为当代文艺发展的亲历者、见证者和参与者,始终保有文艺情怀,始终热爱文艺评论工作,充分体验到只有坚持才是对文艺的深情致礼,只有优秀的文本才能体现对评论的真正敬畏。

市评协副主席兼秘书长×××代表协会做工作总结,并简要介绍了2024年工作计划。他指出,2023年,市评协在××市委的正确领导下,在市委宣传部、市文联的亲切关怀下,认真学习习近平文化思想,深入贯彻党的二十大精神,贯彻落实省委"1310"具体部署,稳中求进,开拓创新,先后完成"艺术点亮人生"文艺志愿服务、文化交流协作、文艺评论奖评奖等系列工作,继续深入推动省文艺评论基地建设、珠海文艺评论书系丛书出版等工作,培育和发展壮大文艺评论工作者队伍,圆满完成全年目标任务。2024年,协会将结合市文联2024年工作计划部署,充分发挥自身特点和优势,开展习近平文化思想研讨、"文艺进万家、健康你我他"等系列主题活动,助力文化珠海建设。

在学术报告环节,××市文艺报刊社副社长、××市作家协会副主席兼秘书长×××围绕"人工智能与新南方写作"主题做了分享,从想象力的可能、新现实的可能及世界性的可能等角度诠释了新南方写作的基本向度。

市评协会员、获奖代表及青年文艺爱好者共70余人参加会议。

版本3

××市文艺评论家协会2023年工作会议暨文艺评论奖颁奖典礼在我校成功举办

12月23日,××市文艺评论家协会2023年工作会议暨文艺评论奖颁奖典礼在我校双创楼举行,会议由××市文艺评论家协会主办,我校文化与传媒学院协办。市文联副主席×××莅临会议指导并致辞,文化与传媒学院×××院长代表协办方致辞并主持学术报告。市文联文艺部主任×××、市评协副主席兼秘书长×××、市评协副主席×××、×××、×××、×××,市评协会员、获奖代表及青年文艺爱好者共70余人参加了会议。

市文联副主席×××在致辞中指出,近年来,市评协深入学习贯彻习近平新时代中国特色社会主义思想,团结凝聚珠海文艺评论家和文艺评论工作者,打造文艺评论活动品牌和文艺评论阵地,学术氛围浓郁,工作成绩突出。希望协会以本次会议为契机,继续坚持马克思主义文艺理论基本观点,努力发挥文艺评论在引导创作、多出精品、提高审美、引领风尚方面的重要作用,推动社会主义文艺健康发展。

×××院长(协办方)在致辞中表达了对与会人员的热烈欢迎,并介绍了文化与传媒学院近年来在人才培养、学科建设、社会服务等方面的基本情况,列举了学院在本土文化建设与传承方面的主要成果。表示学院愿意借助协会这一平台,为珠海文艺评论事业多做贡献。

市评协副主席兼秘书长×××代表协会做工作总结。他指出,2023年,市评协先后完成"艺术点亮人生"文艺志愿服务、文艺评论奖评奖、珠海文艺评论书系丛书出版等三大品牌工作,助推了珠海文艺评论事业的发展。

在学术报告环节,××市文艺报刊社副社长、××市作家协会副主席兼秘书长陈崇正围绕"人工智能与新南方写作"主题做了分享,从想象力的可能、新现实的可能及世界性的可能等角度诠释了新南方写作的基本向度。

据悉,文化与传媒学院教师作为××市文艺评论家协会的一支重要力量,在近三届的评选活动中,斩获多个奖项,其中×××教授荣获首届××文艺评论奖一等奖,××老师荣获第三届××文艺评论奖三等奖,×××教授、×××教授、×××副教授、×××副教授荣获第三届××文艺评论奖优秀奖。此外,×××教授(文化与传媒学院教师)的学术著作《拒绝合唱——散文的精神》受到协会资助,于2022年由中山大学出版社出版。

会上,作为获奖者代表之一的×××教授结合自己的创作与科研经历进行发言。他提出做好学术需具备三种基本素养:思想的穿透力、材料的发现与应用能力、思维能力等。要做"有思想的学术,有学术的思想"。让思想材料都浸润自己独特的思考、发现与体验,写出好看的文章。

　　本次活动的会务服务主要由我院秘书事务所完成。在评协秘书×××老师(文化与传媒学院教师)、评协副主席×××老师(文化与传媒学院教师)的指导下,秘书事务所学生完成本次会议服务的信息搜集、台签制作、座次排序、PPT制作、茶水服务、会场布置与整理等各项会务服务工作,保证了活动的顺利开展,受到与会领导和老师的高度认可。

项目二十八
微信推文写作

  微信推文的写作是一项系统性的工程,它涵盖了内容定位、选题策划、文章质量把控以及用户互动等多个环节。第一,务必明确企业微信公众号的定位,包括精准识别目标受众、确立独特的内容风格以及设定明确的传播目标。第二,选题策划至关重要,它是推文取得成功的关键所在。在选题时,可以选择常规性话题、热点议题或系列专题等多种形式,以吸引读者的注意力。第三,务必确保推文内容的原创性和价值性,为读者提供实用且有益的信息或解决方案,以增强其阅读体验。第四,鼓励用户参与互动也是提升推文效果的重要途径,可以通过提问、评论和分享等方式,引导用户积极参与,从而增强用户活跃度和黏性。第五,要不断提升团队写作能力,加强持续学习,并注重原创保护,以促进微信推文质量的稳步提升。

知识目标:
- 掌握微信推文的写作思维。
- 掌握微信推文的写作技巧。

能力目标:
- 能够写出原创性的微信推文。
- 能够写出传播力强的微信推文。

素养目标:
- 培养创新思维。
- 培养敏于行、匠于心、尚于品的新媒体工匠精神。

一、微信公众号平台的分类

（一）订阅号

订阅号指的是媒体、个人向关注者提供信息的一种公众号。其定位是资讯平台，主要为用户提供信息和资讯，用户只要关注某个订阅号之后，每天都会收到该订阅号发送的信息。

订阅号的基本功能是每天发布一条消息，每条消息最多包含8篇文章。一些早期申请的订阅号，或者受到微信官方邀请的媒体性订阅号，拥有一天发送多条消息的权限，如图6.28.1所示。

我们经常说的微信营销，一般情况下，用的都是微信订阅号。企业和个人可以通过微信订阅号传递品牌故事、宣传产品理念、塑造品牌形象、挖掘潜在用户、聚拢忠实粉丝、互动交流、销售产品等。

（二）服务号

服务号旨在为用户提供和企业相关的服务，适用于银行、酒店、航空公司、政府之类

图6.28.1　人民日报订阅号

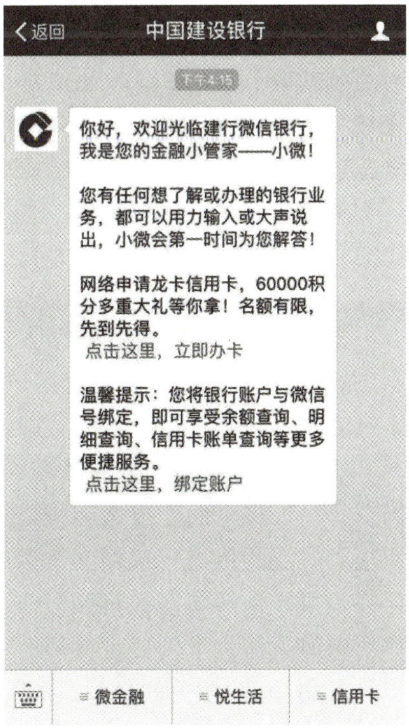

图6.28.2　中国建设银行服务号

的组织。它以服务为主，只有企业或者组织才能够申请开通，个人是不允许申请的。

服务号每月发送4条信息，主要定位是服务，不像订阅号那样具有明显的宣传属性。服务号影响着客户体验。服务到位，消费者对该企业的认可度就会增加，对产品的复购和粉丝忠诚度的提升都大有裨益。中国建设银行服务号如图6.28.2所示。

(三)企业号

企业号是政府、企业等单位用于内部及上下游之间管理的公众号，它为组织管理提供更加便利、更加有效的渠道，可降低组织管理和内部沟通成本，优化办公流程，提高办公效率。

企业号的应用范围非常广泛，可以用于政府、公安、教育、酒店等领域，帮助组织建立自己的生态系统，连接组织内部员工、合作伙伴及内部系统和应用，使组织的业务和管理更具互联网特点。

【案例1】

哈根达斯通过微信企业号让"巡店"标准化、及时化、移动化

哈根达斯共有300多家门店，分布在全国60多个城市，巡店管理是公司运营的例行工作。

巡店督导能根据企业号内置巡店模块的巡店要求，进行各个细项的检查。一旦发现门店陈列存在问题，就可以在现场制作巡店报告，以图片、文字、打分的形式描述存在的问题，评估结果可以即刻发送给管理人员，相应的解决方案也可以及时以微信的形式传达至店长。

企业的管理者也可以通过企业号以多种维度查看门店的巡店报告、总结门店运营中的共性问题，甚至可以通过巡店次数、照片数、评论数的汇总，对巡店督导进行管理和考核。

二、微信推文的写作思维

(一)用户思维

要想写出有影响力的新媒体文案，需要深度地换位思考。具体来说就是给用户带来真正的价值。与用户有关、对用户有用、替用户说话、激发用户情绪的信息都能给用户带来价值。

如，人民日报订阅号在陈冬、刘洋、蔡旭哲"太空出差"6个月，成功着陆第2天，于中国空间站即将全面建成之际，推出文案《中国载人航天，一分钟会发生什么？》，短时间内实现了广泛的传播。这篇文案借助热点，同时满足了用户的好奇心，所以取得了较好的传播效果。珠海特区报订阅号于2023年2月12日发表推文《2月发放看牙补贴，符合条件的珠海人抓紧申领！》也在短时间内取得了较好的传播效果。原因在于其为牙疾用户提供有用、利益相关的信息，激发他们的喜悦情绪。而与珠海无关的、与牙疾无关的用户，很少去点击这篇文章。原因就是，这篇文章不能给他们带来有价值的信息。

所以,新媒体文案人员在写作时,始终"以用户为中心",考虑用户的诉求、地域、爱好、学历、职业、习惯等,是写好新媒体文案的前提。

【案例2】

女子英歌队的"中华战舞",飒!

龙年春节,到潮汕追英歌舞,成了一种潮流。英歌舞表演持续整个正月,网友称之为"最强过年气氛组"。英歌舞是潮汕地区一种民间舞蹈,集戏剧、舞蹈、武术于一体。取材于《水浒传》,距今已有300多年历史。2006年,潮阳英歌舞被列入第一批国家级非物质文化遗产名录。今年春节,英歌舞不仅再次"出圈",还"出海"到英国伦敦街头。短短6分钟的表演,吸引了不少海外民众现场围观。在潮汕,一有演出,现场便人山人海。柱子上、阳台上全是人。街坊们各显神通,只为一睹潮汕英歌舞的风采。其中,汕头潮阳西门女子英歌队十分抢眼。她们清秀飒爽,动作整齐优美。"头槌"女孩郑梓欣和队友们青春的笑容和又美又飒的动作,打动了无数网友。

"又老又潮"的英歌舞有何魅力?

在潮汕,只要英歌舞的锣鼓敲响,年的味道就来了。

舞者表演时,每人手执一对英歌槌,配合锣鼓点和吆喝,挥动双槌上下敲击、边走边舞。初看英歌舞的观众或许心中会有一个疑问,领队扮演的是什么角色? 手里为何拿条黑白相间的"蛇"? 据介绍,领队扮演的是《水浒传》里的时迁。他首发探路,相当于队内"灵魂"。之后是"头槌""二槌""三槌""四槌",分别扮演李逵、关胜、鲁智深、武松。此后"梁山好汉"依次出场亮相,变换各种队形进行表演。潮汕地区的很多镇、街道都有英歌队。仅汕头的潮阳区就有上百支英歌队。队员们服饰色彩鲜艳、表演动作威猛豪迈,让人看后极为震撼。起初,英歌舞多由男子表演。后来逐渐打破性别、年龄界限,越来越多的女性、孩童加入英歌队。女子英歌舞不同于男子的豪迈粗犷,多取材于花木兰、穆桂英的故事,体现"柔中带刚、刚柔并济"。还有来自幼儿园的英歌队。比起"武侠"快意,更多了几分萌。

谁说女子不如男? 来看英歌"花木兰"

1952年成立的西门女子英歌队开创了潮汕女子英歌的先河。其间由于种种原因,发展陷入停滞。2011年,西门社区重新招募队员组建女子英歌队。由国家非物质文化遗产项目,潮阳英歌舞市级传承人陈坍鹏任队长,并请来老队员指导培训。才让这支女子英歌队得以赓续。陈坍鹏说,西门女子英歌队吸取了男子英歌的一些基本步法和动作,糅合进戏曲舞蹈的一些舞步造型,表演起来轻盈活泼,飒爽多姿。在传承老套路的同时,她们还创新了十下套"双凤贺春"及十二下套"百凤齐舞"。队员额头上的"火"字,是专门设计的符号,象征着团结精神,也寓意巾帼不让须眉。队员的服装统一为红绿两色的刀马旦装束。红色队服为花木兰,绿色队服为穆桂英。如今,这支平均年龄18岁的英歌"女团"风华正茂。队伍规模已达70多人,年龄最小的仅9岁。还有许多在外读书的大学生。十几年来,西门女子英歌队一直有源源不断的年轻力量注入。每年暑假招收学员都很火热。跳英歌舞的运动量很大,哪怕冬天也要跳出一身汗,但是队员们的学习热情依然高涨。

2024年春节英歌舞展演巡游活动中

西门女子英歌队表现抢眼。郑梓欣作为"头槌"(承担指挥、领队走阵型和开路,常挑选最优秀的队员担任),受到网友追捧。大家直呼被她的笑容甜到了。郑梓欣是棉城中学一名初二学生,去年暑期加入西门女子英歌队,10月份开始担任队里的"头槌"。"以前看英歌舞表演很激动,觉得很酷很帅,很想加入。"郑梓欣说,"英歌舞的动作要做到位,需要很大力气,练起来会比较累。但也锻炼了自己的毅力和耐力。""很感激大家喜爱和支持西门女子英歌队,我们会把最好的一面展现出来。"

接住"泼天的富贵""不能辜负这份喜爱"

比起网友评价的"甜、飒"等词条,更打动人的是她们对传统文化的自信与热爱和对家乡的荣誉感。英歌队中的成员,大部分并非专业舞者。队长陈坍鹏在潮阳交警工作,副队长吴燕花开了一家美甲店。队里还有体育老师、幼儿园老师等,大家都是下班、放假后自发组织训练。手上起疱、膝盖淤青是常事。能在训练中坚持下来,是因为真心热爱。陈坍鹏说:"能火起来,英歌舞就能传承下去。我们要接住这'泼天的富贵',不能辜负大家对英歌舞的喜爱。"吴燕花则表示:"我最希望西门女子英歌队能一直传承下去,走上更大的舞台,让更多的人感受潮汕女子坚韧不拔、吃苦耐劳的精神"。现在在潮汕地区,除了气势如虹的英歌舞,还能看到乔林烟花火龙、阳美火把节、大长陇贺灯、狮舞、溪口游蔗灯、盐灶拖神、澄海西门蜈蚣舞等各类民俗活动。一直持续到3月份才结束,为飒爽的女子英歌队点赞!

(来源:人民日报官方微信平台)

【分析】 这是一篇借热点的文章,发表在春节期间,潮汕英歌舞西门女子英歌队的火热短视频之后。一方面,回应受众的情绪要求,另一方面也宣传地方的优秀传统文化。

(二)简约思维

这一思维的核心是抓住产品的一个卖点进行直观化宣传,并不断更新和完善。一则新媒体文案中只写一件事情,并将这件事情通过细节案例表述清楚。如果一则文案中说了三件事,就等于一件也没有说。简约思维的核心是从小处着眼,具象着手,深入挖掘。

【案例3】

付同学火了! 网友直呼:此刻你是最帅的男人!

近日,云南一位大学生发布的一则视频,在网上突然火了,点赞超过20万。网友评论超过1万条。相关话题也迅速冲上热搜。这究竟是咋回事? 发布视频的小伙叫付天,今年19岁,在云南昆明的一所专科学校学习高速铁路服务专业,家住云南省镇雄县山区的盐溪村。视频中,他手拿砍柴刀,背上的背篓装了满满一筐枯树枝干。原来,是因为春节假期快要结束,离家的日子也越来越近了,他想要给爷爷奶奶准备好夏天烧的柴。整整700多斤柴,是他对爷爷奶奶的爱。付天早上八点起床,到山上寻找枯树砍下枝干做柴火,一直到下午六点。虽然村子里早已用上电,但老人出于习惯会时不时烧柴。他说:"我没什么大本事,只是把爷爷奶奶夏天烧的柴给准备好了。"

因父母离异,父亲在外打工。付天小时候一直跟着爷爷奶奶生活,他在视频平台上写道:"我装进背篓里的不是柴,是对爷爷奶奶的爱。"付天说,爷爷奶奶年纪大了,不愿意搬离小山村。而他自己越长大,回家的时间越短,"想到快回学校了,我就多帮他们一点"。付天的学校开学时间是2月28日。开学在即,这几天除了走亲戚,付天几乎都在帮爷爷奶奶干活。除了劈柴、锄地,他还去镇上给爷爷奶奶买了药、买了新鞋。在视频的评论区,付天晒出一瓶爷爷奶奶给自己留下的牛奶。"你们都收到爷爷奶奶给你们留的牛奶了吗?不是牛奶过期了,是你回来得晚啦。"网友留言"此刻你是最帅的男人""太懂事了,让人感动"。小小的举动源自内心最真挚的感恩和爱。为阳光孝顺的付同学点赞。

(来源:人民日报官方微信平台)

【分析】 全文没有"孝"的理论阐述,主要通过主人公的动作、语言等细节描述来讲好"孝"的故事。另外,文章主题聚焦,只围绕"孝"进行写作,不牵涉其他。

(三)求异创新思维

新媒体文案的写作目的,首先是吸引受众的注意力,让受众点击、阅读、认同并转发文案。要做到在海量文案中突显自身文案的优势和亮点,就必须找到与同类文案的区别之处,进行创新性描述和表达。

(四)极致思维

新媒体文案人员要快速抓住亮点和热点,根据受众需求、结合产品调性,短时间内快速写出质量高、传播力强的文案,不但需要持续学习的态度和行为、强大的专业行业知识背景,而且要有极强的抗压、抗挫能力,能够把工作做到极致。

(五)迭代思维

做新媒体文案,尤其是自媒体文案,要重视迭代思维,即:按照既定方向,不断地在垂直领域发表文章;根据用户反馈,及时修正下一篇文案的写作思路、语言风格等;按照用户阅读习惯和文章类型,形成固定时间推送文章的习惯等。

(六)大数据思维

文案策划前,要明确用户定位;文案完成后,要根据后台数据做分析。定期进行数据分析,可以帮助新媒体文案人员总结经验教训,明确下一步的方向。在互联网时代,大数据可以帮助人们解决很多问题,如定方向、降成本、省开支等。新媒体文案人员常用的数据分析平台有清博指数、新榜、数说风云、易赞、微风云、西瓜数据、微信热榜等。以下这些数据都是运营者应经常关注和分析的:

(1)基本信息:日期、排期、标题、文章类型、是否有广告、是否有互动活动。

(2)前期阅读数据:送达人数,七天图文阅读人数,七天图文阅读次数,七天人均阅读次数,第一、二、三天阅读人数。

(3)传播数据:公众号会话阅读量、打开率、朋友圈阅读比例、一次传播率、在朋友圈再次分享量、朋友圈阅读量、朋友圈单位分享带来的阅读量。

(4)总数据:累计总阅读量、总点赞量、点赞率、留言数、留言率、转载数、打赏钱数、两天增粉人数。

三、微信推文的写作技巧

(一)微信推文标题拟写的底层逻辑

1.与用户有关

要考虑用户身份,让写作与用户有关。用户的身份主要体现在性别、年龄、职业、教育、收入、阶层、生活方式和个性特点等方面。例如:《25岁找工作找饭碗,30岁跳槽挑老板》这个标题就比《和职场老板相处指南》更有吸引力;《30岁之前学什么,才能避免40岁失业》这个标题就比《你的成功在下班后8小时》更有吸引力;《月薪1万,如何在一线城市活出小资范儿?》这个标题就比《一线城市省钱指南》更有吸引力。

2.对用户有用

明确受众,清晰表达。受众不同,传递的信息就不同。比如,做文秘专业宣传。针对高考填报志愿的学生和大一入学的新生,我们宣传的内容和侧重点是不一样的。明确受众后,针对受众的痛点、痒点和兴奋点,选取对受众有用的标题进行写作。

为用户提供方法、用权威吸引用户、节省时间、节省金钱、提供稀缺资源、创造从众等都是对用户有用的法宝。例如,《10小时10万人付费!网易凭什么又刷屏了?》这个标题就比《网易知识付费为什么会刷屏》更有吸引力;《2023年开年第一课——××运营方法论(内附PPT)》就比《××运营干货方法论(新)》更有吸引力;《5个月追踪了783家创始公司,分析了64.7万条数据,我们发现了10个有趣现象》这个标题就比《创业公司腾飞的10个有趣现象》更有吸引力。卖点+收益点是打造"对我有用"标题的简单方法。如《持久水润,打造你的果冻唇》这个标题的前半句"持久水润"是卖点,后半句"打造你的果冻唇"则是使用之后的收益点。这两部分加在一起,就是一个比较好的标题。受众扫一眼就知道,这个商品有什么功效,是不是自己需要的。

3.激发用户情绪

高强度的正面情绪和负面情绪都能够激发用户点击、转发。通过人物和事件的刻画,宣扬主人公积极正面的情绪,引起用户的兴奋、羡慕、崇拜和自豪感等。如,《〈战狼〉2是自嗨? 现实告诉你,中国军人有多牛!》激发用户情绪的底层逻辑是制造对比。具体来说,分为两种类型。

(1)常态+非常态,形成对比,激发情绪

常态就是正常的事情、正常的情况,非常态就是不正常的事情、不正常的情况。比如××科技服饰公司,在推广它生产的运动正装时,取的标题是《谁说运动服就一定丑? 这件好看炸了》。人们对运动服的认识的心理常态是运动服不好看、不正式、难登大雅之堂。但是这个标题却说,现在有一件运动服,一点儿都不难看,好看炸了。通过常态与非常态的对比,激发用户的好奇心,能够吸引受众点击查看。

(2)之前+之后,形成对比,激发情绪

标题里呈现出使用某个商品或服务之前和之后的对比。将使用前后的样子进行对比,让受众鲜明地感受到这个商品或者服务的功效。如,《用了××才知道,原来请个保姆还挺便宜的》。很显然,这个标题是为××产品打广告的。这个标题之所以能吸引大家,在于使用××产品前后的对比效果。这里要注意的是,激发用户情绪时,尽量用正面描述。因为这样能体现对用户的尊重。把"你的宝宝比人家笨,可能是因为你做了这三件事情"换成"为什么有的宝宝就是比别人聪明呢? 因为他们的妈妈抓住了这三点",换一种思维方式,阅读量就会高许多。所以,激发用户情绪时,首要考虑的是尊重用户。

4.替用户说话

作者在行文的时候,可以把场景想象成用户在跟他们的朋友说话,在标题中加入谈资和价值,表达观点、塑造形象等。如,《让人放心,是一个人最了不起的才华》《只有把自己先变强大,才能产生万有引力》。

(二)微信推文标题的写作策略

1.反映关键信息

网络阅读以碎片化、浅阅读为主,重点不突出的新闻标题难以吸引受众。所以,媒体编辑在设计微信公众号新闻标题时,要提炼最关键的信息,在1~3秒内抓住受众的注意力,有效提高微信推文的点击率。例如,"辞职闯荡天下,他是否能看到诗与远方?"该标题将"辞职"二字放在最前面,将"诗与远方"放在最后,前半句重在陈述事实,后半句则是将视线投向未来,吸引受众关注人物的命运。当受众的视线在前半句短暂停留时,自然会对后半句的内容产生好奇,进而点开文章,获取自己想要的答案。

2.找准受众的痛点

在互联网海量信息面前,受众注意到的,往往是与自身相关的事物。所以,在制作微信公众号新闻标题时,还需要适当揣摩受众的心理。只有这样,才能直击受众的痛点,使其产生共鸣。

比如:很多微信公众号的新闻标题经常采用"高效率""逆袭""内卷"等词汇,从而更好地适应当前受众的需求;还有部分媒体在发布微信公众号新闻时,采用地方方言进行表达,或者在标题中采用"你""我"等词语,进一步缩短和受众之间的距离;还可以采用关键词给新闻贴标签,进一步扩大新闻传播的效率。比如"必看""热点""吐槽""奇闻"等,通过标签化的语言适应受众的浅阅读习惯,增强受众黏性。

(三)微信推文标题的写作小技巧

1.具象表达

表达具体,有画面感的标题,更受用户青睐。如,标题"人工智能还要多久才能取代人类"。不妨改成:××说(本行业的名人),如果你的孩子准备学这五大专业,人工智能会让毕业后的他找不到工作。我们把这个标题进行具体化,"人类"这个词具象化为"你的孩子","取代"这个词具象化为"他毕业后找不到工作"。这样,我们的受众就会由智能技术爱好者扩展到普通大众。

2.紧跟热点

通过浏览各大媒体宣传热点、百度热搜指数、微博指数,关注当下的热点,选定角度进行写作。如《炫酷!〈流浪地球2〉里的机甲原来不是特效》。这篇推文在电影《流浪地球2》热播期间推出,发出的信号是中国企业制造的"外骨骼机器人"已经进入商用阶段。

追热点时,一定要注意以下几点:

(1)有时间观念,抢占先机。有研究认为,最多72小时内,借势文案必须推出来。

(2)软性结合,不生搬硬套。要借着热点让自己的内容和读者发生关系;尽量从热点另一面发声,并且所发之声要与自己所运营的新媒体账号调性相符;传递积极正向的价值观。

3.合理引用网络热词

网络热词来源于广大受众,不仅具有传播信息的功能,还带有文化层面的认同感,可以引起受众共情,从而增强新闻信息传递的效果。比如:"天花板"指无法超越的"最高点、顶峰",流行于不同领域;"颜值天花板"指容颜俊美,"社交天花板"指社交能力超强,"带货天花板"指带货能力突出,"军训天花板"指大学生军训动作标准,"前锋天花板"指足球队、篮球队前锋球技出众;等等。

4.善用数据

数据能给受众直观、量化的感觉,同时也具有权威感和专业感。研究显示,标题中有阿拉伯数字,更能吸引受众眼球。如《4.82秒!13岁女孩打破鲁班锁世界纪录》就比《中国女孩打破鲁班锁世界纪录》更有震撼力。

5.多用短句

比如,《这双被冻住的脚,看哭了……》《来了,新闻早班车》《早睡早起,是一件了不起的小事》《2022,幸好有你》《你的格局,决定结局》《人生低潮时,多做事,少抱怨》。

这些标题的相同点是语法简单,很多直接采用了对话体。这类标题的诀窍在于,完全站在受众的角度,说他们的心里话,无须进行包装。优势在于,受众在第一眼看到标题时,心中都会出现一些想@的人,这种心理对提高点击率,尤其是转发率非常有利。

6.恰当运用标点符号

在制作微信公众号的新闻标题时,媒体还可以通过运用标点符号来增强新闻报道的感染力。一是运用问号,激发受众的求知欲。"千滚水、隔夜水不能喝?看完终于明白了……"用疑问语句,激发受众的好奇心。二是采用省略号,简化标题,激发受众主动想象。比如,"新产品上线本想大卖,结果……",由于标题当中并未说清后续内容,受众自然会忍不住发挥想象,然后点开新闻阅读,验证新闻内容是否与自己的想象相一致。三是采用感叹号,增强标题的情感色彩。比如,"彭小桐,我们都知道你考上研究生了!",该标题正是通过运用感叹号,渲染肯定氛围。

7.巧妙运用多种修辞手法

常用的修辞手法包括比喻、反问、夸张等。新媒体编辑可以根据所报道内容,结合具体的需求选择一种或者几种修辞手法。紧急!8级大风+暴雨+雷暴即将杀到!珠海将开启"雨雨雨"模式,更夸张的是……,通过使用数量词、重复词、紧急表达等方式,增强新闻报道的冲击感,成功吸引受众视线。"篮球女孩"长大了!通过比喻的方式,描述文章主角,唤醒读者之前的回忆。

微信推文标题的写作技巧有很多,上述列举的是基本技巧。不管有多少技巧,在拟写微信推文标题的时候一定要围绕标题拟写的底层逻辑。同时,写标题的时候,可以多个技巧并用。如《26款App被下架!赶紧看看你的手机》,这个标题的底层逻辑是激发情绪。

(四)摘要写作

摘要是对标题和正文内容的补充。受众可以通过阅读摘要,快速获取文案信息。

1.摘要的作用

(1)进一步补充说明。标题写完之后,未说完或待补充的话就要写成摘要。

(2)进一步激发受众的点击欲望。当标题不够吸引眼球时,就要靠摘要来吸引受众。设置悬念,一句话只说半句或是只提到某个关键点,以此来增强吸引力,激发受众的阅读兴趣。

(3)表明观点,突出态度。微信运营者通过公众号传达自身态度,表明立场,很容易引起粉丝做出"肯定或否定"的站队行为。所以,一定程度上模棱两可的态度容易被粉丝遗忘。用标题抛出观点后,再用摘要进一步强化中心思想,观点的冲击力会更加明显。

2.摘要的写作模式

摘要写作分为两种模式:文章前半部分的内容+见解;文章的主要内容+见解。

(1)文章前半部分的内容+见解

适用于浅显易懂的文章,如常规新闻、营销软文、娱乐、兴趣等主题文案。如,文案标题"来了!新闻早班车",其摘要是"昨夜,你错过了哪些大事?今天,有什么新闻将发生?",起到了概述性和补充强调的作用。

(2)文章的主要内容+见解

适用于质量很高的文章,受众需要精读。受众先通过摘要理解文章的主要内容,然后再去精读,吸收文章的精华。这种摘要主要适用于研究报告、干货、攻略、数据调查、演讲原文等。如,"第一下掌声可能来得很晚,但只要你不放弃,它就不会缺席"。这个摘要是文案的核心思想,来自文案中的一句话,是文案的精华。

(五)正文的写作技巧

1.引言的写作技巧

引言具有导入的功能,能有效连接标题与正文主体,具有4个作用:分析情绪、承上启下、加入利益和引起共鸣。

(1)分析情绪

写引言第一句话之前,首先要分析标题带给用户的情绪,然后用文字安抚对方。如《如何通过写读书笔记赚到10万块钱?》,当读者看到这个标题后,就会产生好奇和怀疑。正文第一自然段可以尝试这样写:哪一天,谁在哪个平台,讲一个读书栏目,做到10万元人民币的销量,采用了如下几种方法。

（2）承上启下

在标题中找到关键词，然后在引言中继续围绕关键词着墨，让读者的思维能够顺畅地衔接上。比如：《这张照片，太！好！哭！了!》，当作者读完这个标题时，会产生好奇，然后，作者迅速在第一段解开谜底。

【案例4】

这张照片，太！好！哭！了!

瘦小单薄的她，拖着一个大大的垃圾编织袋向前走。背后的垃圾袋，比她还要大很多很多。这张照片，刷屏了。也戳中了无数网友的心。照片里的人是吉林大学中心校区南苑四公寓的一名保洁员。她叫刘淑贤，今年62岁了。一个袋子装20多斤餐盒，6个袋子重达100多斤……用刘淑贤的话说，这个大垃圾袋能装下三个她自己。像这样的垃圾袋，从六楼到一楼，一阶一阶地往下拖，一天要拖四次。特殊时期，保洁人员人手有限，凌晨也常看见她忙碌的身影。她说"疫情特殊时期，我要对这些孩子特别地好，就像我的孙子孙女一样，像我的家人一样，孩子们的父母不在身边，我得照顾好他们。"她说，"我今年62岁，现在身体还行，计划再干两年，把这届孩子们送毕业。"你是落在我世界里的一束光。谢谢你，谢谢每一个默默付出的人。疫情形势严峻，东北又迎来降温降雪，吉林正在攻克难关。我们都希望疫情早日结束，我们也都盼望着春暖花开那天的到来。

（来源：人民日报官方微信平台）

（3）加入利益

开门见山，快速简洁地给读者提供价值。如：《成绩逆袭至专业第一！她的秘诀是这些图》，第一自然段开门见山，2022—2023学年，专业排名第一，获国家奖学金等27项荣誉，成功保研，"思维导图"是秘诀。接下来向受众展示了600余页的课程笔记、80余份每科必备的思维导图，以及做思维导图的初衷和学习过程。

【案例5】

成绩逆袭至专业第一！她的秘诀是这些图

2022—2023学年，加权平均分93.31，专业排名第一，获国家奖学金等27项荣誉，成功保研。她就是大连理工大学，未来技术学院人工智能专业，2020级本科生邓菱儿。成绩逆袭至专业第一，"思维导图"是秘诀。其实邓菱儿刚进入大学时，学习成绩并不算优异。大二被分流到人工智能专业后，她的排名甚至一度没进入年级前40%。此后，她花大量时间精力投入学习，通过绘制思维导图的学习方式大幅提升了自己的学习成绩。

"600余页的课程笔记、80余份每科必备的思维导图，是我留下的痕迹"。人工智能课程涉及知识面广，学习时需要有逻辑地梳理与串联。"我最初会出现上课听懂了下课又乱了或者学后面的知识时发现前面的都不记得了的情况。对知识框架，没有一个整体的把握，就不利于理解记忆和应用。画思维导图之后，就可以很好地串联前后知识，遗忘了也可以快速巩固""我会在课前根据教材内容，画一个详细的思维导图，然后上课时加一些老师的讲解,并圈出重点。课后微调一下结构,再加一些自己的思考。在复习的时候看思维导图,来回忆整个知识的脉络"邓菱儿表示,这更有助于前后知识的串联,发现知识新联系的时候,又可以在思维导图上进一步拓展。每天制订计划表。"当天的任务一定会当天完成。"

成绩的提升当然也离不开大量时间精力的投入。一节课的内容,她课前课后要花三四个小时去学习、查资料,并加深对知识的理解。谈及作息时间,邓菱儿表示,她一般早上6点半起床,晚上12点半睡觉。周六日也基本这样严格要求自己,同时她还会制订计划表,"计划表一般是每天睡前写好下一天的,当天任务一定会当天完成"。研究生阶段,她将在人工智能领域的光学字符识别(OCR)方向进行学习深造,继续科研报国的梦想。加油,邓菱儿!

(来源:人民日报官方微信平台)

(4)引起共鸣

针对常见困惑,用对方熟悉的语言与之交流。如《你的餐桌上,藏着孩子20岁后的福气与运气》这篇文案,先从一家三口在餐厅就餐谈起。爸爸忙着打电话,妈妈低头刷手机,孩子兴致勃勃地想与父母互动,却无人搭理。这顿饭看似团团圆圆、其乐融融,实则各忙各的,失去了团聚交流的意义。

微信推文不一定要有引言。有的开门见山直接呈现主体。如《一个人最好的生活方式,是丰富自己》就只有主体部分。直接提出丰富自己的方式是"爱上阅读""经常运动""用心品味生活""好好睡觉"。

【案例6】

一个人最好的生活方式,是丰富自己

1.爱上阅读

很多人说起阅读,都会有这样的感受:小时候读过的书,长大后或许书名和作者都忘记了,但是自己被某个情节深深地震撼过,影响了很多年。这就是阅读的意义,认真读过的书都会融进灵魂,沉淀成智慧,静静地待在心灵深处,只要被触动,就会喷薄而出。

持续而大量地阅读,不仅能让人习得新的技能和本领,更会增长自己的见识,丰富人生的体验。在书中看过人生百态,在书中读过许多道理后,你就不会被生活的鸡毛蒜皮牵着鼻子走,也不会困于负面情绪难以自拔,心胸会更加宽广。

2.经常运动

人的身体就像一汪水,只有流动起来,才能迸发生机。你流的每一滴汗、走的每一步路,都将激活身体里的能量。

运动,是丰富自己的一把钥匙,再忙也不要忘了锻炼身体。经常慢跑,你会发现身体越来越健康,精力越来越充足;空闲时舒展一下筋骨,你会发现心态会变得更加平和,头脑也更加清晰。每天坚持运动一小会儿,日积月累,你的生活就会截然不同。

3.用心品味生活

用心品味生活的人,总能把生活过得热气腾腾。其实,生活有趣无趣,关键在你怎么对待它。只要自己愿意去挖掘,琐事之中总有乐事;用心经营好每一天,再平凡的日子也能过得丰富多彩。

喜欢一句话:"没有无聊的人生,只有无聊的人生态度。"在平凡日常中提炼美好、注入心思,我们的生活就会越来越有质量。生活,从不会亏待心怀热爱的人。你只管保持热爱,向光而行,自会有水到渠成的惊喜。

4.好好睡觉

你有没有这样辗转反侧的夜晚,纠结着自己的选择,带着忧虑睡去。第二天醒来,问题没有解决,整个人反而昏昏沉沉。

其实,每个人的生活里,都有大大小小的事情等着我们去解决,有的人恨不得第一时间把这些事情做完,于是拼命压榨自己的休息时间,最后,身体被搞垮不说,事情也没有太多进展。这时候,倒不如选择把事情放一放,让自己好好睡一觉。给自己留点时间,整理好心情,明天再出发,才能以更好的姿态面对挑战。

愿你今夜好梦,精神饱满地迎接新一天。

(来源:人民日报官方微信平台)

2.主体

主体要围绕标题和引言,进行解释说明和深入挖掘。解释说明:解释说明引言背景、深层原因。如,通过向当事人或者周边人采访的方式,告诉受众,出现文章所描述现象的深层原因。深入挖掘:可有可无,字数不宜太多。

【案例7】

今天,袁隆平雕像前满是鲜花

今天是中国农民丰收节,在袁隆平的母校西南大学,许多学生来到袁老手捧稻穗的雕像前献花悼念。同学们给袁隆平留言,说会"接力完成袁老禾下乘凉梦""谨记您的教诲,心在最高处,根在最深处"……

献花人群中,一对老人的身影格外引人注目,"袁隆平,我来看您了!"献完鲜花,老奶奶忍不住哽咽落泪。老奶奶告诉记者,自己名叫陈德玖,今年90岁,是袁隆平在西南大学就读时的同班同学。"2017年他回学校,我们很短暂地见了一次面,没想到这就是永别了。"陈德玖老人说。袁隆平一生的凤愿,就是让老百姓能吃饱饭,他也为此奋斗了一生。现在正是丰收的季节。今天,她特意和老伴过来献花,纪念袁隆平,"看见他的雕像,我就想哭,很想他"。网友们也都表示,袁爷爷,我们好好吃饭了。

袁老一生致力于杂交水稻技术的研究、应用与推广,创建超级杂交稻技术体系,为我国粮食安全、农业科学发展作出了贡献。2020年5月,袁隆平获聘中国农民丰收节推广大使,他不仅是我国研究与发展杂交水稻的开创者,也是世界上第一个成功利用水稻杂种优势的科学家。联合国经社事务部评价他是"真正的粮食英雄"。袁老曾有三个与水稻相关的梦想。第一是水稻亩产超过1 000公斤,保障我国粮食安全;第二是让杂交水稻走出国门、走向世界,为解决人类饥荒作出贡献;第三是希望在我国的盐碱地上种出高产水稻。而如今,袁老的三个梦想均已实现。虽然大家早已经不用再饿肚子了,但袁老生前依然要求自己的学生要珍惜粮食。他曾表示,自己挑研究生有一个条件,不下田就不带。只有亲身下过田,体会过"锄禾日当午"艰辛的人,才会对"粒粒皆辛苦"有深刻体会。

今年5月22日,袁老离开了我们。无数人为之悲痛。节约粮食,杜绝浪费,这或许是我们能对袁老最好的纪念,袁老,您放心,我们一定会好好吃饭。

（来源:人民日报官方微信平台）

【分析】　引言部分:呼应标题,承接主体。用具体场景展示袁隆平雕像前满是鲜花。包括现场已经摆放的鲜花、花里的留言以及线上留言。主体部分:解释说明和深入挖掘。向受众解释,出现引言场景的原因。原来发文当天是丰收节。在此基础上,追忆袁隆平与水稻的故事。突出他与粮食有关的三个愿望。同时,也告知我们,袁老已经永远离开了我们。在此基础上,深入挖掘。我们应该怎么办。这部分通过线下采访、线上留言等方式展示。

3.结尾

不是所有的微信推文都有结尾。要根据写作目标、受众特征等确定微信推文是否有结尾以及结尾的呈现方式。一般来说,微信推文常见的结尾方式有5种:

（1）神转折结尾

用出其不意的逻辑思维,使展示的内容与结局形成奇怪的逻辑关系,产生出人意料的效果。

（2）金句结尾

用名言警句或其他金句结尾,帮助受众深刻地领悟文案思想,引起受众共鸣,提升他们对文案的认同感。

（3）幽默结尾

幽默的语言总是讨人喜欢,如果在文案的结尾适当地来一段幽默,则会让人会心一笑,带来非常愉悦的阅读体验。

（4）话题讨论结尾

在文案末尾采用话题进行提问,也是现在惯用的结尾方法。通过提问可以带着受众思考,激发受众的互动积极性,增加文案的热度。

（5）制造场景结尾

场景的制造是一种环境影响,在一定的场景氛围内,很容易带动受众的情绪,引导他们下意识的行为。如,文案结尾运用"点击购买"四个大字,引导受众购买。

？ 答疑解惑

1.微信推文标题写作的注意事项

（1）不做"标题党"

"标题党"是指不能准确表达文章的中心意图或重点,而是靠无中生有、夸大其词、断章取义、偷换概念等手段,制造各种颇具"创意",吸引受众眼球,骗取受众点击的标题。其主要类型有:

夸张、震惊类标题:情绪夸张类的标题,动不动就用"震惊了";范围夸张类的标题,动不动就说"全世界网友""13亿中国人""99%的人"。

挑衅、侮辱类标题:在标题中出现"丑哭了""秒成渣"等词语。

封面和内文没关系类的标题:比如,讲健康的订阅号,在标题封面中,放一张穿着裸露的女性照片。

标题党在赚足人们眼球的同时,也透支着新媒体平台的吸引力。"狼来了"的故事,在各大资讯头条不断上演。浮夸、假大空的标题能够成功勾起受众一时的猎奇心理,但终究会失去市场的认同。

(2)不断创新

标题写作没有固定模式,要不断创新。在新媒体时代,一切都变化极快,包括新媒体标题也在随着受众需求的变化而不断变化。新媒体文案人员在写作中不可拘泥于过去的思维定式,突破和创新才是最好的学习和写作方式。

(3)不断优化

标题关系到点击量,是文章的门面。标题写得好,点击量就上去了。某知名自媒体创始人提到,他做账号的时候,每天亲自写标题,有些标题甚至要修改100次以上。所以在写标题的时候,要反复琢磨。

2.微信推文正文写作的常用思路

(1)抛出悬念+解密原因+升华主题

引言:设置悬念或者抛出亮点,引发受众关注和阅读;主体:写明原因,解疑答惑;结尾:用网友评论或者作者短评升华主题。

【案例8】

凌晨4点,92岁的奶奶喊醒了一条街……

4月14日凌晨4点,浙江桐乡永宁社区一位92岁的老人在小巷不停地大喊大叫,挨家挨户地敲打门窗,邻居们都被她吵醒了,可没有一个人责怪她。

这位92岁老人名叫朱引宝,她在起夜时听到楼上传来"噼啪噼啪"的声音。朱奶奶越想越不对劲,颤颤巍巍地走上二楼,闻到了浓郁的焦臭味,发现原来是隔壁房子着火了。和朱奶奶同住的是74岁的丁阿姨,这栋房子里就只住了这两位老人。发现起火后,朱奶奶十分焦急,几乎是冲到丁阿姨房间门口。快点来呀!救火呀!救火呀!连拍带喊,朱奶奶嗓子都叫哑了,房间里的丁阿姨终于醒了。两位老人互相帮助顺利逃出火场。此时,火焰已经烧到了房顶。

永宁社区属于老社区,附近几条街巷住的皆是老人。朱奶奶顾不得穿好衣服,就和丁阿姨急急忙忙赶到巷子里,一边敲打其他邻居家的门窗,一边喊大家报警。连上楼都打颤的朱奶奶,在几十米长的巷子里一趟趟来回跑动。被叫醒的邻居们互相扶持、互相关照,在十几分钟内平安地逃到室外空地上。由于火灾发现及时并未造成人员伤亡。"非常感谢朱阿姨,要是没有她一家一家地叫,我们可能就不在这个世界上了"。丁阿姨代表邻居对朱奶奶表示了感谢。朱奶奶则表示"救命要紧,没事就好"。一个人,救了一条街,朱奶奶,您是英雄!

(来源:人民日报官方微信平台)

【分析】

引言设置悬念:凌晨4点,老人在小巷不停地大喊大叫,挨家挨户地敲打门窗,邻居们都被她吵醒了。可没有一个人责怪她。用3~5句话,将悬念抛出,呼应标题。

主体解密原因:讲解了老人大喊大叫的原因和过程。这一部分是主题的详细展开。在指出原因的同时,注重语言、动作、行为等方面的细节描述。如,"听到楼上传来'噼啪噼啪'的声音""颤颤巍巍地走上二楼""闻到了浓郁的焦臭味""冲到丁阿姨房间门口""快点来呀! 救火呀! 救火呀!""连拍带喊""嗓子叫哑了"等。

结尾升华主题:"一个人,救了一条街。朱奶奶,您是英雄!"这一部分是点睛之笔,作者用2~3句话升华主题。也有通过网友评价截图或者周围人的评价短视频进行呈现。

(2)并列式

有两种写法:第一种是直接提出分论点,形成并列关系。如《一个人最好的生活方式》。第二种是先有针对标题的简短引言,再提出具体的分论点。

【案例9】

一个人最好的生活方式

1.运动强身

有人说:"运动,是对抗岁月最好的武器,也是保持健康最好的秘籍。"运动能够强身健体,长期坚持运动和从不运动的人,差距最大的地方就在于身体素质,而这个差距还会随着年龄的增长而不断拉大。

长期缺乏运动,会使身体的器官机能大幅下降,各类疾病也容易随之而来。而经常运动的人,身体状况要比不运动的人好。

一个人要想拥有健康的体魄,唯有克服懒惰,坚持运动。养成运动的习惯,保持运动的状态,身体自然会给你最好的反馈。

2.阅读强脑

很多人说起读书,都会有这样的感受:小时候读过的书,长大后书名和作者都忘记了,情节也记不太清,但是会想起被某个细节深深地震撼过,持续了几十年,影响了自己的整个人生。这就是读书的意义,所有认真读过的书都会融进灵魂,沉淀成智慧,静静地待在心灵深处,只要被触动,就会喷薄而出。

读书,无疑是提升认知最好的方式。持续而大量地阅读,不仅能让人习得新的技能和本领,更会增长自己的见识、丰富人生的体验。人生的淡定和从容,都是从学到的知识中修炼来的。

爱读书的人,心灵有温度,乐于感知世事百态;爱读书的人,生活有情趣,不会因现实的琐碎而放弃思考。

3.独处强心

独处并不意味着要拒绝与人交往,而是为自己保留一个开阔的空间、一种内在的从容,还自己一份清净、一份纯粹。越简单的生活,越宁静的心,才能收获越多的幸福。

试着给自己留一点独处的时间:工作一段时间后起身到窗边看看天;途经书店进去看看新书;孩子熟睡后给自己泡杯牛奶……享受与自己相处的时光,在内心修篱种菊,于无人处静观云卷云舒,淡看花开花落。

当你学会和自己相处,独处时的宁静就不会再让你感到寂寞,反而会给你带来源源不断的能量。当你拥有了独处的能力,才能活出独立的人格,成就更强大的自己。

(来源:人民日报微信综合洞见、十点读书等)

【分析】 这篇推文没有引言,直接分条列款地提出分论点,简单明了。每个分论点处,都有典型性的解决对策,具备较强的实用性。

（3）倒金字塔结构

倒金字塔结构是指按照新闻价值的大小,即新闻事实的重要程度、新鲜程度以及读者感兴趣的程度等,依次将新闻事实写出的一种结构形式。由于这种结构前边重、后边轻,上头大、下头小,所以被称为"倒金字塔",是一种传统的消息结构形式。

【案例10】

习近平同法国总统马克龙在广州非正式会晤

4月7日下午,国家主席习近平在广州松园同法国总统马克龙举行非正式会晤。

习近平在水岸迎接马克龙,两国元首亲切握手。

习近平同马克龙在庭园散步,不时驻足交谈,饶有兴致地观赏岭南园林的独特景致。

(来源:人民日报官方微信平台)

【分析】 运用倒金字塔结构进行微信推文写作。先写最新信息,呈现出消息的时间、地点、人物和事件等重要信息。而后,写重要的细节。根据细节的重要性,按照时空逻辑、内容逻辑等依次排列。

🖊 技能训练

1.简答题

请分析下列7句话分别对应的新媒体文案思维方式。

（1）这条文案有没有直击用户痛点。

（2）如果痛点太多就等于没有痛点。一个文案出现一个痛点即可。

（3）用户阅读完文案,是否"对号入座";痛点表述是否直白、简单。

（4）解决痛点的办法是否是产品的最大优势或差异化(产品卖点)。

（5）人们看了这条文案,是否会产生情感共鸣。

（6）人们看了这条文案,是否会感觉到有用和有趣,是否会分享给他们的朋友。

(7)如果受众有你所希望的行动,他们是否能快速地按照流程完成。比如购买行动、报名行动的操作流程是否简单、直接。

2.分析题

(1)请比较下面两组标题,考虑为什么同样的内容,换了一种表达方式,阅读量就呈现10~20倍的增长?

原标题:普通文案和优质文案的区别(阅读量5 000)

新标题:月薪3 000元与30 000元文案的区别(阅读量10万+)

(2)阅读案例《春天来了,可是我什么也看不见》,分析诗人的改动体现了哪种新媒体文案写作思维和写作技巧。

春天来了,可是我什么也看不见

在繁华的巴黎大街的路旁,站着一个衣衫褴褛、头发斑白、双目失明的老人。他不像其他乞丐那样伸手向过路行人乞讨,而是在身旁立一块木牌,上面写着:"我什么也看不见!"街上过往的行人很多,看了木牌上的字都无动于衷,有的还淡淡一笑,便姗姗而去了。

这天中午,法国著名诗人让·彼浩勒经过这里。他看了看木牌上的字,问老人:"老人家,今天上午有人给你钱吗?"

老人叹息着回答:"我,我什么也没有得到。"他脸上的神情非常悲伤。

让·彼浩勒听了,拿起笔悄悄地在那行字的前面添上了"春天来了,可是"几个字,就匆匆离开了。

晚上,让·彼浩勒又经过这里,问那个老人下午的情况。老人笑着回答说:"先生,不知为什么,下午给我钱的人多极了!"

让·彼浩勒听了,摸着胡子满意地笑了。

3.案例分析题

(1)请大家比较版本1与版本2文案,分析哪一个版本更受用户青睐,并说明原因。

标题:新媒体写作干货免费送 版本1
正文:电子版干货免费送/3篇10万+文章分析/4万字写作技巧干货/5个写作心法/6本写作书籍拆解/7个写作步骤/8本能写作书籍/×××扫码回复写作/

标题:100万新媒体写作经验免费送 版本2
正文:职业经理人转型/33岁从0开始写作/34岁下班后教写作/35岁写作年收入百万/百万写作经验价值/掌握套路,0基础就会写作/原价299元/扫码回复"写作"免费送/

(2)请扫码阅读《一篇"20万+"的微信推文是如何产生的》,谈谈你对媒体人工匠精神的理解。

4.给材料写作

请选择受众,如幼儿园小朋友、高考填报志愿学生、本专业新生、本专业毕业生、兄弟院校同专业学生、本专业教师、自己的父母等,写一篇微信推文,宣传自己的专业。

项目二十九
微信推文编辑

　　微信推文的排版设计,对于提升阅读体验、塑造品牌形象以及培养用户习惯均具有重要意义。因此,我们有必要投入充足的时间和精力来优化排版,以呈现更为优质的内容。

　　优质的排版设计不仅能够显著提升用户的阅读体验,还有助于强化品牌形象,降低用户的阅读压力,并提升信息传达的效率。

 **学习目标**

知识目标:
• 掌握易企秀平台的常规操作流程。
• 掌握微信公众号平台文章的发布流程。
• 掌握微信推文排版的基本原则。

能力目标:
• 能够编辑出阅读体验感强的微信推文。

素养目标:
• 具备精益求精的排版意识。
• 具备可持续学习的能力。
• 具备审美素养。

案例导入

请分析版本1排版和版本2排版,感受哪种排版的阅读体验感更强。

版本1　　　　　　　　　　版本2

【分析】　相比版本2,版本1的排版更加规范。其小标题格式统一,给受众以整齐和有条理的感觉。

一、微信公众号的注册流程

(一)登录微信公众平台官网

具体操作流程如下:百度搜索"微信公众平台",找到微信公众平台官网即可进入(图6.29.1)。

图6.29.1　搜索微信公众平台官网

(二)注册微信公众号

1.点击"立即注册"按钮

单击微信公众平台主页右上角的"立即注册"按钮(图6.29.2),即可根据步骤提示开始注册。

2.选择账号类型

根据前文介绍的公众号类型,选择需要的公众号类型进行注册。

图 6.29.2　微信公众平台注册

3.完善账号信息

根据提示,完成注册。

二、微信公众号的取名技巧

名字是公众号给人的第一印象,是品牌标签,对公众号具有至关重要的作用,不能随便乱取。那么,该如何给公众号取名呢?

(一)微信公众号的取名原则

1.名字要简练好记

好记的公众号名字能让人印象深刻、过目不忘,用户关注的可能性也较大。比如"粤省事",这个名字很容易让人记住,关注以后也能够迅速让人记起。繁复拗口的名字往往不容易被人记住,也很难给人留下深刻的印象,后续关注的可能性也不大。

2.名字要容易理解

好的名字应该很容易让用户理解,让用户第一眼就知道这个账号会写什么内容,从而降低用户教育成本,如"樊登讲书";相反,如果名字本身就让人不知所云,或者名字中有生僻字,那么用户就很难理解账号运营的内容,无疑增加了用户的教育成本。

3.名字要容易传播

好的名字读起来朗朗上口,方便大家口口相传。要避免任何增加传播成本、意义不明的用语或者字词,晦涩难懂的名字在传播效果上也会大打折扣。

(二)微信公众号的取名方法

1.根据目标受众的特点取名

在创建公众号之前,要对所创建的公众号进行定位,明确所传达信息的主题、目标受众等。根据目标用户的年龄、文化背景、性别、职业等各方面特征,了解他们的精神需求和物质需求,从而确定账号名字。

2.名字突出目标受众的需求

作为一种产品,公众号要满足不同用户的需求。比如"查违章"公众号就是满足车主们查违章的需求。

3.结合微信公众号运营者的兴趣取名

找到公众号运营者的兴趣与受众需求的契合点,才能保证公众号的可持续发展。如果只是为了突出新意,追求热点,选择自己不擅长的领域进行取名和运营,那么公众号就很难垂直发展。

4.结合关键词取名

为公众号取名要简单、直接。我们若要建立某个领域的账号,可直接结合这个领域的关键词,再加一个名词或形容词组合来起名。比如"十点读书"公众号,通过这个名字,我们就能判断出账号的发文时间。这样的名字非常有辨识度,甚至可以培养用户的阅读习惯。

5.借助运营者名称取名

对一些比较有名的作者来说,可以直接通过他们的名字或者艺名来命名公众号。因为这些作者的名字本身就是一个招牌,能直接吸引更多人气。比如"秋叶大叔"的公众号就是这种类型。

6.通过热词组合取名

我们可以通过一些大数据网站,如站长工具、百度指数、新浪微博指数、阿里指数等网站,判断出网民对于某一领域的普遍性、长期性需求,从而组合相关热词,为公众号命名。以心理类为例,通过百度指数能看到,网友普遍对心理咨询、犯罪心理学、幼儿心理等细分领域更感兴趣,那么命名账号的时候,就可以朝这些方向靠拢。

三、秀米编辑器的使用

目前为止,微信排版工具主要分为两大类:一类是公众号插件,如微信中的"壹伴";另外一类是外链排版工具,如135编辑器、秀米编辑器、小蚂蚁编辑器等。目前使用频率较高的是外链排版工具中的秀米编辑器。

(一)秀米编辑器介绍

秀米编辑器是一款功能强大的微信公众号编辑软件,能帮助用户轻松地对公众号进行编辑,如图片排版、文字排版等,适合初学者使用。其独特功能是:能够绕过公众号直接生成链接,成为永久文章。同时它还具有独特的布局功能、在线动态H5海报制作功能等。在秀米平台,不仅能对微信公众号内容进行编辑和美化,还可以制作H5。

(二)秀米编辑器的使用流程

微信推文的排版包括标题、摘要、正文和尾部四部分。其中,标题和摘要的写作位置,在排版中有明确的提示。微信推文结尾(标注文章来源、编者信息、订阅号二维码等)的写作,遵循所运营微信公众号推文的惯用写作格式即可,本项目不再赘述,只重点介绍微信推文正文的排版。

1.选择排版类型

打开秀米编辑器首页,找到图文排版。图文排版中有"新建一个图文""图文新手指南""挑选风格模板"3个模块,如图6.29.3所示。

图文排版

原创模板素材，精选风格排版，独一无二的排版方式，设计出只属于你的图文。

挑选风格排版

图文新手指南

新建一个图文

图 6.29.3　图文排版模块

初学者首选"挑选风格模板"。因为，风格排版中有许多不同主题的模板供我们挑选和使用。对于资深人士来说，可以尝试"新建一个图文"进行个性化排版。

"挑选风格排版"的使用流程：选中与推文主题相契合的模板，浏览满意后，点击"另存给自己"。然后到"我的图文中"找到"另存给自己"的模板，点击"编辑"按钮进行排版美化。而"新建一个图文"的使用流程，是直接点击"新建一个图文"。

2.进行图文排版

打开需要编辑的模板，呈现编辑主页面(图6.29.4)。公众号排版常用要素包括"主题""卡片""图片""布局""组件"等。在排版的过程中，我们要恰当运用"图文收藏"功能，提高排版效率。秀米平台排版的核心思路：单击所要编辑的要素，在左侧下方即会出现对应的模板，选择合适的模板，在编辑生成界面即可进行编辑。

图 6.29.4　图文排版界面

3.设置排版参数

（1）文字排版建议

字号：正文建议使用 14~16 号字；标题建议使用 16~22 号字；强调部分加粗或者换色（选择其一即可）。

字间距：1~2 像素。

行间距：行间距建议设置为 1.5~2.0 倍。

页边距：10~15 像素。

对齐方式：如果没有特殊的排版样式，建议正文部分使用两端对齐或居中对齐。文本内容不多，考虑居中对齐；不同语义之间空一行，同一句意不断行；文稿中若有一问一答形式，可适当用对话功能排版。

（2）图片格式建议

图片基本格式的设置，详见图6.29.5。要求：所有图片的宽度尽量统一；适当增加阴影，让图片具备立体感效果；标注图片标题在图片正下方，让表达更清晰。

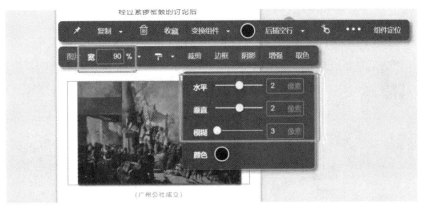

图6.29.5　图片格式设置建议

（3）正文小标题的设置建议

微信推文正文中的小标题的格式要统一。如果小标题下方的内容较多，还可以再细分下一级标题。如果要细分小标题内容，建议用"轴线卡片"功能。具体操作如图6.29.6所示。

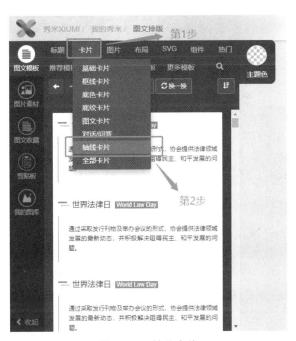

图6.29.6　轴线卡片

4.排版疑难问题的解决

（1）视频添加

在微信公众号自带的编辑器中添加视频，具体做法如下：

首先，将秀米平台编辑的推文同步到微信公众号平台。预览保存秀米平台排版好的微信推文。在"导出"项目中选择"同步到公众号"（图6.29.7）。所编辑的微信推文即同步到微信公众平台的草稿箱。运用"导出"项目中的"继续使用复制粘贴"功能，也可以将秀米平台编辑的文章复制到微信公众平台。

图6.29.7　同步功能

其次，在微信公众号中添加视频。打开微信公众号的"草稿箱"，找到所要编辑的文章。点击编辑标志（图6.29.8）。

图6.29.8　编辑标志

在打开的文章顶部，点击"视频"按钮（图6.29.9），即可添加视频。

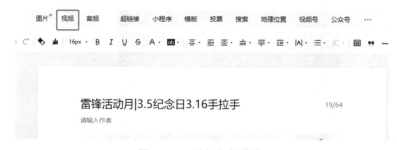

图6.29.9　添加视频模块

添加视频的方式有两种：一种是素材库添加，一种是视频链接添加。素材库添加：通过"本地上传"的方式，添加视频到微信素材库中，从而实现微信推文添加视频。视频链接添加：通过"视频链接"的方式，添加视频。微信公众号视频链接支持微信公众号文章链接、视频详情页链接和腾讯视频链接。通过视频链接，也可以将微信视频号的视频、腾讯视频等添加到微信推文视频中。

（2）表格的添加和编辑

在秀米平台中添加和编辑表格。首先打开需要添加表格的推文，找到添加表格的位置，并左键单击，然后进行添加和编辑。第1步：将鼠标移动到编辑界面左上角"布局"。第2步：选择布局下拉列表中的"表格"，从中选定与推文主题、推文色调一致的表格模板，左键单击选中模板。第3步：左键单击微信推文正文表格，出现第3步"表格单元"界面。第4步：左键单击表格单元右侧的格子小标志，出现第4步的截图信息。我们可以根据表格内容的多少，对行数、列数等进行调整。具体步骤见图6.29.10。

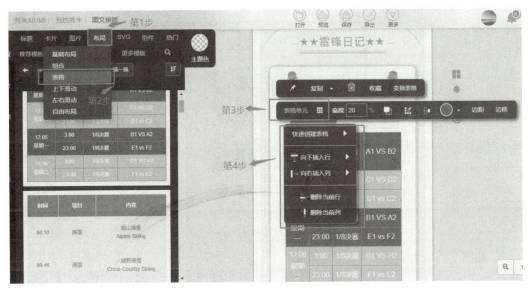

图6.29.10　表格的添加与编辑步骤

（3）送审方式的选择

编辑好微信推文后，需要请领导审核。送领导审核的方式有三种：第一种是"另存图文给其他用户"，第二种是"生成长图/PDF"，这两种方式见图6.29.11。其中，运用"另存图文给其他用户"功能，可以实现其他用户对文章的编辑与修改，适用于有秀米平台邮箱的用户。运用"生成长图/PDF"功能，可以实现文稿的规范打印，适用于没有秀米平台邮箱，喜欢审阅纸质版文稿的领导。第三种是生成长链接。点击所编辑文稿上方的"预览"按钮，出现图6.29.12所示的界面。第1步，点击预览。第2步，点击分享。等待审核通过后，扫描"分享"下方的二维码。首先发送给自己，再一次检查整篇推文。然后将检查后的推文，转发给指定的审核人员。

图 6.29.11　送审方式 1

图 6.29.12　送审方式 2

(4)图文收藏的用法

收藏图文,可以提高我们的排版效率。在排版过程中,对于我们发现的一个常用要素,可以通过"图文收藏"项目实现收藏功能(图 6.29.13),具体如下。

第 1 步:选中常用要素。第 2 步:点击"收藏"按钮。第 3 步:选中的元素,出现在"图文收藏"中。在后续编辑中,若需要用收藏过的元素,可用鼠标左键单击需添加的位置,然后在"图文收藏"中点击收藏过的图文元素,就可顺利实现素材的添加。

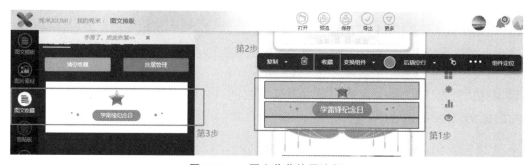

图 6.29.13　图文收藏使用流程

（5）排版心理的准备

微信排版需要精益求精。建议大家在电脑端排版，用手机端预览。采取边排版边预览的方式，及时发现文字、空行等方面的错误，做进一步修改。一般情况下，一篇规范文稿的排版，需要作者预览30~40遍，甚至100多遍。

四、微信订阅号平台的编辑

（一）找到"素材管理"

登录微信公众平台，在微信公众平台左侧栏目"管理"中点击"素材管理"，如图6.29.14所示。

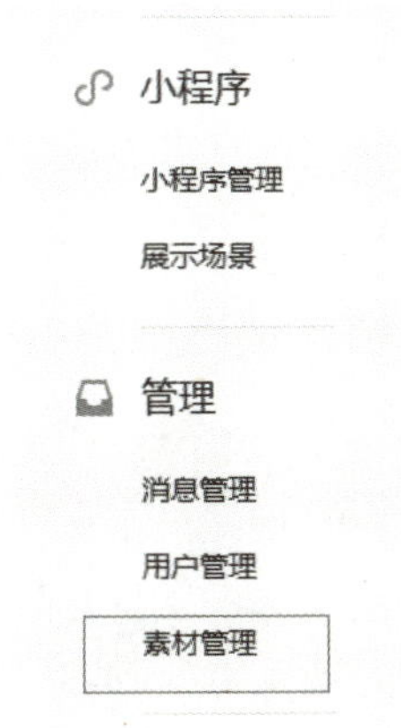

（二）单击"新建图文素材"进行编辑

在素材管理中，点击"新建图文素材"，进入发文页面，完成标题、作者、正文等方面的写作与编辑。正文中要尽量配图，这样才能图文并茂。如果正文需要配图，在文章写作界面的右边有许多选项，点击"图片"选项，然后选择电脑里早已选好的图片，再上传上去。

（三）原文链接

正文写完后，下面有个原创链接。对于自己写的文章，不必去勾这个选项。如果文章是转载的，那就要勾选这项，然后把转载的这篇文章的链接填到原创链接栏里。如果文章是原创的，一定要进行"原创声明"。

图6.29.14 素材管理

（四）封面及摘要处理

制作文章的封面时，可以从正文中选择图片，也可以从图片库中选择合适的图片。

（五）保存并群发

在文章写作界面的最下方，点击保存并群发。然后，选择对应的领域和发文时间就完成了微信文章的推送工作。

❓ 答疑解惑

1.秀米编辑器"输入原文链接"要输入哪些链接方式？

（1）添加转载或分享的原文章链接。

（2）添加抽奖活动、优惠券满减活动页面链接，吸引人气。

（3）调查问卷、活动报名表等页面链接，实现信息传达和反馈。

（4）其他公众号文章链接，实现公众号互推效果。

（5）历史消息往期回顾页面链接。

2.秀米编辑器的关注和原文的作用是什么？

关注和原文是关于顶部关注和底部原文阅读引导的模板，在没有更好的呈现方式之前,可以选择使用,做好细节,增加读者关注的概率,这是公众号运营必不可少的环节。

3.秀米编辑器的布局如何使用?

布局是对事物的全面规划和安排,使用布局工具,可以在一个布局内做许多模板的排版,又能整体对布局做编辑排版。往布局里面添加模板主要分为往空白布局里添加模板和往有内容的布局里添加模板。

(1)不管布局里有没有内容,都可以通过拖动模板把模板放入布局容器里。

(2)如果布局内已有内容,选中布局里的模板,再在左侧点击模板,新的模板就会添加到当前选中模板的后方。

(3)如果想在文本内容的某个位置后面添加新的模板,需要将光标移动到相应的位置,再在左侧点击模板,新的模板就会添加到光标选中的位置。

技能训练

1.写作实训题

(1)如果我们班要建立一个微信订阅号,请开展头脑风暴,为班级微信订阅号取名。同时,运用公众号起名理论,分析名字优劣。

(2)精准界定受众,从实用性角度,用简约思维,写一篇关于微信推文排版技巧的推文,并进行排版。

(3)请选择任一主题,在学院官微或者专业官微推出文化传承类系列微信推文。主题1:宣传专业文化;主题2:宣传校园文化;主题3:弘扬与传承当地传统文化;主题4:弘扬与传承当地红色文化;主题5:文化传承类其他主题。

2.拓展自学题

(1)秀米平台自带的排版功能很多。请大家挖掘课本外秀米平台的排版功能,自学并分享其使用方法。

(2)微信公众号自带的排版功能很多。请大家挖掘课本外微信公众号自带的排版功能,自学并分享其使用方法。

模块七　AI赋能职场文书写作

新媒体写作与AI技术的深度融合正引领着一场写作革命。AI赋能写作，已成为驱动写作发展的核心趋势。它能扩宽创意、提升写作效率。我们身处其中，既要巩固写作基础，也要掌握各种AI工具，从选题策划到内容优化，全程融入AI智能。同时，要处理好工具理性与人文价值之间的关系，做AI赋能写作的践行者。

项目三十
AI对话通用提示词引导训练

　　随着人工智能技术的飞速发展，生成式AI写作工具如文心一言、智谱清言等已广泛应用于写作领域，极大地提高了创作效率。然而，实践中我们常发现AI生成的内容和预期存在偏差，这就要求我们必须掌握与AI沟通的有效方法。本项目将聚焦于AI对话通用提示词训练，通过熟记通用提示词、掌握深度对话的底层逻辑，助力大家更好地驾驭AI写作工具。

知识目标：

• 熟记AI对话通用提示词。

• 掌握AI对话的底层逻辑。

能力目标：

• 能够运用AI对话通用提示词，辅助文案选题。

• 能够运用AI对话通用提示词，辅助文案写作。

素养目标：

• 培养学生的框架思维能力。

案例导入

如今正是人工智能飞速发展的时代,文心一言、智谱清言、讯飞星火等生成式人工智能写作工具如雨后春笋般层出不穷。然而,尝试后才发现,AI生成的内容并不能完全符合预期,有时甚至南辕北辙。想放弃使用,却又舍不得其带来的效率提升。看来,只有掌握与AI沟通的有效逻辑,才能快速运用这一新技术。

一、AI发展概述

(一)AI发展历程

人工智能(Artificial Intelligence,简称AI)的起源可以追溯到20世纪50年代。1950年,英国数学家和逻辑学家阿兰·图灵(Alan Turing)在其论文《计算机器与智能》中提出了"图灵测试"这一概念,为判断机器是否具备智能提供了一个标准。1956年,美国达特茅斯会议上,约翰·麦卡锡(John McCarthy)首次提出了"人工智能"这一术语,标志着人工智能作为一门独立学科的诞生。

从人工智能到生成式人工智能,是技术进步的重要里程碑。最初,人工智能主要聚焦于数据分类和信息分析。随着深度学习技术的突破,生成式人工智能应运而生。它不仅能处理数据,还能生成新内容。如文生文、文生图、文生视频等。这一转变,让AI从"理解世界"迈向了"创造世界"。

(二)AI赋能写作的发展状况

在写作领域,AI技术展现出巨大的潜力,极大地提高了写作的效率。在新闻写作领域,AI写作工具能够在短时间内生成大量的财经新闻报道、体育赛事报道等模板化的内容,为记者节省了大量的时间,让他们能够专注于更深入地思考和创作。在文学创作领域,AI写作工具能够生成诗歌、小说等文学作品,为文学创作带来新的视角和风格。

然而,AI写作工具的发展并非一帆风顺。在实际应用中,创作者们发现AI给出的答案并不总是符合自己的预期,有时甚至与自己的想法背道而驰。这就要求创作者在使用AI工具时,需要具备一定的判断和筛选能力,确保生成的内容既符合自己的写作需求,又能保持原创性和创新性。

未来,人工智能将继续发挥其巨大的潜力,成为科技进步和社会发展的重要力量。在写作领域,AI技术也将不断演进,为创作者提供更加智能、更加高效的辅助。一方面,随着多模态技术的不断发展,AI模型将能够处理文本、声音、旋律和视觉信号等各种信息,并将其融合起来进行综合理解。这将使得AI写作工具能够生成更加丰富、更加立体的内容,为受众带来多种感官体验。另一方面,AI技术将更加注重与人类的协同合作,能够更好地理解创作者的意图和需求,提供更加精准、更加个性化的写作建议和优化方案。

(三)AI赋能写作的机遇和挑战

AI赋能写作为创作者提供了全新的工具和可能性。通过利用AI技术,创作者可以更加高效地完成模板化的写作,从而将更多精力投入到深度思考和创意构思中。同时,AI工具还能够提供多样化的写作风格和个性化的定制服务,满足不同场景和不同读者的需求。然而,AI赋能写作也带来了一系列挑战。例如,如何确保AI生成的内容保持原创性和创新性?如何避免AI写作工具陷入"套路化"的内容生成模式?如何平衡AI辅助与自主思考的关系?这些问题都需要创作者在使用AI工具时进行深入探索和思考。

应对措施:一是提高判断和筛选能力。二是注重与AI的协同合作。三是持续学习和探索。随着AI技术的不断发展,创作者需要不断地学习和掌握新的AI技术,以适应不断变化的写作需求和写作环境。四是关注伦理和法律问题。在使用AI工具时,创作者需要关注伦理和法律问题,确保技术使用的合法、合规和合乎道德。

二、AI赋能写作通用提示词的训练

(一)框架

AI互动的问题如下:一是提示词过于简单,就一两句话。比如"请帮我写一篇××学院来我校参观的通讯"。这样的要求笼统宽泛、缺少细节,导致AI输出的内容套路化。二是提示词过于混乱。写了很长一段话,把混乱的想法一股脑地发给AI,没有提出结构化的要求,导致AI输出的内容不够精准。通用提示词的框架:设定角色+界定任务+明确要求+描述背景。

1.设定角色

在新媒体写作中,为AI设定角色,可以帮助它更好地理解写作视角、专业知识和表达风格,从而生成更加贴近实际情景的内容。

设定AI角色的参考公式:角色=单位+身份+能力。其中,单位部分,只需写清楚宣传材料涉及的行业单位。如××市融媒体中心、××平台美食博主、××订阅号等。在新媒体写作与编辑中,常用到的身份是资深编辑、新媒体创意总监等。在公文写作中,常用到的身份是办公室主任。能力是对角色的界定,可以赋予这个角色专业技能、专业知识、工作经验等。常用的能力水平界定词有:擅长……、有丰富的……经验、致力于……领域等。角色设定举例:你是人民日报订阅号的资深编辑,具备丰富的微信推文写作经验。

2.界定任务

任务设定要细化。如,职场通用文书标题的写作、职场通用文书引言的写作、职场通用文书正文的写作、正文中一句话的表达、正文中一个词的润色等。在界定任务时,我们不直接说"请根据所给素材,写1篇微信推文",而是说"请根据所给素材,写微信推文标题××个"。多生成几个标题,方便我们比较。

3.明确要求

任务要求需量化、具体,要基于所完成任务的理论基础、任务背景、经典案例等提出。针对AI赋能文案写作,任务要求一般包括数量的要求、字数的要求、语言结构的要求、表达风格的要求、支撑写作的理论要求等。如,撰写微信推文标题的人物要求:写出5个微信推文标题。字数15字/个;发文平台:××订阅号;受众:高职毕业生;标题结构:状态词+主谓结构;参考案例:×××;表达风格:口语化、短句表达。紧跟热点词××。

4.描述背景

在指派写作任务给人工智能时,清晰地阐述背景信息至关重要,它分为宏观和微观两个维度。宏观背景指文章相关的大环境和指导思想,包括上级明确的指示精神、政策导向、行业趋势及社会环境,为AI提供文章的定位。这些宏观要素帮助AI把握时代脉搏,确保文章内容与当前形势相契合,体现正确的价值导向。微观背景,则聚焦于任务的具体细节。包括提供的素材内容、发文平台的风格要求以及目标受众的特征。应详细说明可用资料,指导AI根据平台的特性(如正式、休闲、专业等)调整语言风格。同时,明确受众的年龄段、职业背景、兴趣爱好等,使AI能有针对性地生成内容,提升文章的吸引力和改善读者的阅读体验。

(二)训练

请根据所给素材,写出微信推文的标题。

1.写作素材

两个老友久别重逢,相约在贵阳最时尚的创意街区。"今天吃什么?""吃折耳根!""折耳根? 这名字好奇怪,是种什么菜?"带着满腹疑问,他们开始了探索之旅。

探访创意小店

他们来到一家设计感十足的小店,门口挂着霓虹灯招牌,店内装饰融合了传统风格和现代元素。这里不仅有传统的凉拌折耳根,还有各种创意料理。

初次尝试

折耳根沙拉:新鲜折耳根搭配西式沙拉酱,清新爽口。折耳根披萨:薄底披萨上铺满切碎的折耳根,撒上芝士,外酥里嫩。折耳根冰淇淋:折耳根汁液与奶油混合,冷冻成冰淇淋,口感独特。每一道菜品都让人眼前一亮,折耳根的独特风味与现代料理的创意结合,带来前所未有的味觉体验。

创意新吃法

折耳根鸡尾酒:折耳根汁与伏特加混合,加入柠檬片和薄荷叶,清新爽口。折耳根寿司:折耳根切丝,与米饭、海苔等材料卷成寿司,既有东方韵味,又有现代创意。折耳根汉堡:在汉堡中加入煎熟的折耳根,搭配牛肉饼和蔬菜,口感层次丰富。

"原来折耳根可以这么吃!"朋友们感叹道。而且还有这么多功效!

折耳根,学名鱼腥草,是一种生长在南方湿润地区的野菜。它不仅美味,还具有多种健康功效:清热解毒,折耳根性寒,能清热解毒,适用于夏季防暑降温;利尿消肿,有助于利尿消肿,对水肿有一定的缓解作用;提高免疫力,含有丰富的维生素和矿物质,能增强人体免疫力;抗菌消炎,具有一定的抗菌消炎作用,可用于治疗呼吸道感染和皮肤炎症。

"原来折耳根不仅好吃,还有这么多好处!"朋友们感叹道。"贵州的美食文化真是太丰富了,每一步都充满了惊喜。"如果你对这道充满魔力的美食感兴趣,不妨亲自来贵阳,开启你的折耳根奇幻之旅吧!

2.实操展示

（1）AI赋能写作通用提示词的运用

你是美食博主，具备美食类微信推文标题的写作经验。请根据材料写5个微信推文标题。

任务要求：用短句、用口语化表达唤醒受众注意力，标题中加入"原来折耳根可以这么吃"。

任务背景：发文平台是××美食类融媒体平台，受众是不了解折耳根的人。素材如下：×××。

（2）AI生成的答案

原来折耳根还可以这么吃！贵阳创意街区的新食尚！

惊艳！原来折耳根还可以这么吃，解锁贵阳美食新姿势！

折耳根新吃法来袭！原来它还可以这么吃，快来贵阳尝尝！

原来折耳根可以这么吃！贵阳美食界的隐藏菜单等你来解锁！

原来折耳根还可以这么吃，贵阳的创意料理让你大开眼界！

3.实训分析

从结论来看：套用提示词环节，AI生成的答案往往不是最佳答案。如上述AI给出的答案，存在语义啰唆、用词陈旧等问题。需要对AI进一步引导，同时需强化过程引导，才能得到自己想要的答案。

从提示词来看：写作背景中，不妨给AI批量的微信推文标题案例，让其总结出这些案例的典型特点，然后再根据素材写作。这样AI给出的答案会更有针对性。

❓ 答疑解惑　AI辅助公文写作的常规流程

AI辅助公文写作一共分7步：拆解工作问题、分析处理信息、判断信息质量、明确写作要求、生成文种内容、判断内容质量、精调文本内容。前三步用AI来辅助进行立意构思，后四步用AI来辅助生成内容。

第1步：拆解问题

工作任务：你是市政府乡村振兴局的工作人员，下周要召开全市"有力有效推进乡村全面振兴工作任务部署会"，领导要讲话并部署相关工作任务。

提示词：你是市政府办公室主任，擅长公文写作，请问如果要撰写一篇关于推进乡村全面振兴工作任务部署会的领导讲话，需要研究哪些方面的问题？

第2步：分析处理信息

基于第1步生成的答案，进行信息处理工作。在信息处理环节，推荐Kimichat、秘塔AI搜索。Kimichat适合对已有信息进行分析，秘塔AI侧重于对互联网信息的搜集整理。

第3步：判断信息质量

AI输出的信息，不能照单全收，需要判断其相关性和准确性。判定的前提是平时多阅读理论书籍和文章，并结合实际工作进行分析研究。如果觉得AI生成的答案相关性不强,可以在提问环节加入限定词。比如,不问"乡村全面振兴的形势背景"而问"2024年西部地区推进乡村全面振兴的形势背景"。要注意信息的可信度。秘塔AI给出的搜索结果中,会列出引用来源。我们需要审核引用来源的出处,信息源越权威越好。

第4步:明确写作要求

比如,刚才通过秘塔AI搜索出解决农民增收问题的6条措施,经过判断,如果符合本地需要,就可以写进提示词中,作为增收对策的核心观点,让AI围绕这6点填充内容。

提示词:你是市政府政策研究室主任,熟悉农业农村工作,了解乡村振兴政策的要求,请围绕以下六个方面(1.产业振兴;2.非农就业增收;3.农业社会化服务;4.深化农村改革;5.加强农业产业链建设;6.解决拖欠农民工工资问题。),撰写一个关于"农民增收"的段落。要求:1.根据内容写一个能概括内容且有思想性的段落标题;2.符合部署任务的指示性语气,可以使用"要""必须"等词语,以明确工作任务;3.字数400字。

第5步:生成文种内容

比较简单的公文类型,给一条提示词,AI基本就可以成文,例如会议通知。但对于比较复杂的公文,要分两步进行:一是生成提纲,提纲需要领导确认。二是生成内容,根据领导确认的提纲,逐个部分生成内容。请注意,AI生成的内容有长度限制,逐个部分生成内容,结果会比较精准。

第6步:判断内容质量

AI输出的文本内容,需要进行质量判断,包括文本结构的完整性、观点主题的鲜明性、行文逻辑的清晰性、语言表达的合规性等。这一步的判断有赖于个人的公文写作专业知识和经验。如果对AI生成的内容不满意,可以调整提示词,返回第五步,直到得到满意的文本。

第7步:精调文本内容

理想状态下,AI大致能输出70~80分水准的公文材料,但要达到更高的水平,就需要我们亲自修改,对文本进行精加工。这一步是确保公文质量的关键环节,我们需要对最终的写作成果负责。

技能训练

1.案例分析

张华是某校计算机专业的学生,他在撰写毕业论文时,为了节省时间,直接使用了AI对话模型生成的代码和结论。

请思考:这种做法存在哪些风险? 比如,AI生成的代码可能存在哪些潜在错误或安全隐患? 直接引用AI结论是否会影响论文的学术严谨性和他的学术诚信? 他应如何平衡AI辅助与自主思考的关系?

2.给材料写作

请根据所给素材,依托AI写作工具,撰写微信推文标题5个。分析5个标题的优缺点,从中选出最适合发文平台的一个。发文平台是人民日报订阅号。

11月6日,上海地铁3号线突发惊险一幕。站台上,一名中年男子突然昏厥倒地,紧急关头,有6位好心人冲了上来!当天正值下班晚高峰时段,在上海3号线东宝兴路地铁站台,一中年男性突然倒地,疑似昏迷,情况十分危急。正在此时,有6名医务人员恰巧经过,他们第一时间冲了上来,跪地实施救援。据悉,这一行6人是浙江杭州临平区各医疗单位的医生,包含了心内科医生、护士等,近期正在上海市第一人民医院跟岗学习。事发当天,他们下班之后一起回住的地方,在地铁站发现几个警察围在那里。出于医务人员的警觉性,便过去问了一下,6名医务人员凭借专业的医疗知识,对患者进行了初步评估。患者意识丧失、面色苍白,但有自主呼吸和颈动脉搏动。几位医生迅速对其意识、心跳、呼吸、瞳孔、四肢运动等方面,进行了检查评估和干预处置,倒地男子逐渐睁开双眼。患者恢复意识后,医生们还在一旁照顾,一边了解他的既往病史和服用药物情况,一边缓解他紧张的情绪。120急救人员到达后,几位医生完成与急救医生的交接后悄悄离去,目前该患者情况稳定,这6位医务人员分别是姚绅、高金、刘腾腾、翟露露、余涛、周倜。关于在地铁站救人的事,他们都表示"当时并没有时间多想,只是本能地想要去帮助他"。为白衣天使点赞!

(来源:人民日报微信订阅号)

项目三十一
AI对话持续引导训练

　　在职场写作中,AI不仅是工具,更是创意伙伴。有效的对话引导能让AI更精准地理解作者的意图,生成更贴合需求的文字内容,从而提升写作效率、提高作品质量。这就要求我们学会构建清晰、具体的专用提示词引导框架来引导AI持续输出有价值的文本,避免笼统指令带来的模糊输出。

知识目标:
- 熟记AI对话持续引导的底层逻辑。
- 掌握AI对话持续引导的思路。

能力目标:
- 能够运用AI对话持续引导,选出立意精准的题目。
- 能够运用AI对话持续引导,写出表述精准的文案。

素养目标:
- 培养学生的框架思维能力。
- 培养学生精益求精的写作精神。

案例导入

请分析这则AI对话案例，总结AI对话引导的技巧和底层逻辑。

【案例1】

AI写作通用提示词提问：你是高职教育融媒体创意总监，具备丰富的高职校园文化宣传经验。请给出广东科学技术职业学院校园文化创意宣传的5个角度。字数300字。用于官微校园文化宣传模块。

AI给出的答案（缩略版）：

一是科技创新风采：聚焦学院在科研创新、技术竞赛中的卓越成就……

二是产教融合实践：通过校企合作案例、实习实训基地风采等，展现学院产教融合的办学模式……

三是多元文化交融：介绍学院丰富的社团活动、国际交流项目，展示不同文化背景下的学生如何相互学习……

四是技能大师风采：挖掘学院内的技能大师、优秀教师与学生榜样……

五是绿色生态校园：展示学院在环保节能、绿色校园建设方面的成果……

AI引导1

将落脚点放在普通高职学生的角度

AI引导1对应的答案（缩略版）：

一是学子成长故事：聚焦普通高职生的学习成长经历，分享他们从入学到毕业的蜕变故事……

二是技能提升之路：通过学生技能学习的实例，展示学院提供的丰富课程与实训机会……

三是同窗情谊回忆：挖掘学生之间的深厚友谊与互助故事……

四是未来职业规划：分享学长学姐的就业创业经验……

AI引导2

选择1，请提炼学子成长故事的5个写作角度。

AI引导2对应的答案（缩略版）：

一是梦想启航：从迷茫到坚定……

二是技能磨砺：从零基础到高手……

三是团队协作：从独行侠到团队领袖……

四是挑战自我：从害怕到勇敢……

五是心灵成长：从稚嫩到成熟……

AI引导3

着眼细节，重新提炼5个写作角度。

AI引导3对应的答案（缩略版）：

一是初识校园：那一抹新生的绿意。以新生入学第一天为起点，通过描述他们踏入校园时的第一眼印象……

二是技能课堂：每一次尝试的汗水与欢笑。聚焦于专业技能课堂上的一个具体场景,如学生在老师的指导下第一次操作复杂的机器……

三是团队项目:深夜灯火下的共同奋斗。为了完成一个设计作品而连续熬夜……

四是挑战时刻:心跳加速的瞬间抉择。聚焦于学生面临重大挑战前的心理挣扎与瞬间抉择,如……

五是心灵对话:那些静谧夜晚的自我反思。选取学生独自一人在宿舍、图书馆或校园小径上静思的时刻,通过描绘他们内心的独白……

AI引导4

要更加贴近大部分学生的生活实际。比如,从学生的学习笔记中,看学习状态等。

AI引导4对应的答案(缩略版):

一是学习笔记的演变:从凌乱到井然……

二是图书馆的日常:从偶尔光顾到常驻客……

三是课间十分钟的交流:从陌生到熟络……

四是作业提交的变化:从拖延到主动……

五是在线学习的自律:从分屏到专注……

一、AI对话持续引导的技巧

(一)明确需求,直接表达

与AI对话时,应直接、明确地表达你的需求,避免使用模糊或礼貌性的语言。不说"请问你能帮我写一篇关于环保的文章吗?"而是直接说"帮我写一篇关于环保的文章,主题聚焦于塑料污染……"或"撰写一篇关于人工智能在医疗领域应用的论文,重点介绍AI在疾病诊断、个性化治疗方案制定以及药物研发方面的应用,字数……",这样的指令让AI能够更准确地理解并满足用户的诉求。

(二)拆分任务,逐步引导

将复杂任务拆分成一系列更简单的提示,逐步引导AI完成。

【案例2】

提问1:你是AI写作专家,具备丰富的AI写作经验。请提出AI写作的5个研究方向,研究落脚点是AI赋能高职教学,研究方向不超过50字。

对应提问1,AI生成的答案:

一是AI辅助高职学生完成个性化学习路径设计;

二是基于AI的高职课堂教学互动优化研究;

三是AI在高职学生职业技能诊断与提升中的应用;

四是智能化教学资源对高职学生学习成效的影响;

五是AI赋能高职教学创新与效果评估。

提问2:要体现理论前沿性。

对应提问2,AI生成的答案:

一是基于深度学习的高职学生个性化教学模型构建;

二是 AI 驱动的高职教育知识图谱的构建与应用研究;

三是融合 AI 技术的高职教学创新理论框架设计;

四是前沿 AI 技术在高职实践教学中的融合路径;

五是基于大数据与 AI 的高职教学效能评估体系。

提问 3:请结合高职写作教学列出研究方向。

对应提问 3,AI 生成的答案:

一是 AI 在高职写作教学中的智能化辅导策略研究;

二是基于自然语言处理的高职学生写作能力提升路径;

三是融合 AI 技术的高职写作课程创新与教学模式构建;

四是 AI 赋能高职写作教学中的个性化反馈机制研究;

五是大数据与 AI 在高职写作教学效果评估中的应用探索。

提问 4:选择"AI 赋能高职写作教学中的个性化反馈机制研究",请列出写作框架。要求 1 500 字以内;体现目前高职写作教学难题;提供解决对策。

针对提问 4,AI 生成的答案:

第一部分:引言

第二部分:目前高职写作教学的难题

一是学生基础差异大……

二是学习兴趣不高……

三是反馈不及时……

第三部分:AI 赋能的前沿解决策略

一是个性化反馈系统……

二是智能批改与辅导……

三是互动式学习平台……

提问 5:针对学生基础差异大,开展论证。要求:字数 300 字;语言学术化;采用《中国职业技术教育》论文写作风格。

针对提问 5,AI 生成的答案……

(三)提供示例,引导风格

为 AI 提供具体的写作示例,帮助它更好地把握文章的写作结构和语言风格。AI 会通过分析"投喂"的案例,总结这些案例的共同特点。比如要根据所给素材,写小红书爆款标题。接到任务后,先给 AI"投喂"10 条小红书爆款标题。然后,请 AI 提炼爆款标题的共同点。最后,再要求 AI 根据材料写标题。要求标题符合小红书爆款标题的写作结构、写作风格等。

(四)鼓励互动,明确细节

通过与 AI 的互动,不断明确写作要求,确保最终输出的内容符合预期。例如,可以询问 AI 对某个主题的理解,或让其解释某个观点。比如,要写一篇关于"议程设置"的论文,可以先让 AI 解释议程设置的含义和重要性,然后根据 AI 的反馈来调整或补充写作要求,如"请进一步阐述议程设置在新闻传播、教学管理、教育机制等领域的应用案例"。

（五）利用 AI 建议,优化写作

AI给出的结论,一般不是最佳答案。需要我们基于写作思维、写作技巧、文学素养、实践应用等进行辨识,从中选取亮点,做进一步修改和完善,才会越写越好。

二、AI对话持续引导实操

请根据所给素材,完成微信推文标题的写作。

写作素材见任务5.1 训练AI对话模型二、AI赋能写作提示词训练(二)、AI赋能写作提示词训练"请根据所给素材,写微信推文标题"。

（一）练习 AI 对话模型

【角色】你是美食博主,擅长美食类微信推文标题写作。

【任务】请根据材料写5个微信推文标题。

【要求】写作要求:吸引受众注意力,用短句写,口语化风格。

【背景】发文平台:美食类的融媒体平台;

　　　　文章受众:不了解折耳根的人;

　　　　写作素材:关于贵阳折耳根的现代奇幻之旅。

AI生成的答案:

一是:折耳根是啥? 贵阳美食新宠等你来尝!

二是:初探折耳根,贵阳创意街区的美食奇幻旅!

三是:折耳根大变身! 传统野菜玩出新花样!

四是:折耳根隐藏菜单,解锁贵阳美食新吃法!

五是:惊艳味蕾! 折耳根的N种创意料理等你试!

AI生成答案分析:

答案五不切题。答案二、三、四缺乏新媒体标题的色彩。需要针对典型问题,对AI进行引导,同时对AI生成的答案进行辨析。

（二）辨析 AI 生成的答案

引导1

要突显新媒体特色,更加口语化,更能引发用户的好奇。

针对引导1,AI生成的答案:

以下是更加凸显新媒体特色、口语化且能引发用户好奇的折耳根美食微信推文标题:

一是:折耳根? 啥神秘菜? 贵阳美食圈新宠揭秘!

二是:美哉! 折耳根还能这么玩? 贵阳创意料理等你尝!

三是:折耳根奇幻之旅,贵阳美食界的隐藏Boss!

四是:你吃过折耳根吗? 没吃过就OUT了,贵阳新食尚来袭!

五是:惊! 折耳根竟能变出这么多花样,贵阳美食新大陆等你探索!

引导1提示词是针对前一个答案的不足提出的,同时又兼顾了微信推文标题的写作技巧。从生成的答案分析:其优势是凸显口语化,有了新媒体标题的特点。劣势是状态词陈旧,文化味不足。

引导2

请在标题中加入"原来折耳根还可以这么吃",同时保持新媒体特色、口语化且能引发用户好奇心。

针对引导2,AI生成的答案:

一是:原来折耳根还可以这么吃! 贵阳创意街区的新食尚!

二是:惊艳! 原来折耳根还可以这么吃,解锁贵阳美食新姿势!

三是:折耳根新吃法来袭! 原来它还可以这么吃,快来贵阳尝尝!

四是:原来折耳根还可以这么吃? 贵阳美食界的隐藏菜单等你解锁!

五是:美哉! 原来折耳根还可以这么吃,贵阳创意料理让你大开眼界!

引导2提到"原来折耳根还可以这么吃"。这句话源于素材中的人物对话,是点睛之笔。微信推文标题的写作技巧有一条是"亮点前置"。提出这个引导,就是基于这条理论。引导2后,生成的答案,优势是新媒体色彩突显,有细节描写。问题是,前后两个半句存在语义重复现象。同时,最前面的状态词略显陈旧,不符合新媒体用词特征。

引导3

将"原来折耳根还可以这么吃"前面加一个表示态度和状态的词,用作标题。

针对引导3,AI生成的答案:

一是:惊了! 原来折耳根还可以这么吃!

二是:看呆! 原来折耳根还可以这么吃!

三是:绝了! 原来折耳根还可以这么吃!

四是:美哉! 原来折耳根还可以这么吃!

五是:服了! 原来折耳根还可以这么吃!

之所以要在"原来折耳根还可以这么吃"前面加一个词,是基于微信推文标题写作结构中的一条:亮点状态词提前+细节描写/事件叙述。比如,按时回家! 神舟十八号航天员乘组平安抵京;爆火!"天花板中的天花板",到底谁抢到了啊;祝贺! 亿吨级大发现。经过引导3后,AI生成的答案亮点突出、语义精练。问题是,状态词陈旧。

引导4

用最近流行的网络热词或者网络热梗代替"服了",写出新的标题。

针对引导4,AI生成的答案:

一是:跪了! 原来折耳根还可以这么吃!

二是:懵了! 原来折耳根还可以这么吃!

三是:我裂开了! 原来折耳根还可以这么吃!

四是:栓Q了! 原来折耳根还可以这么吃!

五是：惊掉下巴！原来折耳根还可以这么吃！

AI引导越来越趋向具体。目前生成的答案，越来越契合作者的预期。我们可以从中选择最能表达素材亮点和吸引受众的标题，作为素材的标题。也可以在此基础上，做进一步引导和修改。

(三)做好AI评价反馈

借助AI平台，对赋能前后的标题进行分析和打分，从而明确自己的进步空间。在评价中，如果AI给出的分数不高，可以进行反问。比如"请给出100分标题5个"。同时，依托AI进行新媒体文案写作评价，需要明确且统一的评价维度。比如：符合新媒体文案写作思维和写作技巧、契合发文平台的调性、能够引发用户好奇心。切不可过度细分标准。比如，紧跟热点、亮点前置、细节描写等。这些技巧，不是每个好标题都能用到。而AI则会严格按照上述标准对每个标题进行评价，将忽略文章写作的整体美感，评不出好的作品。

1.评价引导

请分别为这两则新媒体标题打分，满分100分。一是："关于贵阳折耳根的现代奇幻之旅"；二是："我裂开了，原来折耳根可以这样吃"。评价维度：引发用户好奇心、运用新媒体标题写作技巧、符合融媒体平台发文调性。

AI评价如下：

◈ 文心大模型4.0 Turbo

对于这两则新媒体标题的打分，我会从吸引用户好奇心、对自然媒体标题写作技巧、以及符合美食融媒体平台特性三个维度进行综合考虑。

1."关于贵阳折耳根的现代奇幻之旅"

- 吸引用户好奇心：70分。标题带有一定的奇幻色彩，但表述相对平淡，不够直接刺激用户的好奇心。
- 符合新媒体标题写作技巧：60分。标题偏长，且"关于……之旅"的结构在新媒体中较为常见，缺乏新颖性。
- 符合美食融媒体平台特性：65分。虽然涉及美食元素，但整体更偏向于旅游或文化类内容，与美食融媒体平台的定位不够完全吻合。
- 综合得分：65分（取三者的平均值，下同）

2."我裂开了，原来折耳根可以这样吃"

- 吸引用户好奇心：95分。标题采用了网络热梗"我裂开了"，表达强烈，能够迅速抓住用户注意力，引发强烈好奇。
- 符合新媒体标题写作技巧：90分。标题简洁明了，采用短句和口语化表达，符合新媒体标题的特点，同时设置了悬念，引导用户点击。
- 符合美食融媒体平台特性：95分。标题直接描述折耳根的新奇吃法，与美食融媒体平台的定位高度契合。

2.课后练习

请选定红色基因传承这个宣传主题，用与AI进行持续对话的方式进行文案策划。

❓ 答疑解惑　如何用AI辅助写通知

简单的事务性通知，没必要用AI生成。只有会议通知相对复杂一些，而且经常使用，可以用AI辅助。比如，你是C集团办公室工作人员，年底集团要召开年终总结表彰会议，领导让你下发一份会议通知。

建议做法:把符合单位要求的通知格式变成写作公式,通过限定内容要点和结构,一步生成到位。

AI引导如下:

你是C集团办公室主任,具备丰富的公文写作经验。请以集团名义面向各分公司、各部门,下发一份召开年终总结表彰会议的通知。请根据给定的【会议基本信息】,按照【会议通知写作公式】撰写一份会议通知。要求各段落有明确标题,表达清晰简洁。

#会议基本信息

会议主题:砥砺奋进新征程 筑梦前行铸辉煌

会议时间:20××年××月××日8:00—10:00。

会议地点:公司总部大楼第一会议室。

参会人员:各分公司主要负责人、各部门经理及以上职务人员、受表彰的优秀员工代表。

会议议程:1.C董事长作年度工作总结报告;2.表彰业绩突出部门及个人;3.各获奖单位代表做经验交流。

交流材料提交时间为××月××日17:00前。

着装要求:着正装。

#会议通知写作公式:

会议通知=标题+帽段+主体段(会议主题)+主体段(会议时间)+主体段(会议地点)+主体段(参加人员)+主体段(议程)+主体段(会议要求)。

标题=发文机关名称+事由+通知。

帽段=会议背景句+召开目的句+召开依据句。

主体段(会议要求)=上报名单+报送资料+注意事项(着装、会场纪律)+联系人+联系方式。

技能训练

请借助AI平台,进行文案写作策划。策划主题:全面报道全国秘书事务所联盟大会。策划要求:形成系列推文,发表在全国秘书事务所联盟微信订阅号、视频号以及微博上。

关于召开全国高校秘书事务所联盟大会暨秘书教育新质生产力发展论坛的通知

各有关单位:

《中共中央关于进一步全面深化改革、推进中国式现代化的决定》指出,新质生产力作为驱动中国式现代化的核心引擎,亟须通过全面深化改革的力量,为中国式现代化注入源源不断的强劲动能。在全国掀起学习党的二十届三中全会决议的热潮中,联盟定于2024年11月7日至11月10日举办第五届全国高校秘书事务所联盟大会暨秘书教育新质生产力发展论坛。这一盛会旨在汇聚全国高校秘书学界的精英力量,共同探讨新质生产力背景下秘书教育的新使命、新挑战与新机遇，携手推动秘书教育事业的蓬勃发展，为中国式现代化的伟大征程贡献智慧与力量。现将有关事项通知如下：

一、会议组织

指导单位：教育部职业院校教育类专业教学指导委员会文秘专委会

中国对外经济贸易合作企业协会

中国外经贸企协全国外经贸从业人员考试中心

主办单位：全国高校秘书事务所联盟

承办单位：广东科学技术职业学院、中创慧文(北京)科技有限公司

协办单位：广科院慧文秘书事务所

二、参会对象

各高等院校、中等职业学校秘书学专业、文秘类专业教研室主任、专业负责人、骨干教师，全国高校秘书事务所联盟成员，联盟内各秘书事务所老师代表、学生代表，相关企业代表。

三、会议时间及地点

(一)会议时间

2024年11月7日(周四，全天报到)至11月10日(周日)

(二)会议地点

广东科学技术职业学院(广东省珠海市金湾区)

四、会议主题

(一)教师论坛

1.新质生产力对秘书教育的影响与对策

2.人工智能技术在秘书类专业教学的应用

3.数字政务政校企融通实践探索

4.元宇宙课程教学实战体验

5.智能办公企业展示与交流

6.全国高校秘书事务所联盟第五批联盟成员授牌

7.秘书摄影技能比赛颁奖仪式

(二)学生论坛

1.秘书事务所建设经验交流

2.秘书事务所成员与企业大咖交流座谈会

3.AI办公技能实战训练营

4.秘书事务所成员素质提升联谊会

五、住宿及报到安排

六、会务费及缴费方式

七、会议联系人

党政机关公文
处理工作条例

参考文献

［1］杨文丰.高职应用写作[M].5版.北京:高等教育出版社,2022.

［2］陈倩倩.新媒体文案写作与编辑[M].2版.北京:中国人民大学出版社,2021.

［3］张晨,肖悦.例谈请示缘由的写作要领［J］.应用写作,2022(12):12-15.

［4］杨柳婵,黄泽.对一则请示的评改［J］.应用写作,2023(8):53-55.

［5］王荣珍.应用文写作的"尘归尘、土归土":会议记录与会议简报的课堂教学［J］.应用写作,2020(4):39-42.